DÉPRÉCIATION
DES RICHESSES

CRISE QU'ELLE ENGENDRE. — MAUX QU'ELLE RÉPAND
SOUFFRANCES QU'ELLE PROVOQUE DANS LES CLASSES LABORIEUSES

Mémoire lu à l'Académie des Sciences Morales et Politiques de France.

PAR

Alph. ALLARD

Accompagné des observations de

MM. Frédéric PASSY — Paul LEROY-BEAULIEU
LEVASSEUR — GERMAIN
Léon SAY

MEMBRES DE L'INSTITUT;

Suivi de l'Avis de

M. Emile DE LAVELEYE

MEMBRE CORRESPONDANT DE LA MÊME ACADÉMIE

PROFESSEUR D'ÉCONOMIE POLITIQUE A L'UNIVERSITÉ DE LIÉGE.

DÉPRÉCIATION
DES RICHESSES

CRISE QU'ELLE ENGENDRE. — MAUX QU'ELLE RÉPAND
SOUFFRANCES QU'ELLE PROVOQUE DANS LES CLASSES LABORIEUSES

Mémoire lu à l'Académie des Sciences Morales et Politiques de France

PAR

Alph. ALLARD

Accompagné des observations de

MM. Frédéric PASSY — Paul LEROY-BEAULIEU
LEVASSEUR — GERMAIN
Léon SAY
MEMBRES DE L'INSTITUT ;

Suivi de l'Avis de

M. Emile de LAVELEYE
MEMBRE CORRESPONDANT DE LA MÊME ACADÉMIE
PROFESSEUR D'ÉCONOMIE POLITIQUE A L'UNIVERSITÉ DE LIÈGE.

Paris-Bruxelles, 25 avril 1889.

AU LECTEUR,

J'ai divisé cette publication en trois parties distinctes.

La première, contient le mémoire que l'ACADÉMIE DES SCIENCES MORALES ET POLITIQUES DE FRANCE a bien voulu m'admettre à l'honneur de lire devant elle.

La DÉPRÉCIATION DES RICHESSES dont il traite, a commencé il y a quinze ans, le temps n'y a apporté aucun remède;

Les fruits de la terre, et la terre elle-même, ont diminué de prix, le SOL s'est partout appauvri, ce qu'il produit diminue de valeur, et l'*agriculture* compromise, se fait l'illusion de croire que la *protection douanière* pourrait lui assurer le salut, tandis que le mal est ailleurs;

Le *commerce*, contrarié dans les échanges, jette la perturbation dans l'*industrie*;

Les *matières premières* baissent, et les syndicats formés pour en relever artificiellement le prix, qu'ils s'appellent syndicat des *sucres*, du *sel*, du *pétrole*, du *fer blanc*, des *charbons* ou des *cuivres*, n'aboutissent qu'à des sinistres financiers dont nous faisons chaque jour la cruelle épreuve ;

La *baisse des salaires* s'impose, provoque les *grèves*, multiplie le nombre des *ouvriers sans travail* et excite chaque jour davantage le *travail contre le capital*.

De toutes parts les plaintes des travailleurs soulèvent, ce que l'on est convenu d'appeler « *la question sociale* », aucun remède ne paraît efficace.

Ces troubles existent partout : *Angleterre*, *Etats-Unis*, *Allemagne*, *France*, *Italie*, *Belgique*, tous ces pays souffrent à la fois du même mal.

C'est à la gravité de ces faits, que je puis attribuer l'intérêt qu'a bien voulu prendre l'ACADÉMIE DES SCIENCES MORALES ET POLITIQUES DE FRANCE, à la lecture du mémoire qui va suivre, et les deux séances qu'elle a consacrées à l'examiner. (1)

Il est, en effet, grand temps d'apporter un remède !

Je n'ai pu me dispenser de publier les pièces justificatives dont mon mémoire était accompagné ; — ce mémoire n'était qu'une simple lecture et ne pouvait être par cela même qu'un rapide résumé, dont chaque affirmation devait nécessairement être justifiée par des notes additionnelles.

Dans la seconde partie je donne, d'après le compte-rendu des séances (2), les observations et les réserves qui ont été faites par les membres de l'Institut qui ont bien voulu s'occuper du remède que je propose

(1) 26 Janvier et 2 février 1889.

(2) Livraison mars-avril, p. 455-494.

Il était en effet fort intéressant de publier ces observations, car du choc d'opinions aussi savantes que celles de MM. Frédéric Passy, Paul Leroy-Beaulieu, Levasseur, Germain et Léon Say, de nouvelles lumières devaient jaillir.

Cependant, ces observations ne m'avaient ni convaincu ni persuadé et je ne pouvais pas y redire, car j'avais été prévenu que les usages ne permettaient point à qui est étranger à l'Académie d'y soutenir son travail, son opinion ou sa thèse.

J'ai appelé à mon aide mon savant compatriote, M. Emile de Laveleye, qui a l'honneur d'être membre de l'illustre compagnie, et qui répondant à ma sollicitation, a bien voulu venir discuter à ma place, les savants avis de ses éminents collègues.

M. Emile de Laveleye a d'autant plus de valeur dans cette matière, qu'en outre de son grand talent si connu et si apprécié de tous, il a le mérite indiscutable de ne pas avoir été toujours bi-métalliste; il brisait jadis des lances en faveur de la thèse contraire qu'il avait cru bonne jusque là; il y a de cela, je pense, quelque vingt-cinq ans.

Cette conversion est semblable à celle dont plus tard M. Henry Gibbs, gouverneur de la Banque d'Angleterre, se faisait gloire, en racontant lui-même dans ses écrits, comment, au nom de son pays, il défendait le mono-métallisme à la Conférence de Paris en 1878 et comment, les discussions l'ayant convaincu en sens contraire, il revint à Londres si pénétré des dangers que cette théorie faisait courir à son pays, que trois ans plus tard, en 1881, il publiait un livre pour défendre sa nouvelle opinion et qu'il se trouve aujourd'hui même, à la tête du mouvement bi-métallique qui fait tant de progrès en Angleterre. (1)

C'est qu'en effet il n'y a que les petits esprits pour lesquels la persévérance, l'obstination ou l'acharnement dans la même opinion, constitue une vertu civique. Chez eux l'opiniâtreté s'érige en tribunal supérieur, qui repousse toutes les raisons, se cantonne dans un majestueux dédain et se dit avec le poëte, qu'après tout,

« *L'erreur n'est pas un crime aux yeux de l'Eternel.* »

On aurait tort pour chercher à les convaincre, de parler ou d'écrire.

Quant à moi, je suis tout au contraire de l'avis de Molière :

« *Si notre esprit n'est pas sage à toutes les heures,*
» *Les plus courtes erreurs sont toujours les meilleures.* »

Il n'en faut pas moins un certain courage pour avouer son erreur ; l'intelligence, le travail, l'étude, l'expérience doivent y aider, et ce qu'il faut surtout, c'est une absence complète de ce fâcheux respect humain, qui enfante toutes les erreurs et qui constitue l'obstacle le plus fatal à toutes les conversions.

Aussi ne sont-ce guère que des hommes de valeur réelle et de choix qui ont eu le courage de rompre avec leurs erreurs, ce sont surtout les Bismarck qui changent d'opinions, en le faisant, ils acquièrent des droits sérieux à être écoutés, ils s'imposent au respect de tous.

C'est à ce titre que j'ai été heureux de pouvoir insérer ici l'avis de notre éminent compatriote et

(1) Voir à la note justificative n° 18, page 150, la conversion de Sir Evelyn Baring, ministre des finances des Indes Anglaises.

savant professeur, M. Emile de Laveleye, membre de l'Institut de France ; cet avis formera la troisième et dernière partie de ma publication.

J'ai réuni ainsi, sous un volume relativement petit, un débat complet et contradictoire de cette question, rendue si intéressante et si brûlante par la crise actuelle.

J'ai cru faire chose utile enfin, en constituant l'ensemble de ce débat sous une forme didactique, afin qu'en consultant la table des matières, le lecteur puisse retrouver, s'il le désire, les passages dont il tiendrait à approfondir l'étude.

Je m'estimerais heureux si cette publication pouvait contribuer à répandre la lumière dans les esprits.

ALPH. ALLARD

PREMIÈRE PARTIE

MÉMOIRE & NOTES JUSTIFICATIVES

DE

M. ALPH. ALLARD

PREMIÈRE PARTIE

MÉMOIRE & NOTES JUSTIFICATIVES

DE

M. ALPH. ALLARD

Le mémoire que l'Académie a bien voulu m'admettre à l'honneur de lire devant elle a pour titre : Dépréciation des Richesses, et pour objet : *la crise que cette dépréciation engendre, les maux qu'elle répand et les souffrances qu'elle provoque plus particulièrement parmi les classes laborieuses* (1).

§ 1

LA CRISE

En 1885, M. Goschen, actuellement Chancelier de l'Echiquier de la Grande-Bretagne, exprimait, en s'adressant aux banquiers de Londres, la pensée que sans doute personne dans l'auditoire ne serait disposé à contester l'existence de la crise agricole, commerciale ou manufacturière.

A plus forte raison puis-je faire de même aujourd'hui, puisque depuis trois ans, cette crise au lieu de se calmer, a plutôt empiré.

(1) Ce mémoire a été édité chez Guillaumin et Cie, à Paris ; — Effingham, Wilson et Ce, à Londres ; — et Merzbach et Falk à Bruxelles, en un volume, édition de luxe, sur papier de Hollande, de 136 pages, in-4°.

On ne se souvient pas avoir subi pareil mal; non seulement tous les prix ont baissé, mais cette baisse revêt même trois caractères absolument extraordinaires et que n'avait jamais présentés aucune autre crise.

Celle-ci dure depuis 15 ans;

Elle frappe les prix de tous les objets à la fois;

Elle exerce son influence dans l'univers entier.

A quelle cause subtile doit-on attribuer un effet aussi universel, aussi intense et aussi permanent?

Les explications ne manquent pas, mais toutes ou presque toutes, sans signaler aucun remède, aboutissent à cette conclusion : que la crise ne devrait être attribuée qu'à une sorte de fatalité aveugle, qui fait que l'homme, dans la fièvre de progrès qui le dévore, aurait toujours, depuis 15 ans, produit plus de richesses qu'il n'en pouvait consommer; que de là proviendrait cette baisse si extraordinaire des prix de toutes choses; de là aussi la ruine de tous, et plus particulièrement la misère du travailleur.

J'ai bien peur, que cet *excès de production* amenant les *privations*, que cet excès de *travail* engendrant la *misère*, ne constituent en réalité qu'un dangereux paradoxe, et quant à moi j'éprouve, je l'avoue, une sorte d'aversion instinctive pour cette théorie, qui tendrait à faire croire que le travail de l'homme ne développerait pour lui que des malheurs, et qu'impuissant à trouver un remède et à réagir contre la fatalité, il n'aurait d'autre destinée que la misère et serait condamné, forcément, à être malheureux !

Cette théorie de l'excès de production viendrait, en

quelque sorte, à l'appui des doctrines des Leopardi, des Hartmann, des Schopenhauer, qui admettent également la fatalité des malheurs de l'homme. Ces doctrines ont enfanté le socialisme en Allemagne, le nihilisme en Russie, et se répandent, aujourd'hui même, chez nos ouvriers, en rêves les plus obscurs et les plus malsains, fournissant des prosélytes nouveaux à cette philosophie : *Ni Dieu ni Maître,* la plus dangereuse entre toutes.

Ces idées ne sont pas françaises, disait dans un noble élan l'honorable président M. Gréard, à la dernière séance annuelle de l'Institut.

Je désire, comme lui, une autre solution, car dans celle-ci, je l'avoue, je ne vois que le germe d'un bouleversement social inévitable!

Non seulement cette théorie me semble dangereuse, mais elle ne paraît même pas pouvoir résister à l'examen.

Si, pendant les trois premiers quarts de ce siècle, avec les augmentations immenses de la production qui ont été amenées par l'emploi de la vapeur, nous avons eu le progrès, la richesse et la prospérité, pourquoi donc, je le demande, n'aurions-nous plus aujourd'hui que la ruine, la misère et la crise ?

Voilà 15 ans que l'on parle de cet excès constant de production, comment raisonnablement admettre que les hommes auraient toujours, pendant quinze années, continué à produire trop de richesses ne leur procurant que pertes et mécomptes ? A moins que semblables à ces cinquante filles du roi d'Argos, ils ne soient forcés comme elles à remplir un tonneau sans fond ? Mais alors je demande, au moins, à connaître le crime qu'ils auraient commis et le Dieu qui leur aurait infligé un aussi dur châtiment ?

Une commission appelée par la Reine d'Angleterre à examiner cette question, paraît s'être absolument prononcée dans le sens que j'énonce ici. (1)

Mais du moment où cet excès de production, cette *crise d'abondance*, ne pouvait plus être regardée comme l'origine réelle de nos *misères*, il fallait aller chercher ailleurs ; c'est ce que l'on fit dans tous les pays à la fois, car la crise était partout.

En 1884, on nommait en France la *Commission des 44*, qui donna lieu à deux premiers rapports. Ces rapports décrivaient le mal, mais sans en pouvoir signaler ni les véritables origines ni le remède possible. (2)

En 1886, les ouvriers sans travail se soulevaient à Londres,

Ils prenaient les armes à Decazeville,

Anzin se révoltait de son côté,

Des émeutes graves avaient lieu en Belgique, et l'on instituait, dans ce pays, une *Commission du Travail*, qui ne paraît pas avoir abouti à de bien meilleurs résultats que la *Commission des 44* en France.

On recherchait en même temps, en Angleterre,

(1) Voir note justificative n° 2, page 67. — Rapport final de la Commission of Depression of Trade and Industry.

(2) Voir note justificative n° 1, page 61. — Extraits des rapports de MM. Spuller et de Lanessan. Commission dite des 44.

les causes occultes et obscures de cette crise véritablement des plus singulières !

En 1885, la Reine Victoria créait une *Commission de l'amoindrissement du Commerce et de l'Industrie* (Depression of Trade and Industry).

Cette commission, ainsi que je le disais tout à l'heure, se refusait à admettre que la crise fût réellement le résultat d'un excès de production ; elle finit, de guerre lasse, par se convaincre qu'on devait en rechercher la cause dans des questions monétaires. (1)

Cette cause monétaire avait déjà été signalée depuis bien longtemps en France, et par la Banque de France, et par une foule d'économistes distingués, et par de grands financiers et par des hommes pratiques. J'ai moi-même exposé, dans quelques travaux publiés sur ces matières, comment, depuis quelques années, cette cause subreptice agissait sur notre société (2), et c'est pour l'étudier que fut créée en Angleterre en 1886, une commission appelée la *Commission de l'Or et de l'Argent.* (Commission on Gold and Silver) qui fut spécialement chargée de rechercher comment les causes monétaires avaient pu provoquer les maux dont nous souffrions.

Cette commission vient, après deux ans et demi d'études, de déposer son troisième et dernier rap-

(1) Voir note justificative n° 3, page 69. — Adresse de la Commission of Depression of Trade and Industry à S. M. la Reine, 1886.

(2) *La Crise, la Baisse des Prix, la Monnaie,* publiée en 1885 (Paris-Bruxelles).

Discours sur la crise agricole et manufacturière, 1886 (Paris-Bruxelles).

Etude sur la crise agricole, commerciale et ouvrière en Angleterre, 1888 (Paris-Londres et Bruxelles).

port, qui jette un jour tout nouveau sur les questions que je vais avoir l'honneur de traiter ici

Ce document me paraît porter en lui le germe du remède attendu et, à ce titre, j'ai pensé qu'il pourrait exciter l'intérêt.

§ 2

LA MONNAIE

Mais, se demandera-t-on, comment la monnaie peut-elle exercer une pareille influence et devenir la cause d'une crise aussi intense et aussi universelle?

C'est qu'on se sert en général de la *monnaie*, depuis la naissance jusqu'à la mort, dans tous les actes de la vie et d'un bout à l'autre de l'univers, un peu comme on se sert de l'*air* et de l'*eau* ces éléments cependant si indispensables à la vie, sans trop savoir ni comment ni pourquoi.

La monnaie, il est vrai, ne procure par elle-même aucune jouissance, elle ne se consomme pas, elle n'est pas, par cela même, ce que l'on peut appeler une véritable richesse; mais elle est l'outil qui peut nous les procurer toutes; il semble que la monnaie, soit une sorte d'intermédiaire, je dirais presque de courtier, entre tous les désirs de l'homme; elle rappelle, dans la vaste et active circulation monétaire du monde, ce globule de sang qui circule dans notre corps à tous, et s'en va transmettant sans cesse à nos organes, la chaleur, l'activité et la vie. (1)

L'on comprend bien vite dès lors le grand rôle qu'elle est appelée à jouer, aussi verrons-nous tout à l'heure qu'augmenter ou diminuer les quantités de monnaies en circulation, produira exactement le même effet sur le corps social que l'augmentation ou la diminution du sang sur le corps humain. L'augmentation favorisera la croissance, le progrès et la vie, la diminution amènera l'anémie, la maladie et la crise.

On a voulu, et cela surtout dans ces derniers temps, rabaisser l'importance de la MONNAIE et ne plus voir en elle qu'une SIMPLE MARCHANDISE comme le coton ou la laine, marchandise sur laquelle on pouvait impunément porter la main et dont on pouvait, sans crainte, augmenter ou diminuer les quantités en usage.

Je crains qu'on n'ait commis là une lourde erreur, car, s'il faut en croire les études anglaises dont je partage l'opinion, c'est en grande partie cette erreur qui a provoqué la longue crise à laquelle nous cherchons un remède.

La monnaie n'est pas une simple marchandise.

A l'appui de cette opinion, nous trouvons dans les Pandectes une excellente définition, qui fait ressortir d'une façon qui me paraît claire, la différence entre la monnaie, d'une part, et les marchandises qu'elle sert à échanger, de l'autre. (2)

(1) Voir les notes justificatives nos 4 et 7, pages 75 et 89.

(2) Voir *Discours sur la crise agricole et manufacturière*, par l'auteur, p. 14.

La commission anglaise constate, en effet, que quelles que soient les productions des mines d'or ou d'argent, la valeur de la monnaie ne suit jamais les lois ordinaires qui règlent le prix de toutes les autres marchandises. Or, si elle n'en suit pas les lois, comment pourrait-on l'y assimiler.

Le pouvoir souverain a seul le droit de battre monnaie, tandis que tout le monde a bien, je pense, le droit de fabriquer des marchandises.

La contrefaçon de la monnaie était naguère punie de mort; celle des marchandises n'entraînait que des peines infiniment plus douces; et enfin la monnaie, par ordre du Prince, doit être acceptée à la valeur légalement établie, sous peine d'amende, voire même de prison.

Je le demande, sont-ce là les caractères d'une marchandise ordinaire ? (1)

On a essayé, d'autres fois, de ne voir dans la monnaie qu'une sorte d'*invention* plus ou moins tardive de l'homme qu'il pouvait ainsi changer à sa guise, et à cette occasion on ne manque pas d'en exposer, dans tous leurs détails, les débuts.

Il serait cependant plus sage, je pense, de croire que personne ne les connait. (2)

Quoi qu'il en soit, personne ne peut nier, je pense, le rôle important de la monnaie. Il reste à voir comment elle agit sur notre société et sur les prix de toutes choses.

(1) Voir note justificative n° 6, page 85, Monnaie n'est pas marchandise.

(2) Voir note justificative n° 5, page 77, Origines monétaires.

Ici nous arrivons à ces *causes que l'on voit* et à *celles que l'on ne voit pas*, dont parlait *Bastiat;* l'action de la monnaie sur la société, rappelle l'influence du soleil sur la végétation, elle s'exerce en silence, mais elle n'en fait pas moins circuler la sève et mûrir les moissons!

Nous allons chercher à pénétrer les secrets de cette action occulte et nous étudierons de plus près, l'influence de la monnaie sur les prix de tout ce qui se vend ou s'achète dans l'univers.

§ 3

INFLUENCE DE LA MONNAIE SUR LES PRIX

Le prix d'une chose, nous le savons, est la quantité de monnaie que l'on donne pour cette chose.

Plus on sortait d'or et d'argent de la terre, plus on les transformait en monnaie, et plus aussi, au cours des siècles, on était insensiblement tenté de donner de monnaie pour le même objet; les prix de toutes choses avaient ainsi une continuelle tendance à monter.

Mais pendant le même temps une autre force, non moins puissante que la première, tendait à les faire baisser, c'étaient tous les perfectionnements du génie humain, qui allait chaque jour produisant, à meilleur marché, les objets nécessaires à notre existence.

De ces deux forces contraires s'est constitué un équilibre des prix universels, véritable rapport entre la monnaie, d'une part, et les marchandises de l'autre.

On comprend donc, immédiatement, que l'abondance ou la rareté de la monnaie ait eu de tous temps le pouvoir de faire monter ou de faire baisser les prix des marchandises, tout aussi bien que la rareté ou l'excès des marchandises elles-mêmes.

L'histoire est du reste féconde en exemples de ces variations.

Rappelons à ce propos la plus importante de toutes, la découverte des richesses métalliques du nouveau monde au XVIe siècle et l'explosion de hausse des prix qui éclata dans l'univers entier, à ce point qu'un chapon, qui ne valait guère que quatre sous en l'an 1500, en valait quinze, c'est-à-dire presque quatre fois plus, cent ans plus tard ; et tout le reste en proportion.

Un demi-siècle s'était déjà écoulé depuis la découverte de Christophe Colomb que le célèbre évêque de Worcester, Latimer, n'avait pas encore eu le temps de saisir l'immense révolution produite dans tous les prix par l'arrivée des métaux précieux.

Ce qu'il voyait, c'était tout simplement l'exagération des prix et des fermages, qu'il blâmait hautement.

Ce qu'il ne voyait pas, c'était la cause monétaire qui agissait ; aussi se contentait-il encore, en 1548, à la cour d'Edouard VI, d'accuser les seigneurs et les propriétaires de pressurer leurs fermiers.

Je crains bien que ceux qui accusent aujourd'hui les travailleurs de produire trop de marchandises, ne rappellent absolument l'erreur de Latimer. (1)

Il y a quelques années, c'était en 1851, nous découvrions l'or de la Californie et de l'Australie, et en moins de 15 années, la quantité de la monnaie du monde se trouva doublée ; de grands esprits s'en étaient même fortement alarmés.

Aucune des craintes émises ne se réalisa pourtant, par cette raison que nous n'étions plus au XVIe siècle, mais bien au XIXe ; le génie moderne développant ses ailes puissantes, multiplia si bien les découvertes, la production, le progrès et les échanges, qu'il maintint les prix, les empêcha de monter et que bientôt il ne nous resta plus de ces flots métalliques, qui avaient tant inquiété les esprits, que le souvenir ineffaçable d'une ère d'affaires, de prospérité, de travail et d'abondance inconnue jusque-là, et que tout le monde se prend à regretter aujourd'hui.

Si les immenses augmentations de la production des marchandises et des richesses de 1851 à 1873 ont ainsi constitué un bien et non pas un mal, c'est parce que des quantités proportionnelles d'or, étaient venues soutenir les prix des richesses que l'on produisait pourtant en immense abondance.

L'on me permettra ici une image, pour mieux faire saisir ma pensée.

L'équilibre des prix est assez bien figuré par une de ces balances à deux plateaux, munie d'une petite aiguille au centre.

(1) Voir note justificative n° 8, page 91.

Sur l'un des plateaux (supposons à gauche), viennent peser toutes les productions, tout ce qui s'échange dans le monde : plus on le charge, plus il y a de marchandises, plus aussi ce plateau va s'affaissant et plus les prix baissent avec lui.

Mais voilà qu'en même temps, sur l'autre plateau (à droite), venaient s'amonceler l'or et l'argent produits depuis l'origine des siècles. Voilà ce plateau qui vient à s'affaisser à son tour, mais quel est donc le phénomène qui se produit de l'autre côté? n'est-ce pas le plateau (à gauche) qui remonte exactement dans la même proportion et ne voyons-nous pas le niveau des prix de toutes les marchandises qui remonte avec lui?

Pendant ce temps, la petite aiguille, au milieu, marque l'équilibre moyen des prix qui s'est ainsi établi.

Viennent maintenant de grandes quantités de monnaies; elles vont peser sur le plateau de droite: le plateau des marchandises se relèvera aussitôt à gauche et l'industrie humaine, encouragée par la hausse des prix, se disposera aussitôt à recharger de nouveaux produits ce plateau devenu trop léger.

Viennent au contraire (à gauche) de grandes quantités de marchandises : voilà le plateau qui s'alourdit, il baisse, et avec lui tous les prix; aussitôt la production s'arrête jusqu'à ce que, sur le plateau (de droite), vienne se placer le contre-poids métallique indispensable à soutenir et à maintenir l'équilibre des prix.

Or, nous verrons tout à l'heure qu'en 1873 on a enlevé du plateau métallique de l'Europe tout l'argent et qu'on n'y a plus laissé que l'or. Quoi d'étonnant que l'équilibre se soit rompu et que le plateau des marchandises, emporté par son propre poids, ait été précipité dans une baisse fatale.

Il baisse, disent les uns, parce qu'il y a trop de marchandises.

Il baisse, disent les autres, parce qu'il manque un contre-poids de monnaie de l'autre côté.

Quant à moi, je suis d'avis qu'ils ont raison tous deux et que *trop de marchandise* ou *trop peu de monnaie*, c'est exactement la même chose; tel est aussi l'avis d'une notable partie des commissaires anglais : ils sont d'opinion qu'il est matériellement impossible de séparer les causes affectant les marchandises de celles qui affectent la monnaie. (1)

Le mal produit sur les prix, par un *excès de marchandise* ou par un *manque de monnaie*, est absolument le même ; mais, quant au remède à appliquer, la différence est énorme comme nous allons le voir.

Diminuer les marchandises, ce qui serait le remède indiqué à leur excès, est reconnu impossible par tous, au lieu qu'augmenter la monnaie est, au contraire, un remède parfaitement praticable ; c'est ce remède qui est réclamé par plus d'un esprit pratique.

C'est par cette raison élémentaire, que de ce côté seulement s'offre un remède possible, que je me sens irrésistiblement entraîné à ne m'attacher de préférence qu'à l'étude des causes monétaires de la crise

Mais pourquoi, me demandera-t-on encore, a-t-il

(1) Voir note justificative n° 9, page 95.

fallu démonétiser l'argent en 1873? Je vais répondre à cette intéressante question, mais cela va nécessiter un retour en arrière, jusqu'aux origines de notre système monétaire qui remonte à 1796.

§ 4

ORIGINES DE LA MONNAIE FRANÇAISE

Dès l'an III, le Comte de Mirabeau proposait à la Convention un système monétaire basé sur l'emploi de l'argent seul; d'après lui, l'or ne devait plus rester que simple marchandise.

C'était, remarquons-le, réduire les quantités de monnaies en circulation puisqu'on n'allait plus avoir recours qu'à un seul métal.

Mirabeau avait cru que la fixité monétaire serait ainsi plus grande, et qu'elle importait bien plus que l'abondance ou la rareté.

En cela il avait tort; la rareté fut le résultat direct qu'amena sa loi; la baisse des prix qu'elle entraîne toujours après elle, en fut la conséquence; aussi dès l'an VI, se plaignait-on à ce point de la rareté de la monnaie que cinq ans plus tard, en l'an XI, on était forcé d'adopter une monnaie faite des deux métaux parallèlement.

En même temps que cette loi admettait ainsi les

deux métaux, elle introduisait un principe tout nouveau et des plus importants.

Jusque-là le Prince avait eu seul le droit de se prononcer sur les besoins du commerce et de décider si, oui ou non, il convenait de battre de la monnaie. Il dépendait ainsi de lui d'en provoquer, soit la rareté soit l'abondance et, à l'occasion, d'en hausser ou d'en diminuer par conséquent la valeur à son profit. On se souvenait trop de Philippe-le-Bel et des rois faux-monnayeurs pour n'en pas vouloir éviter les excès.

C'est pourquoi, désormais, c'était le commerce lui-même, qui allait décider de ses propres besoins, chacun allait, aussitôt que la monnaie se ferait rare, pouvoir faire convertir à sa guise des lingots d'or et d'argent en monnaies; c'était l'action automotrice de la monnaie accordée à l'industrie et au commerce, leur permettant de rétablir l'équilibre du prix des marchandises lorsque le plateau qui les porte viendrait à s'abaisser par trop sous le poids des échanges, comme l'indiquait tout à l'heure notre exemple de la balance.

De même que le public avait eu de tout temps la liberté de produire à sa guise des marchandises qui faisaient baisser les prix, il obtenait le pouvoir de rétablir l'équilibre, puisque la liberté du monnayage lui en assurait dorénavant le moyen.

A dater de ce moment, de rare qu'elle était, la monnaie devint abondante; la France régulièrement pourvue d'or et d'argent, devint bientôt le réservoir du monde; tous les autres peuples y venaient puiser, par la voie de leurs échanges, le métal qui leur était nécessaire; le commerce et les industries de la

France en retiraient les fruits directs et voyaient ainsi se réaliser pour eux, les promesses du législateur de l'an XI.

Les avantages devinrent bientôt si évidents pour tout le monde que les autres peuples adoptèrent successivement les lois monétaires françaises; en 1870 on ne comptait pas moins de deux cent quatre-vingt millions d'habitants (soit le quart de l'univers) qui les avaient déjà introduites chez eux.

C'était un grand honneur pour la France et le plus grand hommage que l'on pouvait rendre à ses institutions monétaires.

Cette loi établissait un rapport fixe, entre la valeur de l'or et celle de l'argent, l'hôtel des monnaies achetait au même prix 15 1/2 kilogrammes d'argent ou 1 kilogramme d'or.

Certaines personnes prétendent aujourd'hui que c'était là une erreur qui ne peut plus être maintenue; qu'il n'appartenait pas à la loi de fixer pareil rapport; que cette proportion était bien celle de l'an XI, mais qu'elle n'est plus celle qui règle les marchés de ces deux métaux.

Or, si l'on veut bien lire les rapports qui ont précédé la loi de l'an XI, on trouvera la preuve que ces personnes commettent une erreur profonde.

Cette proportion n'était pas, comme elles le croient, celle des marchés en l'an XI, elle a été fixée arbitrairement par la loi, les rapports de l'époque en font explicitement foi, et c'est la puissance seule de la France qui a suffi pour l'imposer au monde entier quelque arbitraire qu'elle était, preuve évidente qu'il ne dépendait que de la force de la loi de l'établir.

Telle est l'économie et l'origine de la loi française qui nous régit encore aujourd'hui. (1)

§ 5

RETOUR VERS LE MONO-MÉTALLISME DE MIRABEAU

Depuis sa promulgation, en l'an XI, cette loi eut à subir des épreuves et des assauts bien décisifs.

Jusqu'en 1840, les mines n'avaient guère fourni que de l'argent, tandis qu'à partir de 1851 la production d'or devint tellement abondante, qu'en 1865 il n'y avait plus que de l'or dans la circulation. (2)

Malgré ces immenses différences de production, le kilogramme d'or conserva toujours la valeur de 15 1/2 kilogrammes d'argent.

(1) Voir note justificative n° 10, page 99.

(2) C'est ce que M. Dumas, membre de l'Institut, exposait d'une façon tout humoristique en disant que : « Si l'on envisage l'ensemble » d'une population, les mâles et les femelles naissent en quantités à » peu près égales, pourtant, à telle époque, dans tel village, il ne sera » né que des filles, pendant plusieurs années. Ce phénomène ne s'est » jamais réalisé quand on considère un département tout entier, à plus » forte raison, quand on opère sur l'ensemble d'une nation. Eh bien, » de même, le rapport entre la production de l'or et celle de l'argent, » dans certains lieux et dans certaines époques, peut présenter des » résultats variables, tandis que la production de cette époque allant se » noyer dans l'ensemble de ce que possédaient déjà les nations réunies, » les différences disparaissent et s'atténuent. »

A l'arrivée de l'or de la Californie, de grands économistes, dans des publications remarquables entrevoyaient la *baisse*, non pas seulement *probable* mais imminente de l'or, ils réclamaient la prompte démonétisation de ce métal.

On n'en fit rien !

Nous avons vu les prix de toutes choses monter de 1851 à 1873 (mais pas du tout en proportion des productions d'or) : terres, propriétés, marchandises et salaires, tout avait suivi l'impulsion : c'est ce beau temps qui s'est évanoui pour nous.

Le souvenir de cette prospérité aurait dû, semble-t-il, être la preuve bien évidente qu'on avait bien fait de ne pas démonétiser l'or et de conserver les deux métaux !

Les mono-métallistes toujours convaincus du caractère pratique de leur théorie, ne voulurent cependant pas convenir qu'on avait bien fait ; partis en guerre contre l'or, ils se retournèrent contre l'argent ; il leur fallait supprimer l'un de ces deux métaux pourvu qu'ils arrivassent à n'en avoir plus qu'un en circulation, suivant les principes de Mirabeau.

Il n'y avait plus que peu d'argent en circulation ; en 1865, sous le prétexte qu'il manquait de pièces de un franc d'argent, on convertit cette pièce en une pièce de billon à bas titre (835/1000 au lieu de 900/1000) ; c'était une atteinte à notre unité monétaire, c'était le premier coup porté à l'édifice de l'an XI.

On peut se rappeler avec quelle énergie Michel

Chevalier stigmatisa ce fait et combien de gens, la Banque de France en tête, partageaient cette opinion. (1)

En 1867, à l'occasion de l'Exposition, on assembla une conférence monétaire internationale, sous le prétexte de *faire cesser l'agio qui régnait parfois entre l'or et l'argent*, mais, en réalité, pour continuer l'œuvre commencée et pour proposer enfin l'*étalon d'or unique et universel*.

(1) « Il y a deux manières, » disait M. MICHEL CHEVALIER, « d'enfreindre les prescriptions du législateur de l'an XI, et d'attirer sur la » société française les violations du droit ainsi que les souffrances et » les perturbations de toutes sortes, dont nous avons faiblement esquissé » la perspective dans le cours de cette étude; c'est dire qu'il y a deux » manières aussi d'exposer l'État à des accusations blessantes, qu'il ne » lui serait pas aisé de repousser.

» La première, plus franche, plus audacieuse, serait de déposer un » projet de loi portant que désormais l'argent est déchu du rôle que lui » avait attribué le législateur de l'an XI.

» L'autre, plus timide, consisterait à rester les bras croisés et à » laisser les choses suivre indéfiniment le cours qu'elles ont pris d'elles- » mêmes. Pour retenir les menues pièces d'argent on serait obligé de » les réduire à l'état de billon, en retirant une partie du métal fin » qu'elles contiennent. A quelque point de vue que je me place, à celui » des intérêts comme à celui de l'équité et de l'honneur, je ne puis » mettre une grande différence entre l'un et l'autre de ces deux pro- » cédés.

» Un jour l'histoire, quand son burin sera tenu par des juges fermement » dévoués à la cause des principes, tel que fut Tacite pour son » temps, n'aura, pour caractériser l'un aussi bien que l'autre, qu'un » arrêt rigoureux. »

La BANQUE DE FRANCE appelée, cinq ans plus tard, à émettre son opinion sur l'application de cette convention monétaire, la traite bien durement.

« J'ai un tel éloignement pour la suppression de la monnaie d'argent, » que je n'aime guère à prévoir cette suppression. Cependant je dois » ajouter à ce sujet, que tout ce qu'on appelle des transactions, des » ménagements n'est pas dans le vrai. Qu'est-ce que l'idée bâtarde d'une » pièce de cinq francs à 835 millièmes? Nous avons bien assez de » monnaies falsifiées dans nos pièces divisionnaires.

» Il est inutile de revenir sur la convention monétaire de 1865, qui » a tout le mérite de cette malheureuse invention de la monnaie altérée. » Tout le monde sait qu'elle a produit des effets détestables. On regret- » tera peut-être cette convention, qui cependant a été faite dans les » meilleures intentions. »

Telle est l'opinion pratique du plus grand de nos établissements financiers.

Les procès-verbaux font foi que, manquant des pouvoirs nécessaires pour se prononcer sur cette demande assez imprévue, les délégués réclamèrent cette déclaration, que leur vote *n'engagerait pas leur gouvernement;* aussi dès cet instant votèrent-ils avec entrain ce que demandait le gouvernement de l'Empereur, l'étalon d'or universel qui comprenait la démonétisation de l'argent.

Aucun gouvernement ne songea jamais, comme vous pouvez le penser, à considérer ce vote sans sanction comme sérieux et à le transformer en loi, puisqu'il ne constituait aucun engagement. (1)

L'Allemagne seule, par une sorte de méprise, lui avait fait les honneurs d'un examen plus approfondi ; c'est de cette malheureuse méprise qu'est née, nous allons le voir, la démonétisation de l'argent et la crise actuelle.

(1) Le gouvernement américain, se préoccupant de la reprise de ses paiements en espèces, avait résolu de contracter un gros emprunt en Europe et de le faire en or. Le gouvernement français se trouvait devant la menace d'une raréfaction de l'or.

Fort anxieux à la nouvelle de ce projet, le 9 novembre 1869 il nomma une commission d'enquête.

L'enquête fit ressortir l'impossibilité où on se trouvait à se défaire, même à vil prix, des milliards d'argent qui se trouvent de fait en possession des différents peuples, et l'on se demande comment la conférence de 1867, qui accueillait l'or avec une si complète unanimité, n'a pas examiné l'usage que ces mêmes peuples auraient à faire de l'argent qu'ils possédaient.

Cette simple remarque montre à quel point le vote de 1867 avait un caractère peu solide au point de vue pratique.

§ 6

LA DÉMONÉTISATION DE L'ARGENT

L'année 1870 venait de s'écouler.

C'était le moment pour l'Allemagne d'adopter l'étalon d'or unique; il fallait même qu'elle se dépêchât, car elle pouvait, croyait-elle, voir la France prendre les devants; la décision internationale de 1867 lui avait paru absolument sérieuse, elle se hâta donc de démonétiser l'argent.

Or, l'emploi le plus profitable pour tirer parti de l'argent allemand était de le convertir en pièces de 5 francs.

Il s'en vint donc aux hôtels de France, mais comme la France ne possédait aucune raison bien sérieuse de rendre service à l'Allemagne, elle assembla bien vite ses alliés monétaires, et tous d'un commun accord, ils suspendirent, *à titre provisoire* il est vrai, le monnayage de l'argent.

C'est ce provisoire qui dure depuis 16 ans !

On avait dit en Allemagne : « *On va démo-*
» *nétiser l'argent en France, prenons vite les*
» *devants.* »

On disait en France : « *L'Allemagne prend*
» *l'or, évitons la perte, refusons son argent.* » (1)

(1) « Si l'on me demandait : Pourquoi la France a-t-elle abandonné
» ce régime, alors qu'elle n'en avait pas éprouvé de préjudice, et que
» rien ne la menaçait que ce qui s'était déjà produit, je répondrais

Les avis les plus pessimistes ne manquèrent pas ; on peut lire, à cet égard, les avis de la Banque, du Baron de Rothschild et de bien d'autres en France ; de Lord Beaconsfield et de M. Goschen en Angleterre ; du Général Walker aux Etats-Unis. (1)

Ce qu'il y a de remarquable, c'est que, depuis seize ans que cet événement s'est produit, provisoirement et dans les singulières circonstances que nous venons de rappeler, on ne soit pas arrivé à achever l'œuvre : on n'a pu en effet se défaire ni des thalers en Allemagne, ni des pièces de cinq francs chez nous.

Ne serait-ce pas, parce que « *l'or et l'argent sont » constitués, par la nature des choses, monnaie » et monnaie universelle* » comme le prétendait le grand Turgot et que les lois resteraient impuissantes à détruire ce que la nature des choses avait créé ?

Il n'en est pas moins vrai que, dorénavant, l'argent ne peut plus, en France, être converti en monnaies ; que les bénéfices de la loi de l'an XI ont disparu ; que le commerce et l'industrie sont privés du moyen de tenir les prix en équilibre et que la monnaie va de nouveau pouvoir se raréfier comme aux anciens temps.

Nous allons étudier maintenant à quels boulever-

» que la France a eu peur sans qu'elle s'en aperçût, d'un danger » qui n'existait pas. »

H.-H. Gibbs,

Ancien Gouverneur de la Banque d'Angleterre
Discours à Manchester, 5 avril 1882.

(1) Voir note justificative n° 11, page 105.

sements ce nouvel ordre de choses va donner lieu; nous arrivons ici à la crise actuelle!

§ 7

LA RARETÉ DE L'OR

Pour que les prix de toutes choses puissent se maintenir en équilibre, il faut que les richesses et les monnaies qui servent à les échanger se développent dans la même proportion; nous l'avons compris, je pense, par l'exemple de la balance avec ses deux plateaux.

Or, demandons-nous dans quelle proportion se développe chaque année la richesse du monde?

D'après des chiffres que je joins à ce travail, il paraît que de 1852 à 1872 le chiffre d'affaires du monde serait passé de 30 à 72 milliards par an, ce qui fait en moyenne 7 p. c. d'augmentation chaque année.

Dans cette même proportion, l'or et l'argent de l'univers auraient dû augmenter de 3 milliards par an, tandis que la plus forte année connue n'en a guère fourni que le tiers (1).

Par conséquent avec les deux métaux, il manquait chaque année une quantité énorme de métal précieux pour suivre les progrès de la civilisation.

En même temps que cette rareté de l'or com-

(1) Voir note justificative n° 12, page 113.

mençait à se faire sentir, l'Allemagne attirait l'or chez elle, l'Amérique et l'Italie retiraient leurs billets à cours forcé contre de l'or, et M. Goschen calculait, en 1883, que plus de cinq milliards d'or venaient ainsi de trouver à s'employer d'une façon tout exceptionnelle. (1)

C'est à ce moment-là même que l'on a cru pouvoir démonétiser impunément l'argent et se passer de ce métal ; il ne pouvait être douteux pour personne que l'or allait devenir plus recherché et par conséquent monter de valeur : c'est ce qui est arrivé.

Mais ce n'est pas tout encore ; voilà qu'en même temps et pour mettre le comble à cette rareté de l'or, les mines d'or paraissent diminuer de fécondité et donner de moins en moins de métal chaque année.

Aussi est-on unanime à reconnaître en Angleterre aujourd'hui que c'est bien à la date de la démonétisation de l'argent sur le continent, qu'il faut remonter, pour trouver l'origine de la baisse des prix de toutes les richesses, conséquence directe de la rareté de l'or.

« Mais, objecte-t-on, les banques cependant » regorgent d'or, voyez leurs fortes encaisses, » comment pouvez-vous craindre la rareté? » Mais ne voit-on pas que cet or, est en réalité en circulation sous forme de billets de banque auxquels il sert de garantie : la Banque de France, qui a un

(1) Voir note justificative n° 12, pages 113 à 115.

milliard en or, n'a-t-elle pas plus de trois milliards d'engagements à payer par contre?

Mais, dit-on encore, le chèque est appelé à remplacer peu à peu la monnaie. C'est encore là une erreur répandue à plaisir; le chèque suppose toujours la valeur en or, et pas plus que le billet de banque il ne remplace le métal; pas plus en effet, qu'un photographe, en multipliant ses portraits, n'augmente la population, le chèque ou le billet de banque n'augmente la monnaie.

Mais il y a bien autre chose encore, il paraîtrait qu'en Angleterre, leur vrai berceau cependant, ni le chèque ni le billet de banque ne tendent à augmenter comme on voudrait nous le faire croire; nous en fournissons la preuve en fin de ce travail.

Il semble donc hors de doute que l'or se soit raréfié et qu'il doit en être résulté un abaissement de tous les prix dans le monde. (1)

§ 8

ABAISSEMENT DU PRIX DES RICHESSES

Mais est-il bien exact que les prix aient baissé ? La commission anglaise ne me paraît plus laisser

(1) Voir note justificative n° 12, page 113.

aucun doute à cet égard ; elle s'appuie sur les travaux les plus sérieux, tels que ceux du Docteur Soetbeer, de M. Sauerbeck et du professeur d'Edimbourg Nicholson ; elle admet en moyenne une baisse de 30 à 35 pour cent qui n'a pas encore dit son dernier mot, ajoute-t-elle.

Cette baisse, le fait est aujourd'hui constaté, existe dans tous les pays qui se servent de monnaies d'or ; elle n'existe pas dans les pays qui ne se servent que de monnaies d'argent. Il faut donc en conclure, pour être logique, qu'elle est bien le résultat direct de la hausse de l'or.

Le chancelier de l'Echiquier, M. Goschen, la prévoyait du reste lorsqu'en présence de la démonétisation de l'argent il prédisait « *une crise plus » désastreuse que toutes celles dont le monde com- » mercial aurait pu garder le souvenir* ; » il partageait l'avis du général Walker, des Etats-Unis, disant que « *la diminution du stock monétaire était » l'un des plus graves dangers dont l'humanité » puisse être menacée* ; » il partageait aussi celui de M. Dana Horton, qui niait la possibilité matérielle d'arriver à se passer de la monnaie d'argent, ce qu'il exprimait par cette figure très originale : « *Je puis bien dire que je serais très charmé » de perdre un pied de ma taille, mais qui me » donnera le moyen d'y arriver? C'est là toute » la question.* »

M. Wolowski et bien d'autres avaient prédit d'avance cette baisse des prix; il n'est donc pas bien étonnant qu'elle se soit réalisée?

« Mais, nous dit-on, que peut nous faire cette » baisse des prix? Tout ne devra-t-il pas baisser

» dans la même proportion? L'équilibre de tous les » prix ne finira-t-il pas par se rétablir et nous n'en » serons alors, les uns ou les autres, ni plus ni » moins riches qu'autrefois? »

Ce que l'on oublie de nous dire, ce sont les inégalités et les souffrances qui précéderont cet état de calme final; ce que l'on oublie de prouver surtout, c'est que ce calme arrivera un jour.

Lorsque la tempête soulève les flots, qu'importe au pilote, en danger de périr, de savoir que l'eau reprendra un jour ou l'autre son calme et son niveau?

Ce qu'il sait, c'est qu'aussi longtemps que le vent soufflera il sera le jouet de la tempête!

Ce qui lui importe, c'est de voir cesser le vent avant le naufrage!

C'est ce qui faisait dire au commandeur Luzzatti que cet abaissement de tous les prix ne constituait, en réalité, que la RUINE *pour l'industriel*, la MISÈRE *pour l'ouvrier*, le MALAISE et la SOUFFRANCE *pour tous*. (1)

Examinons cependant cette question de plus près encore

(1) Voir note justificative n° 13, page 121.

§ 9

IL Y A DES FAVORISÉS ET DES VICTIMES

« Le Chancelier de l'Échiquier, M. Goschen,
» était d'avis qu'il était incontestable que l'or étant
» devenu plus rare, la livre sterling procurait déjà
» en 1885 plus de choses qu'autrefois à son pro-
» priétaire; *heureux donc*, ajoutait-il, ceux qui
» possèdent les livres sterling, et *malheureux en*
» *revanche*, ceux à qui des articles de consom-
» mation et des produits invendus, restent pour
» compte. »

Heureux ceux qui ont de l'or à recevoir. Qui sont ces favorisés?

Ce sont les rentiers, de l'Etat, des Provinces, des Départements et des Villes,

Les obligataires de toutes sortes,

Les créanciers hypothécaires,

Les rentiers de toutes natures.

Tous ils ont des pièces d'or à recevoir à terme.

Ce sont des centaines de milliards qui sont ainsi favorisés, et je n'exagère pas, car l'Américain M. Howe, évaluait à la conférence de 1881, les seules rentes d'Etat de l'univers à plus de cent cinquante milliards de francs.

Quels sont maintenant les infortunés et les victimes?

Ce sont, dit M. Goschen, les possesseurs d'articles qui restent à vendre.

Ce sont d'abord ceux qui recueillent les fruits de la terre, propriétaires et fermiers, qui voient le prix de leurs produits baisser.

Puis, de proche en proche, ce sont tous les travailleurs qui viennent tour à tour tomber sous le coup de la baisse des prix. Le mal s'étend au commerce, ensuite à l'industrie, après cela aux transports, pour affecter enfin le corps social tout entier.

Ce sont des centaines de milliards qui maintenant sont au contraire les victimes.

Aussi l'enquête a-t-elle constaté que les plaintes, en Angleterre, venaient des classes qui travaillent et qui sont les plus intéressées, par conséquent, à la production ; il ne peut être douteux pour personne, ajoute-t-elle, que « la prospérité créée chaque année « dans le pays, profite beaucoup moins qu'autrefois « aux représentants du travail, — *le bien-être « national est distribué tout autrement qu'auparavant.* »

Ce mal a été confirmé plus tard par la Commission de l'or et de l'argent, qui l'attribue elle aussi à la hausse de l'or, et il n'est certainement pas le moindre de tous ceux que nous allons avoir à constater. (1)

(1) Voir note justificative n° 14, page 131.

§ 10

AUGMENTATION DES DETTES PUBLIQUES

Nous venons de parler des rentiers de l'Etat, que dire maintenant de la dette publique ? Ici c'est l'Etat qui devient lui-même victime de ses propres fautes.

L'Etat, en effet, s'est obligé à payer chaque année, à ses créanciers et d'une façon permanente, une certaine somme fixe de monnaie.

Si la monnaie procure réellement, comme nous venons de le voir, 35 p. c. de marchandises en plus qu'autrefois, il est bien clair que la charge de l'Etat s'en augmente en réalité d'autant, puisque les pièces de 20 francs, qu'il s'est obligé à payer, ont plus de valeur qu'autrefois.

Or, si nous considérons que la seule dette de la France s'élevait déjà, en 1870, à douze milliards, elle a donc augmenté de plus de quatre milliards en faveur des rentiers.

Si nous considérons d'autre part que l'État est un être impersonnel dont le peuple entier paie les dépenses, il paraîtra bien clair que de semblables mutations faites aux dépens des contribuables, des travailleurs et de la production nationale sont de nature à motiver bien des appréhensions.

Je sais que les Etats peuvent parfois convertir

leurs dettes, et c'est même ce qui est arrivé de temps à autre dans ces dernières années, mais dans quelques Etats et pour quelques fonds seulement, il n'en faut pas moins constater que ces nouvelles distributions de la richesse ne peuvent constituer que de fort pénibles, fort profondes et fort regrettables révolutions

§ 11

PERTE POUR L'AGRICULTURE ET POUR L'INDUSTRIE

Si nous nous tournons maintenant du côté de l'agriculture, nous trouvons des désordres tout aussi grands et des pertes plus alarmantes encore, car la population agricole forme certainement la grande majorité d'une nation.

Depuis plus de trois ans j'avais signalé ce fait que le métal argent qui perdait 27 p. c. en Europe, n'avait rien perdu aux Indes, qu'il y achetait, au contraire, plus de marchandises qu'autrefois, ce qui voulait dire en d'autres termes que, déprécié et refusé par nous en Europe, il avait conservé sa puissance et sa pleine valeur aux Indes; lorsque je l'énonçais pour la première fois, en 1886, il paraissait contraire à toutes les règles économiques. (1)

(1) Voir *Discours sur la crise agricole et manufacturière*, 1886, par A. Allard, page 40.

Le rapport final de la *Commission on gold and silver* nous apprend aujourd'hui que ce fait vient d'être confirmé par M. O'Connor, l'un des hauts fonctionnaires de l'administration de l'Empire Indien.

Or, il ne constitue rien moins qu'une véritable révolution dans notre agriculture.

On achète le blé aux Indes avec des roupies d'argent.

Autrefois, il nous fallait dépenser un peu plus de 22 pence pour obtenir une roupie ; aujourd'hui grâce à la dépréciation du métal argent que nous avons provoquée nous-mêmes, il ne nous faut plus dépenser que seize pence, ou vingt-sept pour cent de moins. (1)

Si nous allons avec cette roupie acheter du blé aux Indes, nous pouvons en obtenir la même quantité qu'autrefois. Nous rapportons cette quantité en Europe et notre blé nous coûte évidemment 27 p. c. de moins qu'anciennement.

L'enquête de la commission anglaise paraît avoir tellement dissipé tout ce que l'on avait pu conserver d'illusions, que des corps constitués et des gens bien informés vont jusqu'à affirmer aujourd'hui que « la » culture de la terre périra sur maints points du » territoire anglais si cet état de choses devait se » prolonger. »

C'est ainsi que l'on constate que les importations annuelles des grains des Indes vers l'Europe étaient

(1) Anciennement quand l'argent valait à Londres 62 pence l'once il fallait dépenser 22 5/8 pence pour obtenir une roupie indienne d'argent. Aujourd'hui on peut l'obtenir pour 16 7/16 pence, soit une baisse de 27 1/3 pour cent.

déjà, en 1884, vingt fois plus fortes qu'elles n'étaient six ans auparavant, en 1879.

Mais si les Indes sont ainsi favorisées au détriment de l'Europe, il ne faut pas croire que ce soit seulement notre agriculture qui soit frappée ; notre industrie, notre commerce, en sont tout aussi bien les victimes et cela dans la même mesure.

Nos commerçants ne peuvent aller vendre leurs produits aux Indes que contre de l'argent, et avant de rentrer en Europe ils doivent se procurer des livres sterling d'or et perdre 27 pour cent.

Il leur faudrait donc vendre leurs produits 27 pour cent plus cher pour récupérer cette perte, mais ils ne le peuvent pas, l'enquête le prouve, les prix ne montent pas aux Indes ! C'est par cette raison même qu'il leur faudrait payer nos produits trop cher, que les Indiens créent eux-mêmes des fabriques, des filatures, des métiers à tisser, à tel point qu'au fur et à mesure qu'on ferme des ateliers à Manchester on en ouvre à Bombay et que les Indes seront bientôt en mesure de se passer absolument des produits de l'Europe ; ils deviennent eux-mêmes industriels, grâce à cette dépréciation de l'argent que nous avons créée et qui les protège contre notre propre concurrence.

C'est ce que M. Grenfell, l'ancien gouverneur de la Banque d'Angleterre, appelait très spirituellement « *un droit protecteur au rebours de 27 p. c.* « *contre le producteur européen.* »

Si maintenant nous considérons que tout ce que nous venons de dire des Indes, s'applique à tous les pays où circule encore la monnaie d'argent, c'est-à-dire aux 2/3 de la population de notre globe, nous pouvons apprécier à quel point doit être ruineux pour nos contrées, pour leurs industries et pour leur commerce se faisant avec la monnaie d'or, le déplacement de notre travail et de nos forces vitales, que notre situation monétaire favorise fatalement. (1)

§ 12

PERTE POUR LE COMMERCE EXTÉRIEUR

Mais, se demande-t-on, que disent les chiffres des douanes? Les relations extérieures ont-elles baissé? Sont-elles devenues moins importantes?

Ici la question du ralentissement du commerce extérieur de l'Angleterre se complique de certaines observations.

Si nous appliquons aux quantités importées et exportées d'Angleterre les anciens prix de 1873, elles auraient augmenté pas bien fort, mais enfin cela signifierait qu'en poids, en volume, au mètre, le trafic serait en réalité un peu plus fort.

Ce fait s'explique par la prospérité croissante des colonies, il s'explique encore par les progrès ordinaires de la civilisation et de la population qui doivent augmenter suivant une loi immuable.

(1) Voir note justificative n° 15, page 133.

Mais si au lieu d'appliquer, comme nous venons de le faire d'une façon toute fictive, les prix de 1873, nous appliquons les prix réels d'aujourd'hui, nous arrivons à un résultat absolument inverse. Le trafic de la Grande-Bretagne avec l'étranger, qui se chiffrait naguère par 21 livres environ par tête d'habitant n'atteint plus en réalité aujourd'hui que 16 livres, c'est-à-dire 25 p. c. en moins, et il est bien probable que les profits ont dû diminuer dans la même proportion.

Les six commissaires anglais qui ont signé la troisième partie du rapport final sont de cet avis, ils n'hésitent pas à attribuer ce fait à la suppression du bi-métallisme en Allemagne et en France, en 1873 et à y voir le signe d'un mal profond et des plus redoutables. (1)

§ 13

INFLUENCE SUR LES DOUANES

La question monétaire, qui souffle ainsi le trouble à travers les relations commerciales extérieures, jette de la même façon le trouble dans les relations douanières et dans les tarifs, réveillant ces vieilles querelles entre la protection et le libre-échange. (2)

Ces discussions se constatent surtout, entre tous

(1) Voir note justificative nº 16, page 139.

(2) Voir « *Etude sur la crise agricole, commerciale et ouvrière en*

les pays à monnaies d'argent et tous ceux qui ont adopté récemment la monnaie d'or.

Prenons les Indes pour exemple.

Le même nombre de roupies n'achète plus aux Indes la même quantité d'or qu'autrefois, puisque l'or a monté, mais achète encore la même quantité de marchandises, puisque les prix en argent n'ont pas haussé.

Il en résulte que chacun a intérêt à exporter des Indes des marchandises, plutôt que de l'or. — Ce qui correspond à toute évidence à une prime sur l'exportation de tous les produits indiens.

L'exemple le plus facile à saisir et le plus simple, c'est l'effet que nous citions tout à l'heure du change sur les grains indiens, d'où ressort l'avantage pour le cultivateur oriental et la perte pour le cultivateur européen (voir page 41).

Tels sont les résultats qui ont été constatés en Angleterre, ils n'ont pu être contestés et la Commission anglaise affirme même que la question monétaire porte un coup redoutable, sinon décisif, au *libre-échange,* ce qui explique en effet cette recrudescence de *protection* dont nous sommes les témoins, et qui va au point qu'à Manchester, berceau du libre-échange, la Chambre de Commerce réclame la protection ; c'est ce qui a fait aussi que M. de Laveleye, l'éminent professeur de Liège, libre-échangiste cependant bien convaincu, n'hésitait pas, dans une lettre adressée au *Journal de Liège* en

Angleterre » publiée en 1888; chapitre VIII intitulé : *Que la démonétisation de l'argent trouble par les voies du change, les relations internationales et ramène le protectionnisme douanier en Europe*, par A. Allard.

1886, à se déclarer absolument protectionniste quant aux produits agricoles, la démonétisation de l'argent étant, d'après lui, une véritable œuvre révolutionnaire. (1)

§ 14

TROUBLES JETÉS ENTRE L'ANGLETERRE ET LES INDES

L'Empire des Indes doit chaque année environ quatre cent millions de francs à l'Angleterre, et doit l'acquitter *en or*.

Mais son gouvernement ne perçoit de ses contribuables que de l'argent, seule monnaie en cours.

Il faut donc qu'il s'impose la dépense d'acheter de l'or, qui a monté de 27 p. c., et qu'il subisse ainsi une perte annuelle d'environ cent millions de francs, sans pouvoir jamais l'évaluer d'avance, de telle façon que l'établissement du budget est devenu impossible.

Ce danger était déjà signalé, dès 1881, par M. Louis Mallet, premier délégué des Indes à la conférence monétaire.

En 1886, le vice-roi des Indes favorisait des réunions publiques à Simla pour discuter l'embarras dans lequel se trouvait son gouvernement.

Le 15 juillet 1887, *Sir Evelyn Baring, ancien*

(1) Voir note justificative n° 17, page 143.

ministre aux Indes, consulté par la Commission anglaise, lui exposait cette situation critique, et à cette occasion il allait même jusqu'à laisser entrevoir que les Indes pourraient répudier leurs dettes vis à vis de l'Angleterre, car « *il n'est pas certain*, » ajoutait-il, *si les choses continuent, que d'ici trois* » *ans les Indes ne fassent pas banqueroute*. »

Aussi, devant des déclarations aussi formelles, est-ce à l'unanimité de ses membres que la commission anglaise *on gold and silver* a décidé qu'à de pareils maux on devait absolument trouver un remède. (1)

§ 15

LA QUESTION OUVRIÈRE

En suivant un à un les maillons de cette longue chaîne sociale, nous voici enfin arrivés au travailleur. Si l'activité s'est de toute part ralentie, la conséquence fatale en devait peser en dernière analyse sur la classe des travailleurs et des ouvriers.

Quand le capital souffre, le travailleur doit souffrir. Quels que soient les efforts tentés pour faire croire à leur antagonisme, nous ne voyons qu'harmonie possible et indispensable entre le *capital* d'une part et le *travail* d'autre part.

Un membre du Parlement d'Angleterre, M. Hardcastle, a admirablement décrit la chaîne qui les

(1) Voir note justificative n° 18, page 147.

retient enlacés l'un à l'autre dans le même esclavage; je me permets de recommander ce passage, que je copie à la suite de mon travail (page 158).

Les constatations faites en Angleterre sur la situation des travailleurs sont des plus navrantes et des plus instructives.

On estime à sept cent mille le nombre d'ouvriers absolument privés d'ouvrage, et combien, à côté d'eux, sans qu'on puisse les compter, ne travaillent que pendant une partie de leur temps?

La baisse des salaires agricoles a atteint trente-deux pour cent depuis douze ans, et l'on affirme que l'agriculture n'emploie pas moins des 9/10 de la population ouvrière.

L'industrie cotonnière, qui emploie cinq cent soixante-dix mille personnes, aurait subi 15 p. c. de rabais.

Les ouvriers mineurs, qui sont au nombre de cinq cent mille, ont vu leurs salaires diminuer de 50 pour cent.

M. Fielden, qui a spécialement étudié la question des ouvriers en Angleterre, évalue à plus de *deux milliards de francs*, les sommes encaissées en moins, chaque année, par les ouvriers anglais sans travail ou travaillant partie seulement de leur temps; ces chiffres paraissent immenses.

Si l'on veut, du reste, se rendre compte de la dépréciation de la richesse en Angleterre, un seul chiffre suffira à la faire apprécier :

Dans les 12 années, de 1862 à 1874, les rentes et les bénéfices sujets à l'*income tax* avaient augmenté de 56 pour cent ; cette croissance a commencé à diminuer à dater de 1874, à ce point que l'ensemble des 12 dernières années, de 1874 à 1886, n'a plus augmenté que de 15 p. c. au lieu de 56, et remarquons ici que cette diminution a porté surtout sur les dernières années.

Il ne paraît donc plus si étonnant que les salaires aient pu baisser dans les proportions dont nous venons de parler.

On annonce de temps en temps des reprises d'affaires, car il est d'essence humaine d'entrevoir toujours volontiers ce qu'on désire, mais jusqu'à présent ces semblant de reprises ont rappelé ces retours de flamme du flambeau qui s'éteint faute d'aliment.

S'il faut en croire les Anglais, la baisse des salaires ne serait pas encore achevée.

La crise ouvrière, pourrait donc prendre des caractères plus aigus et les grèves de plus grands développements.

Je me demande comment on pourra sortir de pareilles difficultés et de semblables dangers, si les prix ne remontent pas à leur ancien niveau et si une ère d'activité n'arrive pas bientôt rendre la prospérité au commerce, les bénéfices à l'industrie, le travail à l'ouvrier. (1)

(1) Voir note justificative n° 19, page 157.

§ 16

CE QUI RESTE A DÉPENSER

Nous venons ainsi d'examiner la série des troubles sociaux que la démonétisation de l'argent en 1873, paraît avoir provoqués.

Mais les frais de cette démonétisation restent encore à payer, et ceux qui l'ont décrétée n'ont jamais supputé, je crois, quelle serait en réalité la somme à dépenser en fin de compte.

Les pièces d'argent qui étaient en circulation en 1873 y sont encore provisoirement tant en Allemagne qu'ailleurs, et pour compléter l'œuvre révolutionnaire de la démonétisation, il faudra les retirer et subir la perte de la différence entre leur valeur nominale, comme monnaie, et leur valeur marchande comme métal.

C'est une liquidation assez lourde pour être redoutée ; qui peut encore être reculée, mais qui n'en aura pas moins son jour d'écrasante réalité.

On évalue à 6 ou 7 milliards de francs, les pièces d'argent qui doivent encore être retirées de la circulation et vendues au prix du métal.

Si l'on se décidait par impossible à les retirer et à les vendre, ce ne serait probablement plus 30 pour cent de perte qu'il y aurait à subir, mais 40 ou 50 p. c., disons 3 milliards de francs de perte et peut-être bien plus encore.

La France, qui a battu à elle seule cinq milliards de ces pièces, et qui en possède encore, croit-on, trois milliards, quelle perte ne devrait-elle pas subir?

Il faudrait vendre cet argent aux peuples qui ont conservé ce métal dans leur circulation et accepter en échange leurs envois de produits agricoles ou manufacturiers, qui viendraient, par leur très bas prix de revient, donner le coup de grâce à nos travailleurs d'Europe.

Nous croyons que l'importance même que pourrait prendre cette carte à payer, doit forcément faire revenir sur les décisions de 1873 et amener enfin un remède à une position qui pourrait devenir intolérable.

§ 17

REMÈDE PROPOSÉ

Nous l'avons vu, les maux sont grands, ils sont universels, et si l'on ne fait rien, ils continueront à grandir comme ils l'ont fait depuis quinze ans. Comment y porter remède?

La commission anglaise *on gold and silver* en propose-t-elle un? Question difficile à résoudre d'emblée; car après avoir presque indiqué le remède, l'avoir pour ainsi dire touché du doigt, la moitié de la commission a tourné court et s'est divisée au moment même où il s'agissait de le conseiller à l'Angleterre.

Quelques conclusions assez décisives cependant ont reçu l'assentiment unanime de tous les commissaires; c'est ainsi qu'il est établi que *le mal a bien pris naissance en 1873, lors de la démonétisation de l'argent par l'Allemagne et les pays latins.*

Tous les commissaires sont donc irrésistiblement amenés à dire que le bi-métallisme, tel qu'il existait alors, exerçait une influence matérielle, car aussi longtemps qu'il a existé ils constatent n'avoir eu aucune variation de valeur à enregistrer entre les métaux.

Aussi sont-ils bien d'avis que l'on ne pourra trouver une solution aux difficultés actuelles, sans tenir compte du système bi-métallique, et ils sont même d'opinion, d'après l'expérience qu'ils ont acquise, qu'une relation stable peut être maintenue entre les deux métaux, si les nations acceptaient et adhéraient strictement à la relation de valeur à convenir !

« S'il en est ainsi, va-t-on dire, il ne reste donc » plus qu'à conseiller à l'Angleterre de faire ses » efforts pour rétablir au plus tôt ce bi-métallisme » international dont les mérites sont ainsi attestés. »

Mais nous sommes en Angleterre, chez ce peuple si essentiellement conservateur et si attaché à ses institutions quelquefois bien surannées cependant.

Une première moitié des commissaires déclare donc ne pas pouvoir conseiller à l'Angleterre de modifier, dès à présent, son système monétaire, la question ne lui semblant pas suffisamment étudiée encore. Ils conseillent le bi-métallisme cependant, mais à l'usage seulement des peuples qui ont actuellement des monnaies d'argent, — et *sans la participation de la Grande Bretagne !*

C'est tout simplement la proposition qui a déjà été repoussée, lors de la conférence de Paris en 1881, et elle le serait bien plus certainement aujourd'hui que les autres peuples auraient moins de raison que jamais de s'employer à guérir les maux de l'Angleterre, sans sa coopération.

Je ne pense donc pas que le Gouvernement anglais se rallie jamais à cette première moitié de la commission et songe à réunir les peuples pour renouveler l'échec qu'il a déjà subi en 1881.

L'autre moitié de la commission paraît bien le comprendre ainsi, car elle propose, tout au contraire, que le Gouvernement anglais accepte franchement de faire partie d'une union bi-métallique. Voici ses motifs :

Aucun métal n'existe, dit-elle, en quantités suffisantes pour servir à lui seul de monnaie, sans causer de véritables révolutions commerciales.

Il n'est pas possible, dit-elle encore, que les difficultés cessent sans une action internationale, dont les détails ne peuvent être arrêtés qu'avec le concours des autres nations.

Elle en indique les grandes lignes qui sont :

Libre monnayage des deux métaux en monnaies légales.

Fixation du rapport auquel les monnaies seront

évaluées pour les payements de toutes les dettes, au choix du débiteur. (1)

Cette moitié de la commission, après avoir réfuté une à une toutes les objections de ses collègues, propose formellement à l'Angleterre l'adoption de la loi française bi-métallique de l'an XI, et c'est, il faut bien le reconnaître avec elle, le seul remède entrevu jusqu'ici; nous nous trouvons placés entre son adoption ou le simple *statu quo*.

Adopter le remède proposé ne coûte rien à personne et ne peut causer aucun mal, puisqu'il a déjà existé pendant 70 ans.

Le refuser et maintenir la démonétisation de l'argent, c'est perpétuer la crise et courir à de grandes dépenses.

Il semble bien difficile d'hésiter dans le choix à faire.

Mais l'Etat anglais se décidera-t-il à intervenir et jusqu'à quel point doit-il le faire? — dernière et importante question à résoudre.

M. Goschen, aujourd'hui chancelier de l'Echiquier, s'est prononcé jadis (le 18 avril 1883) sur cette question; il paraissait alors d'avis que, dans l'état où se présentait la question, il était du devoir du Gouvernement anglais d'agir dans le sens d'une réforme monétaire.

(1) Voir note justificative n° 20, page 169.

§ 18

CONCLUSION

La crise est donc allée en s'aggravant depuis quinze ans.

Toutes les recherches d'un remède sont restées sans résultats.

Comment ne serions-nous pas impressionnés par le remède proposé en Angleterre et dont je viens de vous signaler l'efficacité très probable?

Comment rester insensibles à ce mouvement qui se produit de l'autre côté du détroit, dans ce pays où le parti-pris en faveur de ce qui existe, l'horreur des innovations, l'attachement aux anciens préjugés occupent une si grande place et expliquent si aisément la division survenue entre les commissaires.

Ce n'est pas, du reste, la commission royale seule qui, en Angleterre, voit dans les causes monétaires une origine de la crise actuelle; dans le pays entier s'est formée une Ligue pour conjurer le mal et pour rétablir le bi-métallisme; des corps constitués tels que les Chambres de commerce, les Chambres d'agriculture demandent une prompte réforme; chaque jour ce mouvement trouve de nouveaux prosélytes et la Ligue bi-métallique de nouveaux adhérents.

Le terrain d'une entente monétaire semble donc préparé chez nos voisins ; ne serait-il pas désirable de voir, à leur tour, les peuples latins, qui sont évidemment bien plus intéressés que tous autres à la restauration du métal argent, étudier à leur tour de plus près cette grave question si grosse de conséquences, afin qu'elle devienne au moins aussi populaire chez eux qu'elle paraît le devenir en Angleterre.

Il y a trois ans, les banquiers français adressaient à la Chambre des Députés une pétition à laquelle il n'a été donné aucune suite; en 1886, huit cent quarante pétitions étaient adressées à la Chambre allemande par huit cent quarante comices agricoles qui concluaient dans le même sens; certaines déclarations du Prince de Bismarck paraissaient même, un moment, laisser croire que lui aussi serait disposé à reconnaître un jour, les maux que la démonétisation de l'argent avaient attirés sur l'univers. (1)

Le Gouvernement hollandais vient de se déclarer partisan du bi-métallisme et d'une entente internationale.

Nous connaissons enfin, depuis longtemps, l'opinion des Etats-Unis, dont le nouveau président est, dit-on, encore plus acquis que son prédécesseur, à une entente.

La dernière conférence internationale avait unanimement constaté, il y a huit ans, que la situation

(1) Voir note justificative n° 21, page 183.

monétaire du monde était mauvaise ; elle avait même fondé un certain espoir sur des négociations diplomatiques qui, à ma connaissance, n'ont jamais été tentées. (1)

Ne serait-il pas utile que la diplomatie reprît l'œuvre de 1881 ? Faudrait-il un bien grand effort pour amener, sur un terrain aussi bien préparé, l'épanouissement d'une entente monétaire en vue de faire cesser enfin cette crise dont tous les peuples souffrent à la fois ?

Il est désirable qu'enfin les peuples sachent : qu'aussi longtemps que la question monétaire ne sera pas résolue, la crise se perpétuera et que le seul remède conseillé jusqu'ici, réside bien dans une entente internationale.

C'est, d'après moi, le but vers lequel il est à souhaiter de voir tendre les efforts de toutes les nations, le seul auquel nous puissions rattacher encore nos espérances, en vue d'un avenir meilleur.

ALPH. ALLARD.

(1) La conférence allait se séparer le 8 juillet 1881 ; le gouvernement français, par l'organe de M. de Normandie, en tira la déduction suivante :

« Tels sont, Messieurs, les extraits que je voulais mettre sous vos
» yeux, pour bien fixer dans votre mémoire le *concours unanime qui a*
» *été donné à cette thèse : qu'il existe dans le monde une situation*
» *monétaire mauvaise, à laquelle il est nécessaire de porter remède.*

» Il est satisfaisant de pouvoir dire que, sur ce terrain, tous, aussi
» bien mono-métallistes que bi-métallistes, nous avons été unanimes à
» constater l'existence du mal. C'était précisément le second point,
» c'est-à-dire le second résultat utile produit par la conférence et que
» je voulais dégager. »

C'est dans ces conditions que la conférence se sépara, « la situation
» monétaire pouvant, pour quelques Etats, motiver l'intervention des
» pouvoirs publics, *il y avait lieu de faire place, quant à présent, à des*
» *négociations diplomatiques.* »

Que furent ces négociations, nous ne le savons pas ; mais ce que nous pouvons dire, c'est qu'elles n'amenèrent aucun résultat.

NOTES JUSTIFICATIVES

NOTES JUSTIFICATIVES

NOTE N° 1

(Voir § 1er : *La Crise*, page 14.)

CARACTÈRES RECONNUS IRRÉMÉDIABLES DE LA CRISE EN FRANCE

Les extraits suivants sont empruntés aux deux rapports qui ont été faits sur les travaux de la *Commission des 44* en France, ils prouvent que la crise sévit dans ce pays comme partout et montrent les caractères généraux des souffrances des travailleurs.

Le premier rapport fut déposé par M. Spuller le 11 mars 1884 ;

Le second fut déposé par M. de Lanessan le 26 décembre de la même année.

M. Spuller expose d'abord l'origine de la commission :

« Le 24 janvier 1884, M. Langlois interpellait le Gouvernement sur » la politique économique; et son discours, d'une vaste étendue, abor-

» dait plusieurs des graves problèmes que nous présentent les conditions actuelles du travail.

» Au cours de ces observations, M. Langlois fut amené, non seulement à solliciter l'avis de nos collègues de l'extrême gauche de la Chambre, mais à les mettre en quelque sorte en demeure de faire connaître leurs projets, au point de vue des réformes sociales. Il ouvrit ainsi à la discussion un champ plus large, où un nombre infini de questions furent abordées, touchées en passant, sans qu'une solution bien précise et bien nette, et d'une application législative immédiate, apparût pour aucune d'elles. »

» Le débat occupa sept séances, et les sujets les plus variés et les plus contradictoires y trouvèrent place. A côté de M. Langlois qui proposait un système de réformes intégrales fondées sur le plein exercice de la mutualité, M. de Baudry d'Asson demandait qu'un crédit de vingt millions fut réparti sans délai entre les caisses des chambres syndicales; M. Lechevallier attirait l'attention du Parlement sur la nécessité de relever à l'importation les droits des tarifs douaniers; M. le marquis de Roys réclamait en faveur de l'agriculture, opprimée par l'impôt, une égalité complète de traitement; MM. Martin Nadaud, Haentjes, Emile Brousse, de Mun, Gustave Rivet et Brialou, abordaient confusément l'examen des mesures soumises depuis les débuts de la session à la Chambre des Députés, en matière de commerce et d'industrie, en y mêlant des aperçus généraux sur les choses de la politique et de la science sociale; M. Laroche-Joubert se cantonnait dans la doctrine de la participation aux bénéfices; M. Frédéric Passy plaidait la cause des principes de la science des économistes et surtout la cause du libre échange qui lui semblait plus particulièrement menacée par les théories exposées; il était secondé dans cette tâche par M. Lalande; et tandis que M. Ballue, de son côté, estimait qu'un remaniement général de l'assiette de l'impôt serait le souverain remède, telle n'était point l'opinion de M. Henry Maret, qui, pour sa part, allait jusqu'à préconiser une nouvelle réorganisation totale de la société.

» Tous ces exposés divers, au cours desquels MM. Hugot et Germain apportèrent des renseignements assez précis sur le malaise agricole et sur l'état des finances municipales de Paris, furent encore complétés, pour ne pas dire compliqués, d'une part, à droite, par Mgr Freppel, qui sembla indiquer comme remède le recours en dernier terme à la toute-puissance des idées religieuses, et, d'autre part, par M. Clovis Hugues, qui ne craignit pas de prédire une prochaine destruction de l'ordre social établi. »

Dès le début, M. Spuller établit ce que la question ouvrière présente de compliqué à cause des influences internationales.

« Parmi les faits signalés par cette enquête à l'attention de l'éco-
» nomiste, du philosophe et du législateur, c'est que, dans notre société
» contemporaine, la situation des ouvriers ne se résume plus, comme
» on le croit encore trop communément, dans des questions de salaires,
» pour la solution desquelles la grève ou la coalition libre, apparais-
» sent à des intelligences encore trop peu cultivées, même quand il
» s'agit de leurs intérêts directs, comme des moyens énergiques et
» décisifs. Non, la situation de nos ouvriers dépend maintenant
» d'une foule de questions qui dominent celle-là, telles que le marché
» des échanges, la vente par qui la production se reproduit, la stabi-
» lité des concurrences, le prestige des prépondérances politiques,
» diplomatiques et militaires, le conflit ou le concert des peuples. Un
» jour, c'est l'Amérique qui grandit ; un autre jour, c'est l'Allemagne
» qui s'outille, en face de l'Angleterre qui n'a jamais chômé ; bref
» c'est maintenant l'univers entier dont il faut tenir compte. » (P. 10).

Après avoir établi, métier par métier, les chiffres de diminution des affaires, il conclut par ces mots :

« La moyenne des diminutions d'affaires qui résulte de ces tableaux
» est de 38 p. c. environ. » (P. 62).

Ne pouvant pas établir les chiffres des ouvriers absolument privés d'ouvrage, il examine le travail des ouvriers occupés et établit :

« La perte de travail pour les ouvriers, non congédiés, à 3 mois
» l'an. » (P. 67.)

soit 25 p. c. de salaires en moins pour ceux qui travaillent encore.

Mais de même que la commission anglaise (Depression of Trade and Industry) la commission des 44 en France, sans en saisir la cause exacte, s'aperçut que cette crise subit des causes générales inexpliquées ; voici ce que M. Spuller en dit :

« En somme, il y a chômage et suspension d'affaires, moins encore
» par suite d'une crise, que par le fait des circonstances générales aux-

» quelles est assujettie depuis quelques années la production sur toute
» la surface du globe. » (P. 76).

M. de Lanessan qui a fait rapport spécial sur la crise de Lyon et de St-Etienne constate des maux tout pareils :

« Il résulte de toutes les dépositions entendues par votre Délégation
» que les quatre industries principales de Saint-Étienne subissent à
» l'heure actuelle, et depuis un certain temps déjà, une crise simultanée,
» de laquelle est sorti un état de malaise commun à toute la population
» de cette ville et des environs.

» D'après la déposition de M. le maire de Saint-Étienne, la ville se
» dépeuple avec une rapidité véritablement effrayante. Pendant ces
» deux dernières années, elle a perdu 25 mille habitants, et il est à
» craindre qu'il se produise une diminution égale pendant les deux
» années prochaines, L'octroi donnera cette année environ 250 mille
» francs de moins que l'année dernière, et le budget va se trouver en
» déficit d'un million.

» Cet abaissement des recettes de la ville résulte en grande partie de
» la misère qui frappe les ouvriers de presque toutes les industries. »
(P. 7).

Le nombre des ouvriers sans ouvrage est énorme :

« A l'heure actuelle, on compte qu'à Saint-Étienne le nombre des
» ouvriers de toutes industries s'élève à 66 mille. Sur ce nombre,
» 10 mille environ seraient, d'après les dépositions de la municipalité,
» sans aucun travail ; 6 mille seraient en travail plein et les 50 mille
» autres n'auraient qu'un travail réduit. » (P. 8.)

Cette crise présente des caractères extraordinaires :

« Or, il ressort de toutes les dépositions, que les souffrances de la
» métallurgie du bassin de la Loire ne résultent pas d'une crise passa-
» gère, mais d'un état de choses permanent et il est indubitable qu'au
» lieu de s'atténuer avec le temps, elles ne feront, au contraire, que
» s'accroître, si l'on ne prend pas des mesures énergiques pour les com-
» battre. »

Les ouvriers charbonniers du bassin de la Loire sont les plus éprouvés :

« De toutes les dépositions entendues par votre délégation il résulte

» que, dans la plupart des mines du bassin, il existe, à l'heure actuelle, » une diminution considérable de l'exploitation. D'après le Président de » la Chambre de Commerce de Saint-Étienne, la réduction du travail » est de 20 à 25 0/0 et les renvois forcés de 10 0/0 environ. La majeure » partie des ouvriers ne travaillent que pendant une partie de la » semaine et les salaires atteignent leur minimum. »

On constate un caractère étrange, de durée et d'origine, inexplicable :

« Malgré l'importance indéniable de la crise transitoire subie en ce » moment par l'industrie minière de la Loire, tous les témoins que nous » avons entendus s'en sont montrés beaucoup moins préoccupés que de » l'état permanent de malaise dans lequel cette industrie se trouve » depuis un grand nombre d'années. » (P. 46).

La crise lyonnaise date de 15 ans comme la crise anglaise, et elle sévit de la même façon, avec la même intensité :

« En 1872, la production totale de la soierie lyonnaise s'élevait à » 460 millions de francs; en 1881 elle n'était plus que 395 millions; » aujourd'hui, elle est encore moindre. En 1874, la France a exporté » 485,100,000 francs de tissus de soie et de bourre de soie; en 1883, » elle n'en a exporté que pour 286,233,000 francs, c'est-à-dire 31 p. c. de » moins. D'un autre côté, en 1874, il a été importé, en France, pour » 21,800,000 francs de tissus de soie, tandis qu'en 1883 il en a été » importé pour 43 millions 485,000, soit une augmentation de 32 1/2 » p. c. Ces chiffres sont ceux qui nous paraissent donner l'idée la plus » exacte des pertes subies par l'industrie lyonnaise, en même temps » qu'ils sont de nature à nous révéler la cause du mal dont elle souffre et » le remède qu'il faut y appliquer.

» Dans de telles conditions, le salaire des ouvriers lyonnais ne pouvait » que subir une baisse considérable. Le mouvement de diminution date, » du reste, d'une quinzaine d'années. » (P. 70).

« A Saint-Étienne, la rubanerie, à Lyon, le tissage des étoffes de » soie et de velours sont dans une situation déplorable. La production » de ces industries diminue chaque jour; ce n'est pas une crise passa- » gère qu'elles traversent, c'est un mal continu dont elles souffrent » depuis une quinzaine d'années déjà, qui les use lentement et qui offre, » tous les trois ou quatre ans, des recrudescences dont elles ne se » remettent jamais tout à fait. La cause de ce dépérissement se trouve, » pour l'une comme pour l'autre, dans la recherche sans cesse crois- » sante et impossible à arrêter du bon marché. » (P. 92).

Les malheurs ouvriers sont si grands que les ouvriers de Givors adressent, en réponse à l'enquête, la menace suivante :

« La fortune publique est détenue entre les mains de spéculateurs » plus ou moins honnêtes. L'Etat n'a pas prévu le moment où ceux-là » cessant, par mollesse ou nonchalance, de suivre le progrès, les ateliers » se fermeraient.

» Pourtant, jetez un coup d'œil autour de vous, sur les populations » ouvrières! Ne voyez-vous pas qu'il y a là de grands besoins à satis» faire?

» Est-ce l'aumône qui le peut? Non. C'est la justice et l'équité.

» Ainsi, si la misère existe, elle provient absolument de notre orga» nisation sociale, qui n'a rien fait en présence des maux terribles » qu'engendre le besoin. Et l'on se trouve tout étonné de pressentir de » graves événements. » (P. 253).

Tel est le résultat de l'enquête des 44, qu'après avoir décrit le mal elle ne propose pas de remède et que M. Spuller conclut à laisser la crise suivre tout simplement son cours :

« Est-il tout à fait impossible d'admettre, dit-il, que les ouvriers inu» tiles finiront par s'éliminer d'eux-mêmes? Avec du calme et de la » prudence, le malaise du bâtiment pourra se guérir, sans que l'on ait » besoin de recourir à des remèdes exceptionnels. » (P. 129).

« Les crises industrielles sont souvent appelées à se dénouer dans le » silence même où on les abandonne. Ce n'est pas une raison toutefois » de ne point veiller, et surtout de s'abstenir d'y regarder, et de très » près, quand les souffrances du pays l'exigent.

» La Chambre a ordonné l'enquête; la Commission l'a faite; que le » pays la juge! » (P. 217).

Nous ne pensons pas qu'il puisse suffire aux pouvoirs publics de faire un pareil aveu d'impuissance en présence des souffrances qui grandissent chaque jour.

NOTE N° 2

(Voir § 1er : *La Crise*, page 14)

L'EXCÈS DE PRODUCTION N'EST PAS ADMISSIBLE

La commission créée en 1885 pour étudier la dépression du commerce et de l'industrie, en Angleterre, ne peut admettre que bien difficilement que la crise ait pu être produite, comme on l'assure, par un excès de production.

Voici ce qu'elle en disait dans son rapport final, déposé le 22 décembre 1886.

« En outre de cette absence de bénéfice, il est deux traits distinctifs » de la crise qui, sans être aussi marqués ni aussi universels, méritent » l'attention.

» D'une part, la tendance naturelle vers l'équilibre, tendance qui » résulte de la réaction mutuelle de l'offre et de la demande, parait » avoir été contrariée pendant un laps de temps plus considérable que » d'habitude. L'accroissement continuel de la production, signalé plus » haut par nous, est entretenu et stimulé par quelque cause autre qu'une » demande spontanée en faveur des articles de consommation. Un » pareil état de choses devrait, selon tous les précédents, provoquer » une décroissance de la production jusqu'à ce que la demande légitime » se fût derechef fait sentir. Et l'un des phénomènes les plus remarquables de la crise actuelle est que la production se soit maintenue » à son niveau actuel pendant si longtemps, en présence de prix non » rémunérateurs et d'un marché qui semble surabondamment approvisionné.

« La caractéristique la plus saisissante de la situation actuelle, celle » qui distingue la présente période de toutes les précédentes époques » de crise, est la longueur du temps pendant lequel l'excès de pro- » duction a duré.

» Il arrive nécessairement, de temps à autre, pour tous les articles de » consommation, que la production excède la demande. La capacité » productrice dépasse fréquemment les besoins de la consommation ; » mais, comme nous l'avons fait observer plus haut, ces variations se » corrigent habituellement d'elles-mêmes dans un laps de temps très » court. Elles portent en elles-mêmes leur propre remède et ne causent » pas un préjudice universel, encore que tel ou tel producteur ait » parfois à en pâtir individuellement.

» Mais il est plus difficile d'expliquer un excès de production systé- » matique qui se prolonge considérablement et dont la classe des pro- » ducteurs ne bénéficie que peu ou prou, d'après les déclarations » unanimes des témoins qui ont comparu devant nous. »

NOTE N° 3

(Voir § 1 : *La Crise*, page 15)

LA CRISE DE SURPRODUCTION PARAIT N'ÊTRE QU'UNE CRISE MONÉTAIRE

La crise de surproduction examinée d'abord pour telle, par la commission of depression of trade d'Angleterre, lui apparaît bientôt, en 1886, comme devant provenir des causes monétaires.

Voici son troisième rapport à S. M. la Reine, qui fut déposé le 18 juin 1885 :

« A Sa Très Excellente Majesté la Reine.

» Plaise à Votre Majesté,

» Nous, les commissaires soussignés, chargés de faire enquête sur » l'étendue, la nature et les causes probables de la crise qui prévaut » ou a récemment prévalu dans diverses branches du commerce et de » l'industrie, désirons humblement soumettre à Votre Majesté un nou- » veau rapport sur nos débats.

» Nous y annexons les témoignages recueillis au cours de quatorze » séances qui ont eu lieu du 10 mars au 6 mai.

» Ces témoignages ont principalement trait aux industries agricoles, » maritimes et minières, et complètent le système d'enquête que nous » avons exposé dans nos rapports antérieurs ; mais il reste à appor-

« fondir plusieurs points, relativement auxquels il pourra nous sembler
» nécessaire de recueillir des témoignages nouveaux.

« Nous ne sommes pas encore en mesure de rédiger un rapport défi-
» nitif sur l'une ou l'autre des questions qui nous ont été soumises ; mais
» parmi les sujets sur lesquels notre attention a été appelée au cours
» de notre enquête, il en est une qui nous semble mériter un examen
» spécial, tant en raison de son importance actuelle que de l'inquiétude
» exprimée à son égard dans plus d'un milieu mercantile, où on lui
» prête une influence directe et spéciale sur le commerce et l'industrie
» du pays, ainsi que sur les prix des produits de consommation. Nous
» faisons allusion, à l'importante question de LA CIRCULATION MONÉTAIRE,
» en tant qu'elle se rattache aux changements de valeur des métaux
» précieux.

« Des témoignages déjà portés devant nous, il résulte que, dans mainte
» branche du commerce, sévit une crise que les témoins attribuent à des
» causes exerçant un effet plus ou moins partiel et inhérentes à la situa-
» tion particulière de notre pays. Mais il nous a également été démon-
» tré que la crise actuelle n'est pas circonscrite à notre pays. Si, donc,
» il existe dans les rapports des métaux précieux avec les autres pro-
» duits de consommation, ou dans les rapports de ces métaux entre eux,
» des perturbations susceptibles d'influer sur le commerce général de
» l'univers, ce serait là une cause de crise embrassant, dans son
» influence, une zone aussi vaste que celle que paraît précisément
» embrasser la crise actuelle.

« Depuis quelques années, la valeur de l'or, comme instrument
» d'achat, s'est accrue ; en d'autres termes, les prix des marchandises,
» en général, mesurés à l'étalon d'or, ont baissé ; et cette hausse de
» l'or, rapprochée d'autres circonstances, a troublé les rapports exis-
» tant entre les deux métaux précieux. Une fâcheuse dépréciation
» de l'argent, par rapport à l'or, prévaut depuis quelque temps et
» persiste encore à cette heure.

« Sans entrer dans les détails les plus menus, constatons que ces
» changements résultent d'un double groupe de causes. Non seulement
» la production de l'or a diminué, mais la demande a augmenté.
» C'est-à-dire que la quantité d'or extraite des mines a décliné, tandis
» que le besoin d'or s'est considérablement accru, ce métal ayant
» été substitué à l'argent dans le monnayage de l'Allemagne et de
» divers autres pays ; en même temps le stock d'argent a grossi,
» tant par l'accroissement de la production des mines, que par l'affluence
» de l'argent démonétisé que l'Allemagne et la Hollande ont jeté
» sur le marché.

« Il nous semble superflu de nous occuper en détail, ici, d'au-

» tres modifications qui se sont produites dans le régime monétaire, » telles que le changement de politique de l'Union Latine, la reprise » de paiements en espèces d'or, par des nations qui les avaient sus- » pendues, et l'absorption croissante de l'or par l'Inde. On pourrait » également se demander si d'autres circonstances n'ont pas agi sur » la valeur des métaux précieux : par exemple, l'augmentation ou la » diminution des quantités de métal employées à des usages autres » que la monnaie. Il faudrait peser équitablement chacun de ces » points, dans l'enquête spéciale et plus complète que nous recom- » mandons.

» Nous ne nous proposons pas, non plus, d'aborder la très impor- » tante question, de l'effet produit par les fluctuations de valeur des » métaux précieux, sur les vastes transactions monétaires, effectuées » entre le gouvernement de la Mère Patrie et celui des Indes. Il est » évident que l'Inde touche ses recettes en argent, qu'elle paie, en » or, une grande partie de l'intérêt de sa dette, les articles qu'elle » achète, les services qu'elle a à rémunérer, et qu'une baisse de » l'argent trouble profondément son budget ; mais ce phénomène, » qui inspire de légitimes inquiétudes, ne nous semble pas compris » dans les limites de notre enquête, bien qu'il puisse indirectement » exercer son influence sur le commerce indien et qu'il y ait peut- » être lieu, pour nous, d'y revenir.

» Les points où la question monétaire (que nous désignons ainsi, » pour abréger), entre en contact avec le champ de notre enquête, » sont les suivants : 1. le point de vue statistique ; 2. le point de » vue commercial ; 3. le point de vue industriel. Tandis que les » statistiques officielles de notre commerce extérieur n'accusent qu'une » diminution d'affaires relativement faible, au point de vue de la » quantité d'affaires traitées, la valeur de ce commerce, calculée » en livres sterling, semble avoir considérablement diminué, par » suite de la baisse importante des prix. Bien des circonstances, en » dehors du renchérissement de l'étalon d'or, peuvent avoir déterminé » une baisse des prix, cette baisse fût-elle générale. Des méthodes » de production perfectionnées ou économiques, l'accroissement des » facilités de transport, la rapidité plus grande des communications » et la concurrence des autres producteurs, peuvent avilir les prix, » et il importe de tenir pleinement compte de ces facteurs. *S'il est » démontré que la baisse des prix est due, non pas à des circons- » tances pesant sur les marchandises mêmes, mais à une hausse de » l'étalon qui sert à les mesurer, la question changerait de face.*

» Secondement, en ce qui concerne les affaires commerciales, traitées » entre pays à circulation d'or et pays à circulation d'argent, il est pro-

» bable que des inconvénients et des pertes graves ont découlé des fluc-
» tuations dans la valeur relative des deux métaux, surtout quand ces
» fluctuations ont été nombreuses et subites. *Il est même possible que de*
» *telles fluctuations aient tendu, en certains cas, à dévier le courant du*
» *commerce et à aggraver la crise dont on se plaint.*

» Troisièmement, *on assure que l'effet de la baisse de l'argent a été*
» *défavorable aux industries de notre pays*, en stimulant les produits
» des pays à circulation d'argent, par rapport à ceux des pays où pré-
» vaut l'étalon d'or.

» Pour arriver à des conclusions saines, à l'égard de ces questions, il
» est indispensable d'examiner, de très près, quelques-uns des faits de
» la cause.

» Pour commencer, il est nécessaire de déterminer quels ont été
» respectivement les mouvements de l'or et de l'argent pendant une
» période déterminée : les vingt dernières années, par exemple. *Il est*
» *claire que, pendant cette période, l'or a renchéri*, si on le mesure à
» l'argent, ou bien, ce qui revient au même, que l'argent s'est avili par
» rapport à l'or. Cela vient-il de ce que l'or a renchéri, ou de ce que
» l'argent s'est avili, par rapport à l'ensemble des marchandises, ou de
» ce que les deux phénomènes se sont produits concurremment, et,
» s'il en est ainsi, dans quelles proportions? *Il semble évident que les*
» *prix en or ont décliné, quand on les compare aux marchandises en*
» *général, aussi bien que si on les compare à l'argent.* La hausse des
» prix calculés en argent est moins manifeste. Voilà le premier
» point à étudier, et s'il est démontré que les prix en argent n'ont pas
» haussé, par rapport aux marchandises, il restera à en rechercher la
» cause.

» Il serait nécessaire d'examiner ensuite si la baisse des prix a été
» restreinte à certaines catégories particulières de marchandises, ou si
» elle a porté uniformément, voire même généralement, à toutes les
» catégories. Si elle a été provoquée uniquement par la hausse de l'étalon,
» elle aurait dû, logiquement, être au moins générale ; si elle n'a pas été
» générale, il faut que des facteurs spéciaux aient été à l'œuvre. Encore
» un point qui nécessitera une minutieuse enquête.

» D'autre part, la valeur de l'or et celle de l'argent, comme bases des
» transactions, peut avoir subi l'influence résultant de l'accroissement
» des facilités offertes par les banques, de l'extension du papier-monnaie,
» du développement des communications internationales, ou d'autres
» circonstances tendantes à restreindre l'emploi du numéraire.

» Nous avons l'honneur de soumettre à Votre Majesté un document
» rédigé par un de nos collègues, M. R. H. Inglis Palgrave, document
» contenant nombre de renseignements précieux et qui sera d'une

» grande utilité dans les suites de l'enquête sur laquelle nous avons » appelé l'attention.

» Nous n'avons pas cru devoir recueillir des témoignages oraux por» tant spécialement sur cette question ; mais nous joignons à la présente » un questionnaire que nous avons répandu dans un petit cercle de » personnages qui, par suite de leur expérience pratique, ou de leurs » recherches à ce sujet, semblaient à même de fournir des renseigne» ments utiles ou de formuler des appréciations sérieuses. Plusieurs de » ceux auxquels nous nous sommes adressés, ont été empêchés, par » diverses causes, de répondre à nos questions. Nous annexons à la » présente les réponses que nous avons reçues et nous osons affirmer » qu'elles fourniront des matériaux précieux pour les suites de l'enquête.

» *Nous sommes tout à fait persuadé que la question appelle un* » *examen prompt et indépendant des points de vue auxquels s'est placé* » *notre commission* et que, en dehors de ses rapports généraux avec la » crise commerciale, elle devrait être traitée, à un point de vue d'en» semble, dans ses rapports avec notre situation monétaire, avec le » régime monétaire du Royaume-Uni et celui de nos colonies, de » l'Inde et des pays étrangers ; et nous exprimons humblement à Votre » Majesté la conviction que, en raison de l'intérêt général qu'on » prend à cette question, *la nécessité de pareille enquête est urgente*, et » qu'on économiserait du temps, que l'on faciliterait également les » recherches, en instituant une enquête spéciale au sujet du groupe de » questions se rapportant à la situation monétaire et en confiant le soin » de cette enquête aux personnages que Votre Majesté pourrait juger » les plus aptes à la conduire, d'après les termes d'un programme préparé » avec soin et dressé de façon à comprendre toutes les branches du » sujet. »

(*Signé*) IDDESLEIGH

DUNRAVEN	W. H. HOULDSWORTH
C. SCLATER BOOTH	W. L. JACKSON
JOHN AIRD	GEO. A. JAMESON
JAMES J. ALLPORT	N. LUBBOCK
THOS. BIRTWESTLE	P. ALBERT MUNTZ
LIONEL L. COHEN	R. H. INGLIS PALGRAVE
JAMES P. CORRY	CHAS. M. PALMER
DAVID DALE	W. M. PEARCE
C. J. DRUMMOND	B. PRICE
W. FARRER-ECROYD	SAMUEL STOREY
HENRY HUCKS GIBBS	

(*Commission on Depression of Trade and Industry, third report*, p. 3, 4 & 5).

NOTE N° 4

(Voir § 2 : *La Monnaie*, page 17)

LA MONNAIE C'EST L'ÉCHANGE, L'ÉCHANGE C'EST LA SOCIÉTÉ

On ne peut douter de l'importante place qu'occupe la monnaie dans l'ordre social.

« A part l'air et l'eau il n'y a rien de plus utile que la monnaie.

» La monnaie sert à acquitter toutes les dettes, à réparer tous les dommages, à acheter tout ce qui se meut dans l'air, tout ce qui existe sur la surface du globe, tout ce que les entrailles de la terre et les profondeurs des fleuves et des mers peuvent contenir de richesses et recéler de valeurs propres au développement de l'humanité ou à la satisfaction des besoins, des jouissances ou des passions bonnes ou mauvaises des hommes.

» La monnaie est, avant tout, un instrument universel d'échange.

» Toutes les pénalités, chez tous les peuples du monde, sont basées sur la monnaie.

» Tributs et taxes grevant les peuples, émoluments des fonctionnaires qui les gouvernent, salaires du travailleur escomptant la production future, arrérages du rentier vivant d'un travail accompli et des économies faites, tout, dans la société, se traduit par la monnaie.

» Fausser la monnaie, en changer la nature, la rendre plus rare ou plus abondante, c'est fausser, on le comprendra sans peine, les rapports de toutes les lois et de toutes les relations commerciales ou civiles. »

(LA CRISE, *la Baisse des Prix, la Monnaie*, par ALPH. ALLARD, p. 1.)

« Être sociable par privilège, plus l'homme pratique l'échange, et plus » il est fidèle à la destination que lui a assignée le Créateur. »

(MICHEL CHEVALIER, *la Monnaie*, p. 2.)

« L'échange, c'est l'économie politique, c'est la société toute entière. »

(BASTIAT, *Harmonies économiques*, p. 1.)

« Depuis le jour où notre famille paie notre baptême jusqu'au moment » où elle s'impose les frais de nos funérailles, il n'est pas un acte de » notre vie qui n'ait un lien, direct ou indirect, avec une somme à payer » ou à recevoir, c'est-à-dire avec la monnaie. Aussi n'est-il pas plus indiffé- » rent de pénétrer les secrets de la monnaie, que de savoir si l'air que » nous respirons est pur ou si l'eau que nous buvons est limpide, car si » ceux-ci assurent la santé du corps humain, bien certainement celle-là » consolide la prospérité du corps social. »

(*Prolégomènes à la 2e édition de* LA CRISE,
par ALPH. ALLARD, p. 11.)

NOTE N° 5

(Voir § 2 : *La Monnaie*, page 18.)

LA MONNAIE N'EST PAS UNE INVENTION DE LA CIVILISATION, C'EST L'OUTIL CIVILISATEUR. DE TOUS TEMPS ON S'EST SERVI DE DEUX MÉTAUX

Beaucoup d'auteurs ont imaginé des origines à l'emploi des métaux précieux comme monnaie, et en ont parlé comme d'une sorte d'invention qui ne semblerait être que le produit de l'imagination humaine et que les hommes seraient libres ainsi de modifier à leur guise.

Tout d'abord l'or semble avoir été connu de l'homme avant même la création de la femme et par conséquent bien avant l'origine des sociétés.

Nous lisons au chapitre II de la Genèse :

« *Verset* 10. — Et un fleuve sortait d'Heden pour arroser le jardin,
» et de là il se divisait en quatre fleuves.

» *Verset* 11. — Le nom du premier est Piseon : c'est celui qui coule
» autour de tout le pays de Havila, *où l'on trouve de l'or.*

» *Verset* 12. — *Et l'or de ce pays-là est bon*....

. . . .

» *Verset* 19. — Car l'Eternel Dieu avait formé de la terre toutes les
» bêtes des champs, et tous les oiseaux des Cieux : puis il les avait fait
» venir vers Adam,....

. . . .

» *Verset* 22. — Et l'éternel Dieu *forma une femme* de la côte qu'il
» avait prise d'Adam et.....»

Quatre mille ans avant Jésus-Christ l'arche de Noé était recouverte d'or pur, on le travaillait et il avait une valeur exceptionnelle déjà :

« *Verset* 2. — Et il la couvrit par dedans et par dehors d'or pur, et il » lui fit un couronnement d'or à l'entour. »

(*Exode*, chap. XXXVII).

Au temps de Moïse les trois métaux monétaires étaient déjà fort appréciés :

« *Verset* 30. — Et Moïse dit aux enfants d'Israël : Voyez, l'Éternel » a appelé Bethsaléel.

« *Verset* 31. — Et il l'a rempli de l'esprit de Dieu en sagesse, en intelli- » gence, en science pour toutes sortes d'ouvrages.

« *Verset* 32. — Même pour inventer *tout ce qui se peut inventer en* » *or, en argent, en airain.* »

(*Exode*, chap. XXXV).

Un peu plus tard, (2400 ans avant J.-C.) les monnaies étaient en usage, car on lit :

« *Verset* 14. — Alors Abimelech prit des *brebis, des bœufs,* des » serviteurs et des servantes et il les donna à Abraham et il lui rendit » Sara, sa femme.

« *Verset* 16. — Et il dit à Sara : voici, j'ai donné à ton frère 1000 » pièces d'argent : voici, il t'est un voile sur les yeux devant tous ceux » qui sont avec toi, et devant tous les autres. C'est ainsi qu'elle fut » reprise. »

(*Genèse*, chap. XX).

Plus tard encore, 1600 ans environ avant notre ère, c'est Josué qui paie en argent le passage de ses troupes :

« *Verset* 28. — Tu me feras distribuer des vivres pour de l'argent, » afin que je mange ; tu me donneras de l'eau pour de l'argent, afin que » je boive : permets seulement que j'y passe (par ton pays). »

(*Deuteronome*, chap. II).

Mille ans avant notre ère, sous le Roi Salomon, on discutait déjà les valeurs relatives des deux métaux tout comme de nos jours ; l'argent était déprécié à

Jérusalem ; aussi en créant son temple n'admet-il que l'or

« *Verset* 21. — Et toute la vaisselle du buffet du Roi Salomon était » d'or et toute la vaisselle de la maison du parc du Liban était d'or fin ; » il n'y en avait point en argent, l'argent n'était point estimé pendant » la vie de Salomon. »

(*Livre des Rois*, chap. X).

Le commerce extérieur était du reste pratiqué sur une grande échelle déjà au temps de Salomon, car on lit :

« *Verset* 22. — Car le Roi avait, sur la mer, la flotte de Tharsis, avec » la flotte de Hiram ; et tous les trois ans une fois, la flotte de Tharsis » venait qui apportait de l'or, de l'argent, de l'ivoire, des singes et » des paons.

» *Verset* 27. — Et le Roi fit que l'argent était si commun à Jérusalem » que les pierres. »

(*Livre des Rois*, chap. X).

On se préoccupait, d'après ce que l'on voit, de la proportion relative de valeur existant entre l'or et l'argent.

Salomon avait établi des douanes à ses frontières :

« *Verset* 29 — Mais chaque chariot remontait et sortait d'Egypte pour » 600 pièces d'argent et chaque cheval 150. »

(*Livre des Rois*, chap. X).

Il pratiquait même le bi-métallisme, le fait est assez curieux à constater ; bien qu'il n'avait pas voulu d'argent dans son temple, sa sagesse lui indiquait qu'il aurait eu tort de le proscrire.

« *Verset* 51. — Ainsi tout l'ouvrage que le Roi Salomon fit pour la » maison de l'Eternel, fut achevé. Puis il fit apporter ce que David, son » père, avait consacré l'or et l'*argent*, et les vaisseaux, qu'il mit dans les » trésors de l'Eternel. »

(*Livre des Rois*, chap. X).

« En Grèce, nous rapporte Démosthène, l'argent était devenu si » abondant que l'on ne voyait plus que ce métal dans la circulation du » pays. »

« César étant entré dans Rome tira du trésor deux mille six cents
» tuiles en lingots d'or et trois cent mille livres pesant en cette monnaie;
» jamais la République n'avait été et ne fut si riche. En outre de cette
» quantité il en avait tant apporté des Gaules, que la livre d'or en Italie
» ne valut plus que 7 1/2 livres d'argent. »

(*Suétone*, chap. LIV).

Nous comprenons donc assez peu que l'on puisse de nos jours parler de la monnaie comme une *invention de l'homme, invention dont on pourrait connaître les débuts*, alors que nous trouvons tout au contraire l'or et l'argent associés à la civilisation dès l'origine du monde, et que nulle part nous ne trouvons la trace d'échanges qui se seraient accomplis sans eux.

Je crois assez volontiers à cette parole de l'Ecclésiaste, qui a au moins le mérite indiscutable d'être aussi vieille que le monde :

« Verset 9. — *Ce qui a été, c'est ce qui sera; ce qui a été fait, c'est ce*
» *qui se fera, et il n'y a rien de nouveau sous le soleil.* »

C'est ainsi que dans une conférence donnée en février 1889 à *Mansion house* à Londres par l'illustre archéologue de l'Université d'Oxford, M. Max Muller, ce savant professeur établissait que la plus grande partie de notre civilisation, de nos connaissances, de notre savoir, est en réalité due soit aux Chinois, soit aux Hindous, soit aux Egyptiens..

Ecriture, lettres, chiffres, mathématiques, monnaies, BI-MÉTALLISME MÊME, TOUT EXISTAIT DÉJA au centre de ces vieilles générations, dont la nouvelle science de Champolion vient à peine d'entr'ouvrir l'histoire.

Nos lettres alphabétiques ne sont en réalité que des signes hiéroglyphiques Egyptiens, notre L a pour origine le lion rampant, notre F n'est rien autre que l'ancien serpent à deux cornes, notre H n'est autre que le tamis Egyptien, et ainsi tous et chacun des signes dont nous nous servons chaque jour se trouvent avoir des attaches directes, dont nous ne nous doutons guère, avec ces signes cabalistiques que l'on voit sculptés en hiéroglyphes bizarres sur l'obélisque de Louksor ou sur l'aiguille de Cléopâtre.

Il en est de même de nos chiffres que nous appelons chiffres arabes, fort improprement, car les Arabes dont nous les tenons les avaient déjà empruntés anciennement aux Indiens. — Aussi le célèbre professeur faisait-il remarquer cette sorte d'outrecuidance de notre part à nous prévaloir de notre supériorité et de nos découvertes modernes (vapeur ou électricité) pour mépriser les peuples indiens et pour les traiter volontiers de paresseux et de rêveurs alors que sans eux sans la numération dont nous leur sommes redevables, sans surtout ce merveilleux - *zéro* - dont ils sont les inventeurs, et dont nos mathématiciens ne se lassent jamais de chanter les louanges, nous n'aurions jamais rien pu découvrir, — tout notre honneur remonte en réalité à l'Orient et à son antique civilisation !

Nous sommes Egyptiens par nos écrits et nos livres, Hindous par nos calculs, ce n'est pas assez, nous n'avons même pas le droit de regarder l'heure qu'il est sans reporter notre reconnaissance aux Babyloniens.

Le cadran de notre montre est, parait-il, une véritable inscription cunéïforme.

Pourquoi douze heures, pourquoi soixante minutes, pourquoi soixante secondes? Voici l'explication :

A côté du système décimal ordinaire, dont nous semblons si fiers aujourd'hui, dont la révolution de 1789 a soi-disant fait la conquête, mais qui était tout simplement aussi vieux à peu près que le monde puisqu'il existait déjà il y a 3000 ans chez les Assyriens, il y avait à Babylone, tout comme de nos jours, un autre système sexagédécimal se basant non plus sur le chiffre 10, mais sur le chiffre 60, parce que ce chiffre avait paru à ces mathématiciens émérites, présenter l'avantage de pouvoir se diviser exactement par un plus grand nombre de diviseurs que le nombre dix.

C'est par cette raison qu'ils avaient divisé le voyage quotidien du Soleil en 720 stades (24 *heures* chez nous, *parasangs* chez eux) donnant lieu à 360 degrés terrestres, qui forment encore aujourd'hui la base de nos calculs astronomiques.

Ce ne fut guère que bien plus tard (environ vers l'an 130 avant J.C.) que le célèbre astronome et mathématicien Hipparque introduisit ce système de numération en Grèce, et que plus tard encore Ptolémée le popularisait en Europe.

Le savant professeur d'Oxford, dans cette même conférence, a établi que le *bi-métallisme*, qui préoccupe tant le monde moderne, et qui semble encore, à plus d'un mono-métalliste contemporain, n'être qu'une invention toute nouvelle, voire même une invention des plus dangereuses, n'est en réalité qu'une théorie qui a toujours été mise en pratique à Babylone et ailleurs, où elle fonctionnait déjà fort utilement et fort régulièrement dans ces temps reculés.

On trouvait à Babylone des *Chékels* ou livres d'or et des *Chékels* d'argent qui servaient depuis de nombreux siècles au commerce des nations orientales.

Le chékel (ou livre) a traversé les siècles en dépit de tous les orages

Les pièces d'or de Crésus, celles de Darius, celles de Philippe et d'Alexandre ont, à très peu de chose près, le poids de l'unité d'or Babylonienne dont 60 faisaient une mine d'or ; et chose plus curieuse encore, la livre sterling d'Angleterre, a précisément le même poids, puisqu'il en faut 60 pour faire la mine de Babylone.

On comptait 20 drachmes d'argent ou *demi-chékels* pour un chékel d'or, tout comme on compte aujourd'hui à Londres 20 shellings pour une livre sterling.

Etant ainsi donné le nombre de chékels d'argent qu'il fallait donner à Babylone pour un chékel d'or, il a suffi de peser les pièces d'or et les pièces d'argent, pour trouver le rapport exact de valeur entre ces deux métaux.

Des milliers de pesées ont été faites à cet effet, nous dit M. Max Muller, et elles ont démontré que un kilog. d'or valait à Babylone douze et demi kilogr. d'argent (calculs du docteur Brugsh) et treize et demi kilogrammes dans tous les autres pays qui avaient adopté le même système (chiffres établis par le docteur Brandès).

Si l'on maintenait ainsi avec soin la circulation des deux métaux il y a 3000 ans, si on leur donnait à tous deux un rapport fixe de valeur, c'est qu'évidemment, a fait très judicieusement remarquer l'illustre professeur d'Oxford, parce qu'il y avait à Babylone, tout comme aujourd'hui, des amis du bi-métallisme en tête desquels devaient se trouver les grands monarques du temps Sardanapale et Balthazar !

Et nous pouvons en toute tranquillité répéter avec l'Ecclésiaste :

« *Tous les fleuves vont à la mer, et la mer n'en est pas remplie ; les* » *fleuves retournent au lieu d'où ils étaient partis, pour revenir dans la* » *mer. — Il n'y a rien de nouveau sous le soleil.* »

Voilà pourquoi l'on discute encore et toujours le bi-métallisme !..

En veut-on une autre preuve au point de vue monétaire.

On vient d'exhumer tout récemment de l'Acropole d'Athènes une inscription qui date de l'an 438 avant J.-C. et qui donne le compte de ce qu'a coûté *d'argent* l'un des chefs-d'œuvre de Phidias, la grande Minerve en *ivoire* et en *or*.

On trouve dans ce compte, ce qui a été dépensé pour acheter *l'ivoire* et pour acheter *l'or*.

Il en ressort que pour acheter *l'or* nécessaire, dont on connait le poids, il a fallu, il y a 2327 ans, dépenser un poids d'argent 14 fois et une fraction plus fort que le poids d'or acheté, ce qui établit qu'à cette époque la proportion de valeur entre l'or et l'argent était sensiblement identique à ce qu'elle a été en Europe jusqu'au dernier siècle, et l'on s'en viendra aujourd'hui discuter l'impossibilité de maintenir pareil rapport.

NOTE N° 6

(Voir § 2 : *La Monnaie*, page 18)

LA MONNAIE N'EST PAS SIMPLE MARCHANDISE

On s'est plu à propager cette idée que la monnaie ne serait en réalité qu'une simple marchandise, comme toute autre, et que dès lors on peut sans trop d'inconvénients, en modifier la quantité ou la nature.

C'est là une erreur qu'il importe de rencontrer.

La monnaie n'est pas une marchandise ordinaire.

La monnaie dans la circulation marche toujours en sens inverse des marchandises, c'est le contraire.

« Quand une pièce de monnaie sort de votre poche, quand vous » êtes sur le point de l'offrir, c'est qu'à coup sûr vous voulez attirer » vers vous, en sens inverse par conséquent, un service ou une » marchandise qui, dans la situation de votre esprit et en présence » de vos désirs actuels, vous paraît équivaloir à votre pièce de » monnaie.

» La Monnaie, cet exemple vous le montre, provoque ainsi la marche » et la circulation des marchandises. »

(*Discours sur la crise agricole et manufacturière*,
par ALPH. ALLARD, p. 18.)

La monnaie est tellement peu une marchandise, qu'elle enlève même au métal dont elle est faite le caractère de marchandise au point qu'il n'obéit plus lui-même aux lois qui règlent les marchandises, leur prix ne suit plus l'augmentation ou la diminution des quantités produites.

Voici à ce sujet l'opinion émise par la commission anglaise récemment nommée pour étudier ces questions.

« N° 7. Nous avons déjà indiqué la nature des changements aux-
» quels nous paraît se rapporter le programme de la commission
» de Votre Majesté, c'est-à-dire : *a*) les fluctuations qu'a subies, en
» ces dernières années, la valeur relative de l'or et de l'argent, et
» *b*) la tendance générale de ces fluctuations qui a été dans le sens
» d'une baisse de valeur de l'argent calculé en or.

» Mais avant d'aborder l'examen des changements qui se sont mani-
» festés au cours de ces dernières années, il peut être utile d'esquisser
» rapidement les faits principaux de la cause, en ce qui concerne
» la valeur et la production des métaux précieux, pendant les périodes
» antérieures à celles dont nous sommes appelés à nous occuper.

» Dans l'histoire de la production des métaux précieux, les deux
» événements essentiels sont les grandes découvertes d'argent effec-
» tuées dans l'Amérique du Sud et au Mexique, découvertes qui mar-
» quèrent le milieu du XVIe siècle, et les grandes découvertes d'or
» effectuées en Californie et en Australie, et qui marquèrent le milieu
» du XIXe siècle. Antérieurement à 1545, il paraît que la moyenne
» annuelle de la production d'or fut (comme poids) d'environ un
» dixième de la production de l'argent. A dater de la découverte
» des mines du Potosi, la production de l'argent s'accrut rapide-
» ment, de sorte qu'à l'aurore du XVIIe siècle, les proportions relatives
» se trouvaient être de 98 pour cent et 2 pour cent de métal jaune.
» Cette proportion se modifia peu à peu pendant le XVIIe siècle et
» la première partie du XVIIIe, jusqu'en 1750, époque à laquelle elle
» fut de 95.5 pour cent d'argent contre 4.5 pour cent d'or. Pendant
» les 50 années qui suivirent, la proportion de l'or déclina proportion-
» nellement à l'argent, et vers le commencement de ce siècle, la pro-
» portion retomba à l'ancien chiffre 98 pour cent d'argent à 2 pour
» cent de métal jaune. La production de l'or commença ensuite à
» augmenter, lentement d'abord, plus rapidement après 1848, jusqu'à
» ce qu'elle eut atteint, en 1850-55, le chiffre de 81.5 pour cent d'argent
» à 18.5 pour cent d'or ; mais, par suite des variations de production
» qui se sont manifestées depuis lors, la proportion est maintenant
» d'environ 95.5 pour cent d'argent à 4.5 pour cent d'or.

« Malgré ces variations de la production, la valeur relative des « deux métaux, telle qu'elle est représentée par le prix de l'argent « mesuré par l'or, a été au moins, pendant les 200 dernières années, « sujette à des fluctuations bien moindre au commencement du XVI° « siècle, la valeur de l'argent, par rapport à l'or, était comme 11 à 1. « Pendant le siècle en question, l'argent s'avilit lentement, et pendant « la première moitié du XVI° siècle plus rapidement, jusqu'au jour — « 1670 — où le rapport s'éleva à 15 contre 1, point auquel il demeura « jusqu'au début de la seconde moitié du XVIII° siècle. Vers cette « époque, se produisit une importante découverte d'or au Brésil, et « le rapport devint comme 14 1/2 est à un. L'argent commença alors « à s'avilir légèrement, et dès l'aurore du siècle, présent jusqu'en « 1873, le rapport ne s'écarta pas sensiblement de 15 1/2 à 1.

« On voit donc qu'à dater du milieu du XVII° siècle, la valeur « relative des deux métaux ne varia pas de plus de 3 pour cent, « soit dans un sens soit dans l'autre, jusqu'à ce qu'une divergence « plus importante eût commencé à se manifester (1873). »

(*Gold and Silver Commission*, final report, p. 1-2.)

« N° 19. A l'appui de cette manière de voir, on fait remarquer que, « tandis que la valeur relative de la production des deux métaux fut « sujette à des changements considérables pendant les soixante-dix « premières années de ce siècle, la variation extrême que subit la « valeur des deux métaux sur le marché fut de 3 pour cent, dans « un sens ou dans l'autre, ainsi qu'il a été constaté au § 7; tandis « que si l'on prend la valeur moyenne pendant une série d'années, « la variation devient presque imperceptible.

Ces faits ressortent plus nettement du tableau dressé d'après les « évaluations du docteur Soetbeer quant à la production des deux « métaux. »

(*Commission on Gold and Silver*, final report, p. 5-6.)

Il ressort donc clairement de ces faits que la monnaie ne suit pas, comme les marchandises, l'influence des quantités offertes et produites. (1)

Les lois lui font du reste une toute autre place qu'à une simple marchandise.

On est forcé de l'accepter au taux décrété par la loi :

(1) Voir encore à ce sujet les passages soulignés de la déposition de Sir Evelyn Baring, ministre des finances aux Indes, page 150.

« 475. — Seront punis d'une amende de cinq francs à quinze francs » inclusivement :

» 11° Ceux qui, à défaut de convention contraire, auront refusé de » recevoir les monnaies non fausses ni altérées, selon la valeur » pour laquelle elles ont cours légal en Belgique.

» 478. — En cas de récidive, la peine de l'emprisonnement d'un jour » à quatre jours pourra être prononcée indépendamment de l'amende. »

(Code Pénal Belge,
conforme au Code Pénal Français.)

L'importance de l'émission de la monnaie est telle que de tout temps, et chez tous les peuples, la production de la monnaie, sa fabrication, son émission, ont toujours constitué un droit essentiellement régalien.

« Le Roi seul a le droit de battre Monnaie. »

dit la Constitution belge, ce qui est tout à fait incompatible avec le caractère de marchandises que l'on voudrait attribuer à la monnaie.

Voyons les pénalités que nos codes appliquent aux falsifications monétaires :

L'article 132 du Code Pénal Belge disait :

« Quiconque aura contrefait ou altéré les monnaies, participé à » l'émission ou exposition des dites monnaies contrefaites ou altérées, » ou à leur introduction sur le territoire sera puni de mort et ses » biens confisqués. »

Ainsi donc la peine de mort et la confiscation étaient encourues du chef d'avoir simplement contrefait.

Je ne pense pas, que jamais contrefacteur de marchandises fut puni de pareille façon.

Et nous devons en conclure que la monnaie ne peut pas être regardée pour une marchandise ordinaire

NOTE N° 7

(Voir § 2 : *La Monnaie*, page 17.)

LA MONNAIE EST LE SANG SOCIAL

La monnaie va à la rencontre des marchandises, c'est elle qui transporte les richesses ; elle est le sang social.

« La question des monnaies intéresse toutes les branches de l'activité » sociale, le commerce, l'industrie, l'agriculture, la banque, le crédit, » la prospérité, les besoins courants et journaliers de la population. »

(M. P. MAGNE, *ministre des finances, rapport à S. M. l'Empereur Napoléon*, 9 *novembre* 1869.)

« L'or et l'argent qui circulent dans un pays peuvent se comparer » à un grand chemin qui, tout en servant à faire circuler et à conduire » au marché, ne produit pourtant rien par lui-même. »

(ADAM SMITH, T. I., liv. II, ch. 2, p. 394.)

« Si j'achète un chapeau, et que je le paie vingt francs au chapelier.

» En lui payant vingt francs, je lui paie, non seulement ses frais de » production, mais aussi *son bénéfice*, et comme le chapelier ne prend » pas la pièce de vingt francs pour la thésauriser, il cherche immé- » diatement à acheter la marchandise nécessaire à fabriquer un nou- » veau chapeau en y employant son bénéfice. La possession de la pièce » de vingt francs active ainsi la production des chapeaux, et plus la » pièce de vingt francs se renouvellera entre les mains du chapelier, » plus elle transférera avec elle les bénéfices commerciaux de proche » en proche.

» La circulation monétaire dans l'économie sociale, allant ainsi pren-

» dre les richesses au siége de la production, ne rappelle-t-elle pas la
» circulation du sang dans le corps humain lui transmettant la chaleur,
» l'activité et la vie?

» La monnaie joue dans la circulation du monde, le rôle que joue le
» globule de sang dans le corps humain; il va sans cesse prendre aux
» poumons et à l'estomac les principes de la vie pour les transmettre à
» tous nos organes. »

(*La crise, la baisse des prix, la monnaie*,
par ALPH. ALLARD, p. 60.)

« Un écu, une monnaie quelconque, n'est, à vrai dire, qu'un véritable
» bon à recevoir un service en échange, service qui équivaudra à celui
» qui a été rendu auparavant à la Société, pour obtenir ce même écu. »

(*Etude sur la crise agricole, commerciale et ouvrière en Angleterre*, par ALPH. ALLARD, p. 22.)

« La monnaie est un signe qui représente la valeur de toutes les
» marchandises, de toutes choses et, — toutes choses est un signe qui
» représente la valeur de la monnaie. »

(MONTESQUIEU, *Esprit des lois.*)

« De même que dans le corps humain, les fonctions vitales s'accom-
» plissent le mieux aux époques où on ne les sent pas, de même qu'un
» homme ne se porte jamais mieux qu'au moment où il ne sent pas la
» circulation du sang ni son appareil digestif, de même dans le corps
» politique, et malgré l'importance vitale d'un bon régime monétaire,
» l'état de santé véritable est celui où la circulation monétaire et les
» banques font leur œuvre d'une façon inaperçue et silencieusement. »

» Et s'il est un point sur lequel tous les économistes s'accordent, c'est
» sur ce fait, que le premier devoir d'un gouvernement, comme d'un
» médecin, est d'assurer leur libre jeu aux forces naturelles, chaque
» fois que la chose est possible. »

(*Professeur* NICHOLSON, *d'Edimbourg*,
discours prononcé à Manchester, le 5 *avril* 1888.)

NOTE N° 8

(Voir § 3 : *L'Influence de la Monnaie sur les Prix*, page 21.)

L'HISTOIRE PROUVE LE RAPPORT DIRECT ET CONSTANT EXISTANT ENTRE LES QUANTITÉS DE MONNAIE D'UNE PART, LES MARCHANDISES ET LEUR PRIX DE L'AUTRE.

L'histoire prouve par maints exemples, que la quantité plus ou moins grande de monnaie détermine la hausse ou la baisse des prix tout aussi bien que la rareté ou l'abondance des marchandises elles-mêmes.

Déjà en 1750, le fameux philosophe écossais, David Hume, établissait à l'évidence, le rapport direct qui existait entre le prix de toutes choses et la quantité de monnaie circulant. Avant lui, en France, le célèbre auteur de l'Esprit des lois, Montesquieu, dont personne ne contestera le bon sens et le jugement, nous avait enseigné la même vérité.

« L'histoire grecque rapporte que vers l'an 400 avant J.-C., l'or et » l'argent étaient devenus tellement abondants que le prix de toutes » choses, à Athènes avait quintuplé.

» Jules César force l'Œrarium. Il en répand autour de lui les trésors » et produit immédiatement une hausse énorme sur toutes les mar- » chandises. Alexandre vide les immenses trésors de Cyrus et déter- » mine les mêmes phénomènes de hausse sur tous les prix. »

(DUREAU DE LAMALLE, *Ec. pol. chez les Romains*.)

« Pendant les quatre ou cinq premiers siècles des monarchies » d'origine barbare, l'or et l'argent devinrent par degrés extrêmement » rares en Europe. *Les denrées de première nécessité, disons mieux,* » *toutes les marchandises baissèrent par rapport aux métaux précieux;* » on les vit graduellement tomber à ce que nous appellerions LES » PLUS VILS PRIX; en d'autres termes, elles en vinrent à ne plus » s'échanger que contre des atomes d'argent ou d'or.

» Plus tard quoique cet état de choses se fût modifié, l'histoire » fournit des faits qui attestent combien était grande encore la puis- » sance d'une quantité médiocre de métal précieux.

» Au milieu du XIVe siècle, un roi puissant, Edouard III, en mariant » sa fille, lui assurait en argent une rente qui, à raison de quatre » grammes et demi par franc, formerait 2700 francs.

» Un siècle auparavant, Saint-Louis dans une circonstance semblable » avait donné en dot, un capital de 6.000 livres, représentant, poids » pour poids 114,000 fr. environ.

» Pendant un espace de 237 ans, la Monnaie de Londres avait frappé » si peu de métal que la moyenne annuelle ne ferait que le poids de » 15,000 de nos francs. D'après les relevés de M. Jacob, ce n'est que » la cent vingtième partie du monnayage qui a été fait moyennement » de 1603 à 1829. »

(MICHEL CHEVALIER, *la Monnaie*, p. 433).

« On lit, dans un ancien manuscrit du temps de Charles VII, que » le peuple, en présence de l'incommodité et des dommages infinis » qu'il avait reçus de l'affaiblissement des monnaies et du fréquent » changement du prix du marc d'or et d'argent, pria le roi d'aban- » donner ce droit, consentant qu'il imposât les tailles et les aydes ce » qui leur fut accordé. »

(ABOT DE BASSINGHEN,
Traité des monnaies, tome I, p. 40.)

« Au commencement du XVIe siècle, Christophe Colomb et Americ » Vespuce découvraient le Nouveau Monde, Fernand Cortez (1519) » entrait à Mexico, Pizarre (1527) abordait au Pérou, et ce grand » explorateur (1533) devenait maître du puissant empire des Incas.

» Les prix des marchandises les plus communes comme les plus » rares, augmentèrent considérablement dès l'apparition en Europe des » trésors américains.

» Un chapon qui, en 1501, était payé quatre sous, en valait quinze » en 1598; une pinte de vin, qu'on trouvait aisément pour quatre » deniers au commencement du siècle était taxée à trois sous par » ordonnance de 1577 et aucun marchand ne voulait en donner à ce » prix.

« De dix-huit sous et quatre deniers la voie de bois s'était élevée, » dès 1575, à quatre livres quinze sous.

« La livre de chandelles avait valu un sou en 1502 ; elle en valait » plus de cinq en 1589, et sept à la fin du siècle.

« Voici pour cette période qui s'étend de 1559 à 1589, c'est-à-dire » durant trente ans, quelles ont été les moyennes décennales du prix » du blé :

de 1560 à 1569 l'hectolitre de blé a été payé. .	2 gr. 43	d'argent
» 1570 » 1579 » » » . .	3 » 55	»
» 1580 » 1589 » » » . .	9 » 78	»

« Des métaux continuent cependant à affluer et l'hectolitre de blé » se paie à Paris : de 1620 à 1629 en moyenne à 124 gr. 36 d'argent.

« Peut-on douter un seul instant, devant cette abondance de preuves, » de l'influence décisive qu'ont exercée de tout temps l'augmentation » ou la diminution des quantités de monnaie sur les prix de toutes » choses. »

(*La crise, la baisse des prix, la monnaie*, par ALPH. ALLARD, p. 46.)

« M. Jacob, a cité, comme un des curieux documents de cette époque, » les sermons prêchés par l'évêque Latimer devant le Roi d'Angleterre » Édouard VI, où ce prélat expose, par des exemples tirés de sa propre » famille, combien tous les prix s'étaient transformés, et à quel point » les existences de certaines classes en étaient affectées.

« Latimer conjurait les propriétaires de ne pas hausser le loyer de » leurs terres, au renouvellement des baux ; il n'en connaissait qu'un, » disait-il, qui se soit abstenu de demander un plus fort fermage et il » exhortait les seigneurs de l'auditoire à ne pas le laisser seul comme » un phénix. »

(MICHEL CHEVALIER, *la Monnaie*, p. 32.)

Il résulte de cette pièce très curieuse que personne n'apercevait encore l'origine de cette espèce de révolution. Le prédicateur se plaignait par exemple de ce que le fermage payé par son père était monté de 5 livres 6 shellings à 14 livres 2 shellings pendant l'intervalle de 1497 à 1548.

Ce qui ressort surtout de ce document c'est la difficulté que des esprits souvent fort éclairés éprouvent à constater l'influence de la monnaie encore bien même qu'elle s'exerce avec la plus grande intensité, et c'était bien le cas au XVIe siècle après la découverte du Nouveau-Monde.

Si Latimer ne s'apercevait pas à cette époque de l'influence monétaire et ne voyait pas les exigences croissantes des propriétaires envers les fermiers, l'on peut comprendre que de nos jours, bien des personnes ne voient pas les *influences* monétaires qui agissent et sont portées, par la même erreur, à n'attribuer la baisse des prix des loyers comme de toutes choses qu'à des excès de marchandises et à une surproduction, qui enlèvent les bénéfices et font baisser les valeurs.

NOTE N° 9

(Voir § 3 : *L'influence de la Monnaie sur les Prix*, page 23.)

TROP DE MARCHANDISES OU TROP PEU DE MONNAIE PRODUISENT EXACTEMENT LES MÊMES EFFETS

La moitié des membres de la commission *on gold and silver* en Angleterre, s'inscrit en faux contre cette affirmation de leurs collègues, que l'on pourrait attribuer la baisse des prix à un EXCÈS DE PRODUCTION tandis que d'après eux l'*excès de production* est trop intimement lié *au manque de monnaie* pour pouvoir distinguer lequel des deux est la cause agissante.

« N° 11. Aux §§ 47 de la deuxième partie, nos collègues exprimaient » l'avis que « la majeure partie de la baisse est résultée de causes pesant » sur les articles de consommation plutôt que d'une hausse de l'étalon ; » » et au § 99, ils disent : « Nous pensons que la baisse est principale- » ment due, en tout état de cause, à des circonstances indépendantes » des changements constatés dans la production des deux métaux, ou » dans la demande à laquelle ils donnent lieu, ou dans les rapports de » l'argent vis-à-vis de l'or. »

» Nous nous croyons tenus de nous inscrire en faux contre cette appré- » ciation. La question qui consiste à savoir si l'insuffisance du stock » actuel d'or par rapport aux besoins monétaires du globe résulte du » développement du commerce et de la population, ou résulte de la » politique monétaire de tel ou tel pays, cette question est de celles » dont on peut aisément exagérer l'importance. Selon nous, il est » presque impossible de distinguer entre ces deux espèces de causes.

» Un grand accroissement de la production des marchandises signifie » grand accroissement de la fortune et doit normalement être accompagné d'un accroissement de demande en faveur du métal servant » d'étalon. Les prix de quelques marchandises doivent décliner, en » raison de l'accroissement de leur production ; les prix des marchandises en général doivent tendre à la baisse, en raison de l'accroissement » de la demande du métal-étalon et on n'est pas en mesure de déterminer dans quelle proportion telle ou telle partie des prix est la » résultante de l'accroissement de la production ou la résultante de » l'accroissement de demande en faveur de l'étalon.

» Dans tous les cas, nous repoussons la conclusion de nos collègues, » pour les raisons suivantes :

» *En premier lieu*, nous n'apercevons pas trace d'un accroissement » général de la production des marchandises, et on ne nous a pas » démontré davantage que le prix de revient ait diminué plus sensiblement, pendant les années écoulées depuis la rupture de la parité » bi-métallique, que pendant des périodes d'égale durée antérieures à » cette date.

» Au contraire, il semble que les progrès les plus marqués de la » production aient été les plus apparents immédiatement après les » grandes découvertes scientifiques, inventions de la vapeur, de l'électricité, du télégraphe, etc., et à cause de ces découvertes.

» L'introduction et les secours des procédés mécaniques diminuèrent » alors le coût de production et facilitèrent celle-ci plus qu'à aucune » époque postérieure, et cependant on n'enregistra aucune baisse de » prix, générale ou permanente, telle que la baisse qui fait présentement le sujet de nos recherches.

» *En second lieu*, si les prix mesurés en or ont uniquement fléchi » par suite de l'accroissement de la production des marchandises, les » prix mesurés en argent eussent dû fléchir dans la même proportion, » ce qui n'est pas le cas. Que si l'on prétend qu'une baisse analogue des » prix mesurés en argent a été conjurée par l'accroissement de la » production de l'argent, on formule là un argument incompatible avec » les chiffres cités aux §§ 27 & 36 de la première partie du rapport » qui attestent que, pour les pays situés en dehors des Etats-Unis, la » production annuelle de l'argent a augmenté de moins que 4.500.000 » livres sterling, depuis 1866-70, tandis que la production de l'or a » diminué de 15.000.000 livres sterling.

» Pour cette raison, nous ne pouvons accorder autant d'importance » que nos collègues à l'influence des causes qui ont pesé sur les marchandises c'est-à-dire à la part que ces causes ont prise à la baisse » générale des prix, qui est évaluée en moyenne à environ 30 p. c.;

» et nous croyons qu'il incombe à ceux qui soutiennent cette thèse d'ex-
» pliquer comment il se fait que les prix n'aient pas baissé dans la même
» proportion pendant les périodes antérieures dont nous avons parlé.

» Nous ne nions pas que les facilités de production soient ordinai-
» rement en croissance, et le prix de revient en décroissance. Mais ces
» facteurs ont toujours été à l'œuvre depuis que le monde est monde,
» et tout en convenant que leur tendance est d'avilir les prix des mar-
» chandises, nous n'admettons pas qu'elle suffise à expliquer la baisse
» de prix anormale qui s'est manifestée depuis la rupture de la parité
» bi-métallique et seulement depuis lors.

» En outre, si le progrès industriel accompli pendant ces quinze
» dernières années avait provoqué cette énorme baisse de prix, nous
» devrions prévoir une nouvelle baisse d'égale importance comme
» conséquence des progrès industriels qu'on accomplira pendant les
» quinze prochaines années. Est-ce là une conclusion à laquelle nous
» puissions nous rallier; et, dans l'affirmative, pouvons-nous envisager
» avec sécurité une éventualité pareille?

» Donc, même en supposant qu'il soit possible de maintenir la distinc-
» tion établie par nos collègues, nous sommes amenés à conclure que, si
» une partie du phénomène constaté doit être sans doute attribuée à des
» causes affectant exclusivement les marchandises, c'est à des causes
» monétaires qu'il faut attribuer la majeure partie de la baisse; pour
» les raisons exposées au § 94 de la première partie, nous estimons
» qu'une baisse de prix résultant de ces causes est un mal très fâcheux.

» A l'appui de cette appréciation, nous pouvons signaler les vues
» exprimées dans le rapport final de la commission royale de la dépres-
» sion du Commerce et de l'Industrie, en des termes qui méritent,
» selon nous, d'être reproduits :

« Nous avons exprimé l'avis, dans notre troisième rapport, que cette
» baisse de prix, en tant qu'elle a été occasionnée par le renchérisse-
» ment de l'étalon de valeur, était une question digne de faire l'objet
» d'une enquête sérieuse et distincte et nous ne croyons donc pas
» devoir examiner longuement les causes qui l'ont provoquée; mais
» nous désirons leur assigner une place marquante dans l'énumération
» des influences qui ont contribué à amener la crise actuelle.

« Sous un étalon renchérissant, ceux qui jouissent d'une fortune
» acquise bénéficient, pour un temps au moins, de la situation, aux
» dépens de ceux qui sont en train de l'acquérir, et les membres actifs
» et entreprenants de la société en pâtissent. Nous estimons que, de
» cette manière, un étalon de valeur en hausse exerce une influence
» néfaste sur la marche ascendante de la fortune générale, globale de
» la société. »

(*Commission on Gold and Silver*, third final report, p. 96).

NOTE N° 10

(Voir § 4 : *Origines de la Monnaie française*, page 24)

CARACTÈRES GÉNÉRAUX DE LA LOI FRANÇAISE MONÉTAIRE DE L'AN IX, BÉNÉFICES QUE RETIRAIENT LES AUTRES PEUPLES.

Nous exposons ici les caractères et les avantages généraux qui résultaient de la loi bi-métallique monétaire de l'an XI.

La loi de l'an XI, en ouvrant librement l'hôtel des monnaies à tous les commerçants *français* ou *étrangers* qui voudraient y faire battre, soit de l'or, soit de l'argent, avait décidé que, contre un kilogramme d'argent fin présenté au bureau de change, le commerçant recevrait toujours fr. 222,22 et contre un kilogramme d'or fin fr 3,444,44 (proportion de 1 : 15 1/2).

A partir de ce moment, quiconque, dans le monde entier, avait à vendre l'un de ces métaux, n'aurait jamais consenti à vendre un kilogramme d'or contre une quantité moindre que 15 1/2 kilog. d'argent ou son équivalent, puisqu'il lui suffisait de l'envoyer à la monnaie française pour obtenir ce prix.

Personne non plus, à partir de ce moment, n'eût

jamais consenti à donner quinze kilogrammes et demi d'argent pour une quantité d'or moindre qu'un kilogramme de ce métal.

C'est ainsi que peu à peu la France, sous l'empire du bi-métallisme, devint le réservoir où toutes les nations du monde, pour faciliter leurs opérations commerciales, venaient tour à tour déverser ou puiser les métaux monétaires dont elles avaient besoin.

Telle est la cause qui a maintenu, jusqu'en 1873, le rapport légal adopté en France et qui devint ainsi la loi régularisatrice du monde entier.

Quelles furent les raisons pour lesquelles la France adopta ainsi l'usage des deux métaux ?

Voici un extrait du rapport fait au tribunat :

« Puisqu'il est incontestable que la disproportion de valeur entre » les métaux qui sont chargés des mêmes fonctions est un mal, et » qu'il est à peu près impossible d'empêcher ce mal, qui résulte de » ce que plusieurs valeurs ne peuvent pas donner une règle qui en soit » une; ne reconnaissez, dit-on, que l'argent pour règle, l'or circulera » à côté de lui, le secondera, mais sans rompre l'unité de la valeur » que vous aurez enfin trouvée. Si cela était, Tribuns, il ne fau» drait point de monnaies d'or, et vous voyez que nous sommes rigou» reusement dans la question.

» Le principe et les inductions sont d'une telle force qu'ils ne » paraissent point disproportionnés avec les difficultés, inextricables » jusqu'à présent, qu'il se flatte de renverser.

» On voit bien que l'or, quoique marchandise libre, circulera encore » à côté de l'argent et le secondera; mais l'aidera-t-il assez ?

» Ce n'est point un service officieux que l'or est appelé à rendre, » mais un service de nécessité; s'il circule moins sous cette nouvelle » forme, l'argent sera-t-il suffisant alors pour la circulation, qui » déjà n'a point assez de mouvement et d'étendue?

» Ce problème n'est point résolu, et, dans cet état de choses, on » se trouve réduit à une hypothèse respectable et aux risques d'un » hardi essai.

» Maintenant, jusqu'à quel point peut-on faire des essais en légis» lation monétaire? Votre section des finances a pensé que votre

« sagesse regretterait celui-là. Quand l'opinion des hommes d'État
« serait pour la théorie, avant de la réduire en pratique, il faudrait
« encore prendre le temps de la transformer en opinion publique. »

(LEBRETON, *rapporteur au Tribunat*,
Séance du 3 germinal an XI).

Nous rappelons que le rapport établi et imposé par la loi de l'an XI de 1 kilogramme d'or valant quinze kilogrammes et demi d'argent n'existait en aucune façon ni dans la nature, ni dans les transactions intérieures, ni enfin dans le vaste marché de l'univers.

C'était donc la France, agissant avec la puissance et l'énergie qu'elle mettait en toutes choses à cette époque, qui se sentait la force, à elle seule, de l'imposer au monde.

La République française de l'an XI savait fort bien que le rapport qu'elle allait créer entre les valeurs de l'or et de l'argent était absolument arbitraire ; en voici la preuve tirée du même rapport et ce qu'il y a de remarquable dans ce passage, c'est le lien que le rapporteur établit entre la monnaie et le prix des marchandises :

« Nous ne doutons nullement que cette proportion ne soit trop « forte; c'est une opinion générale. Le terme moyen du rapport de l'or « à l'argent, en Europe, est de un à quatorze neuf dixièmes. La « France, qui se trouve au centre du mouvement des métaux, qui « les reçoit du Portugal et de l'Espagne, tant pour sa consommation « que pour une partie de celle du nord et du midi de l'Europe, paraî- « trait devoir adopter ce terme moyen dans son système monétaire.

« Il y a pourtant quelques raisons positives qui diminuent les « inconvénients d'adopter le rapport de un à quinze et demi; les « étrangers sont obligés de nous solder en francs; ils apportent « souvent leurs lingots à nos ateliers monétaires pour les y con- « vertir dans nos valeurs; on l'éprouvait avant la révolution sous « l'influence de cette même proportion que nous blâmons.

« Si, dans un temps donné, l'étranger pouvait nous faire sup- « porter la perte qui vient d'être signalée, LES CANAUX DU COMMERCE « NE NOUS RAMÈNERAIENT-ILS PAS, DANS UN TEMPS MOINS LIMITÉ, LA « COMPENSATION DE CETTE PERTE ?

« Vous savez que ce n'est point avec les métaux que se fait le
» commerce en masse, mais par l'échange que les nations font entre
» elles des produits de leur sol et de leur industrie. »

(LEBRETON, *rapporteur*, 3 germinal an XI).

Les bienfaits de la loi de l'an XI furent bientôt si évidents que dès 1839, les hommes d'État regrettaient déjà en Angleterre que ce pays n'ait pas suivi l'exemple de la France.

Nous en trouvons la preuve dans un discours de M. Gibbs, gouverneur de la Banque d'Angleterre :

« Le document dont je vais vous donner lecture est le récit d'une
» conversation qui eut lieu entre feu Lord Stanhope et le grand Duc
» de Wellington — grand dans les combats, également grand dans
» la finance !

« Walmer, 22 septembre 1839.

» Je me promenais seul avec le duc sur les remparts, tandis qu'il me
» détaillait le plan qu'il avait toujours médité pour les finances de notre
» pays.

» Son plan n'est pas d'apporter une modification quelconque aux bases
» de l'évaluation, ni d'admettre le papier, mais de recourir à l'ancienne
» pratique du pays et à la pratique actuelle du Continent, en donnant à
» l'argent, autant qu'à l'or, la qualité d'étalon légal pour de fortes som-
» mes ; cet argent devait être donné au poids, et le Gouvernement
» devait fixer, par notification dans la *Gazette* (journal officiel) le rapport
» précis des deux métaux entre eux. Ce rapport serait d'environ 15 à 1,
» parfois un peu plus, quelquefois un peu moins. En France, la propor-
» tion n'est pas arrêtée par la loi ; on laisse aux intéressés eux-mêmes le
» soin de la fixer, sous le nom d'agio ; mais la France a une police et une
» gendarmerie pour empêcher les querelles et les excès de se produire à
» ce sujet dans les foires et les marchés. Cela ne pourrait se faire en An-
» gleterre et le Gouvernement, devrait, par conséquent, déterminer lui-
» même la proportion, dans l'intérêt public, suivant la production rela-
» tive des métaux précieux.

» De cette façon « observai-je » les finances de l'Angleterre auraient
» deux cordes à leur arc.

» Précisément. Ou plutôt, elles auraient deux pieds sur lesquels se
» camper, au lieu d'un seul. Ce plan conjurait le drain de l'un ou de l'au-
» tre métal, au moment des crises subites, telles qu'on en peut craindre
» une, cette année même, par suite des besoins exceptionnels que va
» créer l'achat des blés étrangers.

« Il permettrait au pays de se suffire avec un seul des deux métaux, « si l'autre métal venait à manquer, et mettrait les grands personnages « qui possèdent tant d'argenterie en mesure d'envoyer toute cette argen- « terie à la Banque, en temps de crise nationale et de besoins urgents.

« Pour ma part, poursuivit le duc, je faisais partie du Cabinet en « 1826, et je me rappelle bien que faute des plus énergiques efforts, « de la part du vieux Rothschild surtout, la Banque d'Angleterre « eût été obligée de suspendre ses paiements.

« J'ai exposé mon plan, en plusieurs occasions, à Horsley Palmer « et à plusieurs autres directeurs de la Banque. Ils objectent que la « Banque serait obligée d'avoir un dépôt d'argent, aussi bien qu'un « dépôt d'or, mais je leur réponds : Tant mieux pour le pays. S'il « vous plait de confier les affaires financières du pays à une institu- « tion telle que la Banque, plus elle possède de garanties pour l'exécu- « tion de sa partie du contrat, mieux cela vaut. » (S.) STANHOPE.

« Il comprenait son métier de financier aussi bien que vous compre- « nez le vôtre, ce qui n'est pas peu dire ; et je constate avec satisfaction « que son opinion et la vôtre, en ce qui concerne l'étalon bi-métal- « lique, sont les mêmes. S'il avait mis à exécution le projet qu'il « rêvait, il eût constaté qu'il avait fait une erreur de détail relative- « ment à la législation française, mais la découverte de cette erreur « lui eût fourni un argument de plus en faveur de son plan. »

(H. H. GIBBS, *gouverneur de la Banque d'Angleterre, discours prononcé le* 5 *avril* 1888).

M. Gibbs gouverneur de la Banque d'Angleterre, affirme que jusqu'en 1873, la Grande-Bretagne a recueilli *en fait* les bénéfices de la loi monétaire française de l'an XI, puisqu'elle avait à sa proximité en France un double réservoir contenant les deux métaux.

« Ce que nous avons aujourd'hui est la conséquence des mesures « prises par la France, en suspendant, en 1873, l'article premier de la « loi de 1803, c'est-à-dire l'article stipulant que la Monnaie serait ouverte « à l'argent aussi bien qu'à l'or ; et cette conséquence est la dislocation « du concordat entre l'or et l'argent, d'où il résulte que si, de 1819 « à 1873, nous avons été bi-métallistes en fait, bien que nominalement « mono-métallistes, nous devenions désormais, et pour la première fois « dans notre histoire, de véritables monométallistes, sans voir notre « mono-métallisme, atténué par les compensations que nous fournissait « la loi française. »

(H. H. GIBBS, *discours du* 5 *avril* 1888).

NOTE N° 11

(Voir § 6 : *La Démonétisation de l'Argent*, page 32.)

CONSEILS DONNÉS ET CRAINTES ÉMISES AU SUJET DE LA DÉMONÉTISATION DE L'ARGENT

Voici quelques extraits des opinions qui furent successivement émises au sujet de la démonétisation des monnaies d'argent, des dangers et des inconvénients qu'elle offrait.

AVIS ÉMIS PAR LA BANQUE DE FRANCE

(EXTRAIT DES DÉLIBÉRATIONS DU CONSEIL GÉNÉRAL)

(Séance du 22 juillet 1868)

« Votre comité a pensé que ce perfectionnement de l'instrument des « échanges ne devrait pas être obtenu au préjudice de la France, par « des sacrifices supérieurs aux avantages qu'elle pourrait en retirer, et « notamment au prix de l'abandon radical et immédiat de son régime « monétaire.

» Votre comité n'avait pas à examiner théoriquement la valeur de ce « régime monétaire et du double étalon métallique sur lequel il se « fonde : il s'est borné à en étudier la valeur pratique, en recherchant, « dans le passé et dans le présent, à la lumière des faits, quels en « étaient les inconvénients et les avantages.

» Il a constaté que ce régime monétaire établi depuis soixante-cinq « ans, a fonctionné pendant cette longue période de temps, non seule- « ment sans inconvénient, mais au contraire au grand avantage du

» pays, soit au milieu des crises les plus redoutables, soit dans les » circonstances ordinaires.

» Ainsi, pendant la crise qui a suivi la découverte des mines d'or de » la Californie et de l'Australie, lorsque de savants économistes, pré- » voyant la rupture de l'équilibre entre les deux métaux précieux, sol- » licitaient la démonétisation immédiate de l'or, afin de prévenir des » calamités qui leur paraissaient imminentes, le maintien du régime » monétaire de l'an XI et la conservation de la monnaie d'or ont, au » contraire, sauvegardé les intérêts du pays.

» En effet, grâce à la présence de l'or et de l'argent dans la circula- » tion monétaire de France, l'usage de l'or s'est substitué à l'emploi de » l'argent pour les transactions habituelles de la vie privée, insensible- » ment et sans blesser aucun intérêt.

» La conservation des deux métaux comme monnaie a permis, en » outre, d'utiliser au profit du pays les matières d'or dont l'invasion » avait inquiété la science ; la France y a puisé ces ressources fécondes » qui ont contribué à développer en peu d'années, et à un degré inouï, » son industrie, son commerce et sa prospérité.

» Les services rendus par notre régime monétaire dans le passé et » dans le présent, pendant les crises et dans les temps ordinaires, ne » sauraient donc être méconnus ; c'est pourquoi il importe que ce » régime subsiste et s'accorde avec la monnaie universelle, soit sur les » bases de l'union déjà conclue entre plusieurs États, soit par des » combinaisons différentes.

» Si, contre toute attente, l'unité monétaire ne parvenait pas à s'éta- » blir avec le régime de l'an XI, si le sacrifice de ce régime devenait » indispensable, au moins faudrait-il ne pas l'accomplir prématurément, » mais seulement en temps opportun et sans nuire à la France.

» Ce n'est pas à elle à faire les premiers pas ; ses populations, déjà » familiarisées avec les deux métaux précieux, n'ont pas à subir l'ap- » prentissage du métal unique devant servir à la monnaie universelle.

» En résumé, votre comité, considérant que l'expérience de soixante- » cinq années a démontré les avantages du régime monétaire de l'an XI » et n'en a pas révélé les inconvénients ;

» Que ce régime ne paraît pas exclusif de l'établissement d'une » monnaie universelle ;

» Est d'avis que ce régime doit être maintenu. »

Pour extrait conforme :

Le Secrétaire du Conseil général de la Banque,

C. DE BENQUE.

» Comme conséquence, il faudrait alors arriver à démonétiser entiè-

« rement l'argent. Ce serait détruire une proportion du capital du
« monde, ce serait une ruine. »

BARON DE ROTHSCHILD,
(*Régent de la Banque de France*, 1869).

« Quel besoin y a-t-il de déranger notre excellente circulation ?
« Laissez l'argent s'employer comme il peut s'employer; laissez le
« monde en paix se servir de ce métal.
« Dois-je rappeler l'effroyable perturbation qui, tout dernièrement, à
« New-York, a édifié et abattu en un jour plus de fortunes qu'une année
« entière n'en pourrait remuer.
« Nous nous bornons à une seule prière :
« Etudiez beaucoup, n'ayez ni trop de confiance, ni trop de hâte,
« n'oubliez pas que la modification des monnaies est ce qu'il y a de plus
« difficile et de plus grave pour les intérêts du monde entier.
« Il s'agit tout simplement du renversement de notre système moné-
« taire, tel qu'il est organisé par la loi de l'an XI, et je n'étonnerai per-
« sonne en affirmant qu'on soulève ainsi une question énorme. »

(ROULAND, *Gouverneur de la Banque de France*,
10 février 1870.)

« Quant à moi, je suis d'avis que, plus il y aura de métaux précieux,
« soit or, soit argent, mieux cela vaudra, car plus le travail se déve-
« loppera.
« Les métaux précieux ne constituent pas la richesse proprement
« dite, mais ils sont le nerf et l'aliment du travail.
« La meilleure preuve en est dans le développement merveilleux de
« l'industrie et du commerce à la suite des découvertes de la Californie.
« C'est à ces mines d'or que nous devons d'avoir pu accomplir tous ces
« grands travaux, qui sont la gloire de notre époque. »

(BARON DE ROTHSCHILD,
Régent de la Banque de France,
17 février 1870.)

« Voici comment M. Volowski s'énonçait à son tour :
« Quel sera le résultat ?
« Il sera grave! Un grave ébranlement secouera le marché univer-
« sel! Une baisse énorme dans tous les prix sera la conséquence
« nécessaire de la rareté du métal. »

(VOLOWSKI.)

« Si vous adoptez une mesure qui ne soit ni la suppression du métal
« argent ni sa conservation absolue, vous souffrirez plus encore de cet
« état de choses. La vérité est qu'une fois une monnaie atteinte de

» dépréciation par la déclaration faite qu'elle sera supprimée ou réduite,
» les conséquences de cette mesure sont immédiates et profondes, les
» tempéraments ou les atermoiements n'y font rien. — Mieux vaut le
» parti net et radical. »

(*Banque de France*, 1870.)

« Je mets au défi, les pays à circulation d'argent, de le démonétiser;
» c'est impossible; c'est irréalisable. »

(BARON DE ROTHSCHILD,
Enquête monétaire française, séance du
17 *février* 1870.)

La commission, chargée par le gouvernement français d'étudier la situation monétaire, affirmait, dans son rapport du 22 février 1858 que, malgré le développement énorme de sa production, l'or n'avait pas baissé.

L'or n'avait, en effet, subi aucune baisse, même douze années plus tard. Le 17 février 1870, M. le baron de Rothschild appelé, comme régent de la Banque de France, à donner son avis sur cette matière déclarait que, non seulement l'or n'avait pas baissé malgré les découvertes récentes, mais qu'il constatait ce fait bien plus extraordinaire, que « malgré l'augmentation énorme subie par le stock monétaire dans le monde, les progrès avaient été tellement proportionnels que loin de produire un trop plein il y avait des *preuves récentes de pénurie de monnaie.* » Il citait notamment, qu'en 1861, en 1863 et en 1864 il s'était produit à la fois une prime sur l'or et une prime sur l'argent, c'est-à-dire que le public, qui sentait le besoin de se procurer aussi bien des monnaies d'or que des monnaies d'argent, offrait une valeur supérieure au prix de la monnaie elle-même.

Dès 1872 lord Beaconsfield, prévoyait la révolution que pouvait provoquer en Angleterre la démonétisation de l'argent sur le continent.

C'est le président de la Chambre de Commerce de Liverpool qui nous l'apprend :

« Je viens représenter ici la Chambre de Commerce de Liverpool, la
« maison David Sassoon & C° (la plus ancienne et la plus importante,
« peut-être, des maisons créées en Orient) ; enfin, je me présente moi-
« même.

« Permettez-moi, tout d'abord, de constater, à propos de la Chambre
« de Commerce de Liverpool, que c'est elle qui a pris les devants dans
« la question du bi-métallisme.

« Dès 1876, alors que l'on n'agitait que très peu la question et qu'on
« la connaissait à peine, la Chambre de Commerce de Liverpool pré-
« senta au Gouvernement du jour, un mémoire l'invitant à agir et à
« convoquer une Conférence internationale.

« Le Chancelier de l'Échiquier était à cette époque feu Lord Bea-
« consfield et un incident mémorable s'était antérieurement produit.
« Parlant devant les étudiants de l'Université de Glasgow, Lord Bea-
« consfield avait signalé le changement de régime monétaire que la
« législation était sur le point d'effectuer sur le Continent. Cela re-
« monte à 1872. Lord Beaconsfield déclarait alors que lorsque les
« grandes nations modifient leur régime monétaire, il peut en résulter
« des changements économiques bien faits pour étonner le monde et il
« engageait le public commercial anglais à bien examiner quelle pou-
« vait être la nature de ces changements. »

(*Discours de* M. HENRY COKE,
Président de la Chambre de Commerce de Liverpool,
à Manchester, 5 *avril* 1888.)

L'Amérique de son côté entrevoyait de grandes perturbations causées par le manque de monnaies :

« La démonétisation de l'argent en Europe, aura sur la production
« de la richesse, des effets encore plus graves.

« Une diminution du stock monétaire est un des plus grands maux
« dont l'humanité puisse être menacée.

« En premier lieu, elle blesse au vif l'intérêt de l'entrepreneur, dont
« les profits dans la société industrielle moderne sont la cause déter-
« minante de la production de la richesse. En second lieu, elle aug-
« mente le poids de toutes les dettes et charges publiques, municipales
« et privées, dont l'ensemble constitue une sorte d'hypothèque mise par
« la production des générations passées sur l'industrie des générations
« présentes. Deux fois, dans le cours de l'histoire, l'Europe a été en
« proie aux désastres causés par une circulation restreinte, provenant

» soit de l'épuisement des mines, soit d'invasions étrangères, soit de » dissensions intestines. Il était, à ce qu'il parait réservé à la généra- » tion actuelle de voir ces désastres attirés sur l'Europe par le fait » réfléchi des gouvernements, sur le conseil des économistes. »

(Général Walker,
délégué par les États-Unis, 22 *août* 1878.)

La Banque de France après la démonétisation de l'argent constate, en 1881, le mal qu'elle a produit, dans les termes suivants :

« La faculté que la France possède de recourir, alternativement » ou simultanément aux deux métaux, lui a permis, non seulement » d'employer l'un ou l'autre suivant les circonstances et de conjurer » les effets de leur pénurie successive, mais encore de venir en aide, » non sans profit pour elle-même, à ceux de ses voisins qui venaient » à manquer tantôt d'or, tantôt d'argent. — La Banque de France a » pu, comme un vaste réservoir de numéraire, satisfaire aux demandes » qui lui ont été adressées de divers côtés et cette situation, également » profitable à tous, a pu se maintenir sans altération, tant que la frappe » de l'argent est restée libre.

» Depuis que la frappe est suspendue, depuis que l'argent a été » législativement discrédité dans plusieurs pays étrangers, l'état des » choses s'est absolument modifié et la France se voit menacée dans » sa richesse essentielle, dans sa richesse métallique, par le jeu de » cette balance du commerce, dont M. Pirmez cherche vainement à » révoquer en doute la puissance. »

(de Normandie, *gouverneur de la Banque de France,*
Congrès international monétaire, 14 *mai* 1881.)

M. Goschen, depuis lors chancelier de l'Echiquier, exprimait, dès 1878, des craintes sérieuses :

« Les divers États devraient avoir pour but de maintenir l'argent » comme le partner ou, pour mieux dire, l'allié naturel de l'or, dans » toutes les parties du monde où cela serait possible. Une campagne » entreprise contre l'argent serait, dit-il, très dangereuse, même pour » les pays qui n'ont en cours légal que la monnaie d'or.

» L'Angleterre a maintenu la valeur de l'argent aux Indes ; mais » cependant si les autres États continuaient à se livrer à une propa- » gande en faveur de l'étalon d'or unique et démonétisaient l'argent, le » gouvernement des Indes serait bien forcé de prendre des mesures » analogues.

« Dans ce cas l'effort général que l'on ferait de tous les côtés à la « fois pour se débarrasser du métal argent, pourrait occasionner les « plus graves désordres dans la situation économique, et produire UNE « CRISE PLUS DÉSASTREUSE QUE TOUTES CELLES DONT LE MONDE COMMERCIAL « A PU GARDER LE SOUVENIR. »

(M. GOSCHEN, *Chancelier de l'Echiquier*,
Séance de la conférence monétaire, du 19 *août* 1878.)

Il est utile de remarquer que les craintes étaient émises en même temps en Amérique, en Angleterre qu'en France, tellement il était reconnu que les pays étrangers avaient tous tiré profit du système monétaire bi-métallique de la France, qui exerçait une influence universelle sur le commerce des nations.

NOTE N° 12

(Voir § 7 : *La Rareté de l'Or*, pages 34 & 35.)

LE BI-MÉTALLISME UNIVERSEL ABOLI, L'OR DEVIENT RARE

Même avec les deux métaux, les mines ne fournissaient jadis à l'alimentation de la circulation du monde que le tiers de ce qui lui était nécessaire.

Voici ce que j'exposais il y a neuf ans à ce sujet :

« Je veux vous montrer, Messieurs, que si les métaux précieux ont » augmenté les richesses du monde, les progrès de la civilisation » augmentent dans une proportion bien autrement grande encore et » que, malgré la pléthore apparente du métal monétaire, c'est le con» traire seul qu'il faut craindre.

» *L'Économiste français* rapporte (d'après les chiffres de Neumann) » que le commerce général du monde était, en 1852, de trente milliards » et en 1872 de soixante-douze milliards, soit quarante-deux milliards » d'augmentation en vingt ans, ou cent quarante pour cent, ce qui » établit une moyenne de sept pour cent d'augmentation chaque » année.

» Si les affaires du monde augmentent de sept p. c. chaque année » depuis vingt ans (mais bien plus en dernier lieu) il faudrait, pour que » les choses fussent restées dans le même état, que le capital-monnaie » eût augmenté chaque année dans la même proportion.

» Or, Messieurs, comme vous allez le voir, nous sommes bien loin de » là et nous pouvons nous tranquilliser, soyez en certains, au sujet » de la pléthore et nous inquiéter au contraire de la pénurie.

« En effet, d'après les évaluations du célèbre monométalliste Dr Soetbeer, le stock de métaux précieux du monde, pouvait, en 1867, être évalué à quarante-quatre milliards de francs.

» Pour que toutes choses restassent relativement dans le même état, puisque chaque année les affaires et la richesse universelle s'augmentent de sept pour cent, il faudrait que l'outil monétaire s'augmentât lui aussi de sept pour cent chaque année, ce qui ne ferait pas moins de trois milliards de métaux précieux que réclameraient chaque année les affaires nouvelles de la civilisation envahissante et du monde grandissant.

» Loin de recevoir chaque année trois milliards d'or et d'argent, la plus forte année connue à titre d'exception, car nous sommes bien loin de ce chiffre aujourd'hui, n'a pas donné plus d'un milliard, or et argent, soit le tiers de ce qui est nécessaire, je dirai même de ce qui est indispensable.

» Il faut, vous le voyez, Messieurs, que les progrès du crédit soient immenses, malgré l'or et l'argent de toutes les mines, pour parvenir à couvrir les deux milliards qui, en moyenne, manquent chaque année à la circulation monétaire.

» Et c'est à ce moment, en présence de ces faits évidents, que l'on croirait pouvoir réduire subitement la monnaie à un seul métal, l'or, réduisant de moitié le stock monétaire du monde, alors que nous venons de voir que les efforts des mines d'or et argent réunies restent bien en dessous de ce que nécessitent les progrès faits par notre siècle! »

(*Discours prononcé par l'auteur au Congrès d'Économie politique de Bruxelles en* 1880).

L'or se raréfie depuis la démonétisation de l'argent.

Comment, pourrait-il en être autrement? Les deux métaux or et argent ne sont-ils pas rendus solidaires depuis de longs siècles par la communauté d'emploi; les deux métaux ne composent-ils pas à eux deux une seule masse monétaire universelle?

« Il y a du raisin blanc et du raisin rouge, a dit un homme d'esprit, mais le jus qu'on en extrait est toujours du vin. De même, il y a du métal blanc et du métal jaune, c'est toujours de la monnaie qu'on en fait; ôtez-en un, vous bouleverserez tous les prix.

» La nature nous donne le bœuf et le mouton, et dans le monde

« entier on les emploie tous les deux au même usage. Mais, sup-
« posez qu'une loi intervienne et se mêle de supprimer tout à coup
« l'usage du mouton, n'est-il pas élémentaire que le prix du bœuf
« montera ?

« Or, on vient de supprimer l'usage de l'argent ; qui donc pour-
« rait être surpris de la hausse de l'or ? »

(*Discours sur la crise agricole et manufacturière*, par ALPH. ALLARD, p. 28.)

Quelques peuples tels que l'Amérique et l'Italie qui avaient jadis en circulation du papier à cours forcé, ont émis des emprunts payables en or qu'ils ont employé à rembourser leurs billets.

L'Allemagne de son côté créait sa nouvelle circulation d'or.

Ces BESOINS EXCEPTIONNELS ont absorbé d'après les évaluations de M. Goschen, le Chancelier de l'Echiquier, plus de CINQ MILLIARDS DE FRANCS, voici ce qu'il en disait en 1883 :

« Selon moi, nous sommes en présence d'un saisissant phénomène.

« D'une part, aucun de vous n'ignore qu'une quantité énorme
« d'or qui, dans des circonstances normales, eût passé dans la cir-
« culation des pays où l'on se sert de cet agent monétaire, a été
« retirée et a été affectée à ce que je puis appeler une destination
« nouvelle ; c'est-à-dire qu'elle a fourni une nouvelle circulation
« d'or à l'Allemagne, à l'Italie et aux États-Unis. En calculant la
« quantité de monnaie d'or que ces trois pays ont absorbée depuis
« dix ans, on arrive à la somme fabuleuse de 5 milliards de francs. A
« l'Allemagne il en a fallu 2100 millions, et à l'Italie 400, tandis que
« les États-Unis en ont attiré à eux plus de 2 1/2 milliards. La Hollande
« en a absorbé, elle aussi, une certaine quantité.

« D'autre part, il est possible qu'une partie de l'or allemand ait été
« réexportée pour parfaire la somme qui a fini par prendre le chemin
« de l'Amérique.

« Je ne me baserai donc pas sur un chiffre supérieur à 200
« millions. Mais au moins, nous trouvons-nous en présence du phé-
« nomène que voici : Une somme de deux cent millions de livres
« sterling d'or a été appliquée à des objets auxquels il n'était pas
« nécessaire de l'affecter il y a dix ou quatorze ans.

« Il convient maintenant de nous demander quelle a été l'impor-

» tance de la provision annuelle d'or dont on a pu disposer pour » faire face à des besoins aussi extraordinaires.

» Beaucoup d'entre vous savent peut-être que la production annuelle » de l'or a diminué. »

(M. Goschen, *chancelier de l'Échiquier, discours aux banquiers de Londres, avril* 1883).

La Commission Anglaise de l'or et de l'argent fournit de son côté les chiffres suivants qui prouvent que les mines d'or au lieu de s'enrichir, s'appauvrissent :

» 1851-55	elles ont donné . .	685.000.000 fr.	par an
» 1856-60	. . . .	703.000.000	—
» 1861-65	. . . .	645.000.000	—
» 1866-70	. . . .	680.000.000	—
» 1871-75	. . . .	607.000.000	—
» 1876-80	. . . .	600.000.000	—
» 1881-85	. . . .	520.000.000	—

(*Commission on Gold and Silver*, 1re part. p. 9, n° 33).

» Voyons, maintenant, si les économies réalisées dans l'emploi de » l'or ont équivalu à l'accroissement de la population et à l'accrois- » sement de la quantité d'or requise pour liquider la balance des » transactions.

» Dans un article qui m'a été fort utile et qui a paru dans le jour- » nal de la *Statistical Society* pour le mois de mars 1879, M. Giffen » exprime l'opinion que le Royaume-Uni avait déjà, il y a vingt ans, » à la banque, tout ce qu'il est capable d'y mettre, et qu'on n'a pas » depuis vingt ans imaginé d'expédients nouveaux susceptibles d'ame- » ner une économie sensible dans l'emploi de l'or chez nous.

» Je crois que dans notre pays nous avons réduit l'usage de l'or » à son minimum, ou à peu près ; et ce qui me confirme dans cette » idée, c'est que, suivant l'estimation des autorités de la Banque » d'Angleterre, la circulation totale de l'or en Angleterre a monté » de 103 millions à 124 millions de livres sterling, de 1870 à 1880. » Cela veut dire — et c'est un fait significatif — que dans notre » pays « si grand dépositaire en banque (*so well banked*) pour me » servir du mot de M. Giffen, il a fallu, néanmoins, en 1880, une » circulation d'or dépassant de 20 millions celle de 1870.

» Quelle brèche ces 20 millions n'ont-ils pas dû faire dans la pro- » vision totale d'or, après ou concurremment avec les autres besoins » — les besoins extraordinaires — sur lesquels j'ai appelé votre » attention. En ce qui concerne l'Angleterre, donc, je ne vois pas

« qu'il se soit produit, dans l'emploi de l'or, une économie capable « de contre-balancer les besoins croissants de la population, et parmi « ceux d'entre nous qui ont été en mesure d'étudier la chose, aucun « ne s'est aperçu que les économies réalisées en France, en Alle- « magne, ou ailleurs aient été assez fortes pour contre balancer « l'augmentation de la demande d'or.

« Tout en tenant compte de ce fait, qu'on emploie aussi peu d'or « que possible et que tous les moyens possibles d'économie sont mis « en pratique par les banquiers anglais et autres, je partage déci- « dément l'opinion que les économies effectuées ne contre-balancent « pas la dépense d'or imposée par l'accroissement des besoins de « la population en fait d'argent de poche et par la liquidation de « la balance toujours grossissante, des transactions opérées tant en « Angleterre que dans les autres pays.

« Pareil raisonnement m'amène au résultat que voici : Si la théorie « suivant laquelle un certain rapport existe entre le montant de la cir- « culation et la question des prix — si cette théorie, dis-je, est tant soit « peu fondée, l'appauvrissement du stock d'or doit nécessairement « avoir exercé de l'influence sur les prix. »

(*Discours de* M. GOSCHEN, *chancelier de l'Echiquier, aux banquiers de Londres*, 18 *avril* 1883).

« Heureux donc ceux qui possèdent les livres sterling ; et malheu- « reux, en revanche, ceux à qui les articles de consommation et des « produits invendus restent pour compte. »

(M. GOSCHEN, *Conférence monétaire* 1881).

La Chambre de Commerce de Londres interrogée par la *Commission on depression of Trade and Industry* sur les causes de la crise répond :

« *La demande croissante de l'or* et sa production décroissante ont « été l'une des causes importantes de la baisse des prix.

« *La dépréciation de l'argent* causée par une augmentation de pro- « duction et une diminution de la demande, a désorganisé le commerce « avec les contrées qui se servent *de l'argent.*

« Ces deux circonstances ont enlevé tous profits aux commerçants « et aux industriels dans les pays qui se servent *d'or.* »

(*Commission on Depression of Trade and Industry*, second report, p. 391.

La suspension du bi-métallisme en 1873 a enlevé le trait d'union qui unissait dans l'univers les nations qui ne se servent plus que *d'or* à celles qui se servent encore *d'argent.*

PEUPLES N'AYANT QUE L'OR		Peuples ayant les deux métaux — L'argent ne pouvant plus être librement monnayé depuis 1873		PEUPLES N'AYANT QUE L'ARGENT	
NATIONS	POPULATION	NATIONS	POPULATION	NATIONS	POPULATION
Brésil	12.333.375	Rép. Argentine. .	2.942.000	Autriche . .	37.882.712
Poss. Anglaises. .	1.772.034	Belgique. . .	5.909.975	Bolivie . . .	2.303.100
(N. America)		Chili.	2.526.969	Equateur . .	1.004.860
Danemark. .	2.096.467	Cuba.	1.521.684	Indes	253.891.514
Egypte . . .	6.817.265	France . . .	32.218.903	Mexique . .	10.447.972
Angleterre. .	35.241.482	Algérie . . .	3.817.465	Pérou. . . .	2.621.924
Norwège. . .	1.806.900	Grèce	1.979.561	Russie . . .	102.582.403
Suède	4.717.189	Haïti.	800.000	Tripoli . . .	1.000.000
Canada . . .	4.324.810	Italie	29.943.607	Colombie. .	3.000.000
Portugal . .	4.708.178	Japon	38.151.217	Ceylan . . .	2.781.618
Australie . .	4.867.305	Hollande . .	4.390.857	Siam	5.750.000
Malte & Gibraltar.	165.056	Col. Hollandaises.	29.450.520	Chine. . . .	402.735.000
Finlande. . .	2.203.358	Espagne. . .	17.228.776	Straits . . .	598.000
		Suisse	2.846.102		
		Vénézuéla . .	2.198.320		
		Turquie . . .	32.978.100		
		Libéria . . .	1.050.000		
		Allemagne. .	44.771.503		
		États-Unis. .	50.155.783		
		Roumanie. .	5.073.000		
	81.053.358		309.954.342		826.399.103

» Avant 1873, il y avait 309 millions d'habitants qui avaient les deux » métaux et qui servaient d'intermédiaires entre les 81 millions qui ne » voulaient payer ni recevoir que de l'or, et les 826 millions d'hommes » qui, au contraire, ne pouvaient payer ni recevoir que de l'argent.

» Depuis 1873, au lieu de 81 millions de gens qui recherchaient l'or, » il s'en est ajouté 309 : il y en a donc 390 millions ou environ 5 fois » plus.

» Ils n'ont plus d'intermédiaire, entre eux et les 826 millions qui se » servent d'argent. » (*Note de l'auteur.*)

Au mois de septembre dernier, M. John Biddulph Martin, l'un des principaux banquiers de Londres, remettait à l'Institut des Banquiers un mémoire dans lequel il exposait :

1° La diminution de l'emploi du chèque à l'intérieur ;

2° L'état stationnaire des opérations des Clearing-houses ;

3° L'usage moins grand des banknotes.

Voici les chiffres des chèques passés au Clearing-house à Londres dans les dernières quinze années. Ces chiffres prouvent que l'usage du chèque à Londres reste stationnaire.

1873 . .	6.070.000.000 £	1881 . .	6.357.000.000 £
1874 . .	5.936.000.000	1882 . .	6.221.000.000
1875 . .	5.685.000.000	1883 . .	5.929.000.000
1876 . .	4.983.000.000	1884 . .	5.798.000.000
1877 . .	5.042.000.000	1885 . .	5.511.000.000
1878 . .	4.992.000.000	1886 . .	5.901.000.000
1879 . .	4.885.000.000	1887 . .	6.077.000.000
1880 . .	5.794.008.000		

On dit assez volontiers : « Mais comment pouvez-vous croire que l'or soit rare, la Banque de France en regorge.

« Les chiffres des principaux chapitres du bilan de la Banque de « France sont résumés dans le tableau suivant :

			Encaisse utile :
Encaisse : Or	1.016.282.963	. . . .	1.016.282.963
Argent . . .	1.236.377.901		
			Engagements :
Circulation de billets .	2.600.734.650	. . . .	2.600.734.650
Portefeuille commercial	596.265.940		
Avances sur titres . .	268.734.502		
Comptes courants de créditeurs :			
Etat	278.721.704	. . . .	278.721.704
Particuliers	368.286.279	. . . .	368.286.279
Bénéfices nets. . . .	7.352.845		
	Total des engagements. . .		3.247.742.633

De telle façon que l'encaisse or, le seul qui puisse servir hors France, ne correspond qu'au 1/3 des engagements de la Banque, ce qui explique l'ardeur que met cet établissement à le défendre contre l'exportation.

L'examen de cet état de situation prouve à l'évidence que le métal qui figure à son encaisse circule en réalité sous forme de billets.

Il résulte donc des notes qui précèdent que :

1° L'argent étant démonétisé, l'or a toutes les raisons de monter de valeur et d'être plus recherché ;

2° Des besoins exceptionnels ont absorbé cinq milliards, c'est-à-dire la production des mines pendant 10 ans;

3° Les mines d'or sont moins fécondes ;

4° L'or est plus demandé même en Angleterre où le système des banques est si répandu ;

5° C'est l'avis de la Chambre de Commerce de Londres ;

6° La démonétisation de l'argent a porté le trouble dans le commerce du monde;

7° L'usage du chèque et du billet de banque loin de suppléer au manque d'or, diminue tout au contraire, et contribue ainsi à augmenter la demande de métal ;

8° L'or dont les banques semblent regorger n'est pas de l'or qui se trouve en réalité au service libre de la circulation, c'est de l'or déjà engagé, et en faire état, c'est le compter deux fois.

NOTE N° 13

(Voir § 8 : *L'Abaissement du Prix des Richesses*, page 37.)

LA RARETÉ DE L'OR A FAIT BAISSER LES PRIX

A propos de la RARETÉ DE L'OR, la commission de l'or et de l'argent examinant les différents tableaux dressés pour prouver la BAISSE DES PRIX, s'exprime ainsi :

« N° 51. On prétend que le résultat général qui découle d'une com-
» paraison établie entre ces recherches, est de démontrer une hausse
» de prix datant des découvertes d'or australiennes et américaines jus-
» qu'à l'année 1873, et une baisse presque continue depuis cette der-
» nière date, baisse qui a fait tomber les prix à un niveau plus bas
» qu'en aucune autre période de ce siècle.
» N° 52. On fait en même temps remarquer qu'aucun pareil chan-
» gement dans le niveau des prix n'est perceptible dans les pays
» employant un étalon d'argent. Sur ce point, les statistiques sont
» nécessairement incomplètes puisqu'elles ne portent que sur les prix
» cotés aux Indes. Pour ce qui regarde ce pays, on nous a communi-
» qué ce résultat des recherches faites par M. O'Conor, secrétaire-
» adjoint du gouvernement de l'Inde, au département des finances et
» du commerce, recherches qui ont porté sur les prix des céréales
» dans différentes parties de l'Inde, et sur les principaux articles
» d'exportation.
» Il est, toutefois, très difficile de tirer des conclusions utiles ou
» sûres de ces chiffres. La situation du pays, les mœurs de la popula-
» tion, l'isolement des marchés faute de moyens de communications,
» les constantes variations déterminées par l'influence des saisons,

» et bien d'autres causes font qu'il est impossible d'envisager les
» tableaux des prix indiens comme ayant une valeur égale à ceux
» qui ont été reproduits dans les précédents paragraphes de ce rap-
» port. *On peut, toutefois, certifier qu'il n'existe pas trace d'une hausse*
» *de prix aux Indes*, et les témoins que nous avons interrogés sur
» ce point s'accordent à déclarer que la valeur de la roupie, comme
» instrument d'achat, dans ce pays n'a pas baissé.

» N° 53. On soutient que ces résultats, c'est-à-dire la baisse géné-
» rale, sinon uniforme, des prix calculés en or, et l'absence de toute
» hausse équivalente des prix calculés en argent justifient la thèse
» suivant laquelle les changements survenus proviennent d'une raré-
» faction relative de l'or par rapport aux autres articles de con-
» sommation, y compris l'argent. »

(*Commission on Gold and Silver*, final report, p. 18.)

Toutefois les tableaux dressés par le Docteur Soetbeer et par MM. Palgrave, Sauerbeck et Nicholson, destinés à prouver la baisse des prix présentaient quelques différences dans l'évaluation de cette baisse; ils donnèrent lieu à certaines critiques.

Tous ces tableaux ne portaient en effet, ni sur les mêmes objets ni sur les mêmes époques, tous prouvaient une baisse générale, mais les uns une baisse plus forte que les autres.

« N° 62. En réponse à ces critiques, on émet l'avis :

» *a*) Que les résultats fournis par le système des tableaux indica-
» teurs peuvent, comme tout autre genre de moyenne, n'être pas rigou-
» reusement exacts dans chacun de leurs détails, mais suffisent néan-
» moins à indiquer la tendance à laquelle a obéi la marche des
» prix.

» *b*) Que les catégories d'articles embrassés par les différents tableaux
» sont suffisamment nombreuses pour les besoins pratiques, puis-
» qu'elles comprennent, en ce qui concerne le travail du docteur
» Soetbeer, non moins de 114 articles, et dans le travail de M. Sauer-
» beck tous les articles indigènes ou importés, dont la valeur
» dépassait, dans le Royaume-Uni 1.000.000 liv. st.

» *c*) Qu'il a été tenu compte de l'importance relative des différents
» articles dans les tableaux de MM. Palgrave et Sauerbeck, et que,
» malgré leur importance, les rectifications ainsi faites, n'infirment
» pas les conclusions tirées de l'étude comparative de tous les ta-
» bleaux.

» *d*) Que la méthode au moyen de laquelle le professeur Nicholson » mesure la valeur de l'or, comme instrument d'achat, méthode tota- » lement différente, donne, à peu de chose près, les mêmes résultats » que les numéros indicateurs.

» *e*) Que les numéros indicateurs des dernières années sont con- » cluants, en ce qui concerne le fait d'une hausse de valeur de l'or » comme instrument d'achat, tout au moins, pour l'achat d'un très » grand nombre de produits importants.

» Les variations de détail que présentent les différents tableaux, ne » jettent pas de doute sur les conclusions générales qui s'en dégagent ; » il ne pourrait y avoir concordance absolue que si le prix de chaque » article était uniquement subordonné au renchérissement ou à la » dépréciation de l'étalon, ou si toutes les autres influences qui ten- » dent à faire varier les prix, influaient toujours avec la même force » et dans le même sens, sur tous les produits.

» Qu'on n'est pas fondé à prétendre que la baisse subie par le » niveau moyen des prix de ces produits, peut s'expliquer complè- » tement par la diminution du prix de revient de l'un ou de plu- » sieurs desdits produits, car :

» I) Il ne suit pas nécessairement que la diminution de coût de » production de certains articles, voire même d'un grand nombre » d'articles, doive avoir pour résultat de faire descendre le niveau » moyen des prix, car l'économie ainsi effectuée provoquerait une » demande en faveur d'autres articles et en forcerait les prix ;

» II) Une diminution des frais de transport peut tendre à avilir » les prix des marchandises dont la dimension est en raison directe » de leur valeur, dans les pays où on exporte lesdites marchan- » dises ; mais tend à faire augmenter les prix au lieu d'origine et » ne peut exercer qu'un effet très relatif sur le niveau général des » prix ;

» III) Il n'est pas démontré que la quantité des marchandises ait » proportionnellement augmenté depuis 73 plus qu'elles ne l'avaient » fait auparavant pendant une période quelconque d'égale durée.

» *g*) Que le caractère universel de la baisse, constatée, pendant ces » dernières années tout au moins, constitue un argument sérieux » en faveur de la thèse suivant laquelle cette baisse est née de la » cause générale sus-indiquée.

» Des 45 principaux articles dont s'occupe M. Sauerbeck, pas un n'a » accusé d'augmentation de prix soit en 1885, soit en 1886, par » rapport à la moyenne 1867-77, bien que les chiffres de 1887 » fournissent peut-être un résultat différent, dans un des deux cas. » Quand le professeur Jewons étudia la marche des prix, après les

» découvertes d'or, le nombre de cas qui se trouvèrent en contra- » diction avec la conclusion à laquelle il aboutit alors, fut de 7 » sur 36.

» *h*) Qu'il n'est pas nécessaire de démontrer une baisse dans *tous* » les prix calculés en or, pour prouver le fait de la hausse de » l'or. Si l'or n'a pas renchéri, parce que les prix calculés en or » n'ont pas décliné, on pourrait également prétendre que tous les » prix calculés en argent n'ayant pas augmenté, l'argent n'a pas subi » de dépréciation ; et que, en conséquence, les deux métaux se main- » tiennent au rapport d'avant 1873.

» *k*) Que la question n'est pas simplement de savoir si l'or a, » oui ou non, renchéri, mais si le changement constaté dans la » valeur relative de l'or et de l'argent est dû à la hausse de l'or ou à » la baisse de l'argent, et que ceux qui nient la hausse de l'or et attri- » buent exclusivement à la baisse de l'argent le changement survenu » dans la valeur relative des métaux précieux, devraient pouvoir être » prêts à nous faire voir, dans les pays à circulation d'argent, une » baisse générale des prix de marchandises calculés en argent (en sus » de la baisse amenée par les lois ordinaires de l'offre et de la demande), » baisse proportionnée, dans une certaine mesure, à la dépréciation de » l'argent ; ils devraient nous expliquer, en outre, par des raisons » s'appliquant spécialement à chaque article, comment il se fait que, » non seulement tant de produits n'ont pas renchéri, dans les pays à » circulation d'argent, mais ont même baissé.

» *l*) Que même si l'on suppose que les prix du détail n'ont pas » diminué autant que les prix du gros, et que l'or est plus employé » dans le commerce de détail, que dans le commerce de gros, il » ne s'ensuit pas qu'une raréfaction de l'or ne doive point atteindre » les prix de gros plus promptement que les prix de détail ; que, » du reste quelle que soit la cause qui amène la baisse des prix, » elle frappe toujours les prix de gros plus vite et plus lourdement » que les prix de détail.

» Que sans doute les qualités et les natures des articles de con- » sommation peuvent varier de période en période, mais que ceux » qui ont préparé les numéros indicateurs ont fait, autant que pos- » sible, en sorte que le prix étudié fût toujours celui d'un article de » même qualité ; que, du reste, les erreurs résultant de variations » de ce genre tendent à se compenser, à se neutraliser les unes » les autres dans le calcul de la moyenne générale, et que, la qua- » lité des articles ayant, somme toute, une tendance à s'améliorer, » il s'ensuit que la baisse des prix, au lieu d'avoir été surfaite, » est plutôt en dessous de ces statistiques.

« Que les chiffres cités au paragraphe 35 établissent qu'il y a « eu accroissement considérable de la demande d'or aux États-Unis, « tandis que l'or est le seul article dont la production ait décru « aux États-Unis ; et que si la production de l'or avait suffisamment « augmenté pour satisfaire la nouvelle demande de l'Allemagne et « des royaumes scandinaves, le niveau des prix serait tout autre « qu'il n'est, dans les autres pays.

« Qu'il y a d'ordinaire une certaine équivalence d'intensité et de « durée entre les périodes de hausse et les périodes de baisse, et « que cette équivalence n'est pas perceptible dans le cas actuel. »

La Commission de l'Or et de l'Argent termine par les conclusions suivantes :

« N° 198. Résumons nos conclusions sur ce côté de la question. « Nous sommes d'avis que la véritable explication du phénomène que « nous avons mission d'étudier, git dans tout un concours de circons- « tances et ne peut être attribuée exclusivement à une seule cause. « L'action de l'Union latine en 1873 rompit le lien existant entre « l'argent et l'or, lien qui avait constamment maintenu au taux légal « ou à peu près, le prix du premier, par rapport au second ; une « fois ce lien rompu, le marché de l'argent s'est trouvé accessible à « tous les facteurs qui influent sur le prix d'un produit de consom- « mation. Il se trouve que, depuis 1873, ces facteurs ont agi dans « le sens d'une baisse de prix de ce métal calculé en or, et ses fré- « quentes fluctuations de valeur s'expliquent par le fait que le marché « est devenu absolument sensible aux autres influences signalées par « nous plus haut.

« N° 199. Jusqu'à cette conclusion, nous sommes parvenus à rester « d'accord entre nous sur les termes de notre rapport ; mais en débat- « tant nos conclusions, quand il s'est agi de le déterminer dans quelle « mesure la baisse du prix de l'argent calculé en or a pris la forme « d'une hausse de l'or ou d'une dépréciation de l'argent, ou de nous « entendre sur les autres questions soumises à notre enquête, de telles « divergences d'appréciation se sont produites que nous nous sommes « trouvés dans l'obligation de formuler ces appréciations dans les « documents séparés qui suivent.

« Avant, toutefois, d'en finir avec les conclusions sur lesquelles « l'accord s'est établi, nous désirons rendre hommage en notre nom « à tous, à la haute valeur des services rendus à la commission par « son secrétaire, M. G. M. Murray. Son zèle et ses aptitudes ont « précieusement secondé nos travaux.

» Ce tout quoi nous soumettons humblement à la gracieuse consi-
» dération de Votre Majesté. »

(*Gold and Silver Commission*, première partie, p. 60).

Tout en étant d'avis comme nous venons de le voir, que : « *le phénomène de la baisse des prix doit* » *être attribué à un concours de circonstances et ne* » *peut être attribué exclusivement à une seule* » *cause* » la commission anglaise ne paraît pas hésiter à faire remonter la *mise en action de ce concours de circonstances au moment où l'argent a été démonétisé en 1873.*

Voici comment s'exprime l'unanimité de ses membres :

« N° 192. Ces considérations semblent trahir l'influence de quel » que cause qui dans les précédentes périodes, encourageait la stabi- » lité, influence qui a maintenant disparu, livrant le marché de l'argent » à la libre influence de causes dont le plein effet était, autrefois » enrayé.

» La question suivante s'impose donc à nous : La première période » se distingue-t-elle de la seconde par quelque autre influence suscep- » tible de peser sur les rapports de l'argent avec l'or ?

» Or, la date qui forme la ligne de partage entre une époque de » fixité relative des rapports de valeur de l'or et l'argent et une épo- » que d'instabilité notoire, est, sans conteste, l'année où le régime bi- » métallique, précédemment en vigueur dans le pays de l'Union latine, » cesse d'y fonctionner absolument ; et nous sommes irrésistiblement » amenés à en conclure que ce régime, établi dans des pays dont le » commerce, la population étaient considérables, exerçait une influence » matérielle sur la valeur relative des deux métaux.

» Nous pensons que ce régime, tant qu'il fut en vigueur, assura » au prix marchand de l'argent, une stabilité approximative au taux » de rapport fixé par la loi entre l'or et l'argent, soit 15 1/2 à 1, mal- » gré les variations subies par la production et la consommation des » métaux précieux.

» Et ceci posé, les circonstances que nous avons signalées, comme » traits caractéristiques de la période écoulée depuis 1873, semblent » amplement suffire à expliquer la baisse des prix de l'argent, puis- » qu'elles tendent toutes à ce résultat ; et le fait qu'à un moment » donné il arrive au stock d'argent et aux traites du conseil indien

« d'être considérables, tandis que les besoins sont minimes et vice- « versâ, ce fait explique les constantes fluctuations qui se sont mani- « festées depuis quelques années en ce qui concerne le prix de l'ar- « gent.

« N° 193. Au surplus, il ne nous semble pas à priori déraisonna- « ble de supposer que l'existence, dans l'Union latine, d'un régime bi- « métallique basé sur le rapport de 15 1/2 à 1, entre les deux métaux, « a été capable d'entretenir la stabilité sur le marché de l'argent au « taux de rapport en question, ou aux environs de ce taux.

« La thèse suivant laquelle ce taux ne pouvait influer sur le prix « du métal que jusqu'à concurrence de la demande monétaire de « l'Union latine, ou de la quantité de métal apportée aux monnaies « des pays de l'Union, nous paraît erronée.

« La faculté qu'avait, en dernier ressort, tout détenteur d'argent de « porter son métal à ces monnaies et de le faire convertir en pièces « de monnaie échangeables contre des marchandises au taux de « 15 1/2 d'argent à 1 d'or, devait, selon nous, influer d'une façon « générale sur le prix marchand de l'argent, quels que fussent l'acqué- « reur ou le pays de destination. Elle permettait au vendeur d'exiger « un prix se rapprochant du taux légal et sa tendance était d'aider « le marché à conserver sa stabilité aux environs de ce taux. »

(*Gold and Silver Commission*, 1re partie, p. 5.)

« N° 2. Nous nous associons aussi à l'appréciation formulée aux « §§ 192-19 de la 1re partie du rapport, sur ce point que la cause « primaire des récents changements en la valeur relative des métaux « précieux réside dans l'abandon, par les pays formant l'Union latine, « du libre monnayage des deux métaux en monnaie légale à rapport « fixe. »

(*Gold and Silver Commission*, 3e partie, p. 64.)

Il est donc bien établi que la *Commission on Gold and Silver* attribue le mal à la démonétisation de l'argent en 1873.

Cette rupture de l'ancien équilibre provoque LA MISÈRE, LA RUINE ET LA CRISE :

« Certains économistes font observer que si, par la suppression « du métal blanc, le métal jaune vient à se raréfier, son prix haus- « sera, que celui des marchandises baissera en proportion et qu'ainsi « l'équilibre sera établi sur ces bases nouvelles, mais ce rétablisse- « ment d'équilibre, si facile à supposer dans un discours ou dans un « livre, sait-on bien quel est son véritable nom ? Dans la réalité,

» il s'appelle crise, c'est-à-dire ruine pour l'industriel, misère pour
» l'ouvrier, malaise et souffrance universels.

(LUZATTI, *délégué de l'Italie, mai* 1881.)

Grâce au métal argent et à l'abondance monétaire, les prix avaient toujours jadis une disposition vers la hausse.

C'était un bien!

Nous avons provoqué le contraire aujourd'hui en démonétisant l'argent en 1873 et en raréfiant la monnaie, les prix baissent

C'est un mal!

« Des économistes, tels que Jevons, estiment avec raison que si » un changement doit se produire dans la valeur de l'étalon, il » vaut mieux que la valeur marchande dudit étalon diminue au lieu » d'augmenter.

» Je cite textuellement Jevons, d'après son traité : Of the Influence » of Depreciation on the Community as a whole. (De l'influence » de la dépréciation sur l'ensemble de la société). « Je ne puis que » mettre ma garantie sur l'avis de Mac Culloch, suivant lequel : » la baisse de la valeur de l'or doit nécessairement exercer un effet » bienfaisant, en faisant abstraction du préjudice qu'elle peut causer » à certains intérêts individuels, en admettant qu'elle en cause un. » Il n'y a rien qui débarrasse aussi complètement le pays de ses » vieilles entraves de dettes et de routine, la baisse de l'or met de » nouvelles récompenses à la portée de tous ceux qui sont en train » d'acquérir des richesses. Elle pousse les classes actives et intel- » ligentes de la société à de nouveaux efforts et équivaut, dans une » certaine mesure, à l'exemption accordée par ses créanciers à un » failli qui a longtemps lutté contre ses charges. Et tout cela s'effec- » tue sans violation de la bonne foi nationale, — malheur que rien » ne pourrait compenser. »

» Il me semble que l'histoire est là pour attester la vérité de ce » qui précède.

» Les longues périodes de prix en décroissance ont toujours été » des périodes de détresse nationale; la terrible baisse de prix qui » suivit la reprise des paiements en pièces d'or après la guerre contre » la France et qui persista presque sans interruption, jusqu'en 1848, » fut la plus triste phase de l'histoire de l'Angleterre.

» Il y eut alors plus de privations générales, plus de mécontente- » ments, plus de difficultés qu'en aucun autre temps.

« A certains moments, il sembla que le pays était à la veille d'une
» révolution sociale. Et la raison saute aux yeux : nos énormes charges
» financières, y compris la dette nationale, augmentèrent énormément
» de valeur; la quantité de produits du travail qu'il fallait pour faire
» face à ces charges immenses était en 1848 deux fois plus grande qu'en
» 1810, époque où les prix avaient atteint leur maximum, pour mille
» quartiers de blé, mille tonnes de fer ou mille mètres de drap, qui suf-
» fisaient à défrayer les charges permanentes en 1810, il en fallait juste
» deux mille en 1848.

» Toutes les charges s'allégèrent ensuite et jusqu'en 1873; le pays
» éprouva la sensation d'un homme qui s'est débarrassé d'un écrasant
» fardeau; l'entrain et l'espérance succédèrent au désespoir; les fruits
» de l'industrie furent recueillis par la partie active, non par la fraction
» oisive de la population.

» Qui donc aurait la niaiserie de prétendre que le pays souffrit, parce
» que de 1848 à 1873 la propriété augmenta énormément de valeur?

» Les ouvriers souffraient-ils lorsque les salaires augmentaient de 50
» à 60 pour cent, en même temps que les heures de travail étaient ré-
» duites?

» Marchands et fabricants souffraient-ils alors que leurs bénéfices
» étaient si élevés que leurs capitaux grossissaient à vue d'œil?

» Souffraient-ils les fermiers dont les produits haussèrent après
» l'adoption du libre-échange, grâce à la prospérité extraordinaire de
» nos villes manufacturières? Et les propriétaires fonciers dont les
» loyers augmentaient de 20 à 30 pour cent, souffraient-ils?

» Enfin est-ce que le Trésor National pâtissait, alors que ses recettes
» s'accroissaient de 18 1/2 millions de livres sterling, malgré une abo-
» lition d'impôts se chiffrant par 23 millions?

» Je voudrais bien savoir quelle classe sociale eut à se plaindre, en
» dehors des porteurs d'annuités, des rentiers et d'autres personnes qui
» touchaient des revenus fixes en monnaie? Ceux-ci même recevaient
» une compensation, en ce sens qu'il leur était beaucoup plus facile
» d'entreprendre des commerces lucratifs, si bon leur semblait, et beau-
» coup plus aisé de trouver de l'emploi pour leurs familles. »

(*Discours de* M. SAMUEL SMITH, *membre du Parlement, ex-président de la Chambre de Commerce de Liverpool, à Manchester*, 5 *avril* 1888.)

Les adversaires de l'argent prétendent que l'argent évalué en or a baissé parce que les mines d'argent en produisent avec une trop grande abondance.

Les partisans de l'argent au contraire, répondent

que c'est l'or devenu rare qui a monté de prix, et que c'est pour cette raison qu'on en donne moins pour le même poids d'argent.

Qui pourra dire celui des deux qui a raison ?

Cette discussion rappelle assez les étoiles et le soleil qui étaient reputés tourner autour de la terre, ce qui était relativement vrai en somme, mais à cette seule différence près, cependant, que c'était la terre qui tournait.

L'argent a baissé, mais avec cette différence, que c'est l'or qui a monté.

Quand on se trouve dans un train de chemin de fer immobile qu'on en voit un autre se mouvoir à côté, il arrive que l'on croit voir mouvoir le sien, mais si l'on porte les yeux ailleurs l'erreur n'est plus possible.

Faisons de même pour savoir si c'est l'or qui a haussé, si ce n'est pas au contraire l'argent qui aurait baissé.

Portons les yeux aux Indes, l'argent n'y a pas bougé, il n'a rien perdu de sa valeur : il y achète encore la même chose qu'anciennement, c'est la preuve évidente que l'argent n'a pas baissé de valeur.

Donc l'écart entre l'or et l'argent, chez nous, provient d'une *hausse de l'or*, et non, comme les adversaires de l'argent le veulent faire croire, d'une *dépréciation de ce métal.*

NOTE N° 14

(Voir § 9 : *Il y a des favorisés et des victimes*, page 39.

LES TRAVAILLEURS SOUFFRENT PLUS QUE LES AUTRES CLASSES

Depuis la rareté et la hausse de l'or il y a des classes de notre société qui sont favorisées, d'autres qui sont les victimes.

Les favorisés sont les rentiers ; les victimes sont les travailleurs.

Les notes suivantes viennent à ce propos justifier les affirmations de notre paragraphe 9.

» N° 55. Nous avons constaté plus haut que les plaintes émanent » principalement des classes qui s'occupent plus directement et plus » exclusivement de la production ; et il est hors de doute que des » richesses annuellement créées dans notre pays, il échoit aux patrons » une part proportionnellement moins importante qu'autrefois.

» Aussi la conclusion que nous sommes disposés à formuler est- » elle que la richesse globale du pays commence à se répartir de façon » différente, et que les plaintes qui se font entendre, le sentiment de » malaise qui se manifeste peuvent s'expliquer par les changements » qui se sont produits en ces dernières années dans la répartition » des bénéfices.

» Le fruit du capital et de la direction de l'industrie a diminué ; » l'occupation fournie aux travailleurs est moins considérable et moins » continue, pour le moment du moins, de sorte que là même où le taux des salaires n'a pas baissé, la somme totale d'argent gagnée

» par les travailleurs a été moindre, par suite de l'irrégularité ou » de la diminution du travail. »

(*Commission on Depression of Trade*, final report, p. XV.)

En présence de cette indication donnée par la Commission de la dépression du commerce, la Commission de l'or et de l'argent s'énonce ainsi :

« N° 12. Il semble exister des preuves suffisantes, sur lesquelles nous » reviendrons plus tard, lorsque nous nous occuperons en détail des » diverses questions inscrites dans l'ordre de nos travaux, de l'influence » fâcheuse exercée par la baisse des prix et ses regrettables consé- » quences sur toutes les classes de la population, depuis les manu- » facturiers et producteurs jusqu'aux individus salariés, à l'exception » des personnes jouissant de revenus fixes payables en or ; mais, à notre » avis, c'est la classe des salaires qui est le plus directemest et le plus » immédiatement intéressée à l'adoption de toute mesure capable de » rétablir la stabilité relative de l'étalon de valeur, telle qu'elle se pré- » sentait avant la récente divergence dans la valeur relative des métaux » précieux. »

(*Commission on Gold and Silver*, final report, p. 97, 3e part).

La classe des travailleurs, d'après les six signataires de ce rapport, est la victime directe de la hausse de l'or.

NOTE N° 15

(Voir § 11 : *Pertes pour l'Agriculture et pour l'Industrie*, page 44.)

LES PRIX AUX INDES (ÉVALUÉS EN ARGENT) SONT RESTÉS INVARIABLES, CEUX EN EUROPE (ÉVALUÉS EN OR) ONT BAISSÉ, DONC C'EST L'OR QUI A AUGMENTÉ CHEZ NOUS AUX DÉPENS DE NOTRE AGRICULTURE.

Voici ce que dit Sir Louis Mallet, ancien délégué des Indes à la conférence de 1881, à propos de la puissance d'achat qu'a conservé l'argent aux Indes, prouvant que ce métal n'y a pas baissé comme en Europe :

« N° 17. Les données relatives aux prix calculés en argent sont » beaucoup moins complètes, par suite de l'absence de statistiques ou » d'évaluations sûres, données par des personnages compétents ; mais » elles suffisent, néanmoins, selon nous, à légitimer une conclusion » générale.

» Nous n'avons pu recueillir de témoignages indiquant une hausse de » prix dans les pays à circulation d'argent, et la Commission a dû s'en » rapporter à des déclarations générales, faute de statistiques suffi- » santes et dûment contrôlées. Dans la plupart de ces pays, la situation » monétaire rend la compilation des statistiques malaisée et de valeur » douteuse : mais je pense que l'étendue et l'importance des Indes » anglaises, joint à ce fait, que les Indes jouissant d'un régime moné- » taire sainement basé sur un étalon métallique, peuvent passer pour » lui imprimer un caractère typique, et en faire un champ d'étude utile » sinon concluante.

» J'ai donc cherché, dans les mouvements des prix et des métaux » précieux de cet Empire, des termes de comparaison avec les prix » (calculés en or) des pays occidentaux.

» A cet effet, la Commission a obtenu, tant du « India office » que du » Gouvernement Indien, tous les matériaux disponibles pour se créer » une opinion sur cette question des prix indiens, et elle annexe divers » tableaux à ce rapport.

» L'imperfection de ces matériaux saute aux yeux, et s'explique par » des circonstances bien connues de quiconque est initié à la situation » de l'Inde, de telle sorte qu'il suffit de se reporter aux explications » fournies sous cette rubrique, tant dans les dépositions écrites que » dans les dépositions orales.

» Mais il n'est guère possible de douter que pendant les années qui » ont suivi 1873, il n'y a eu aucun signe de hausse générale des prix » aux Indes, et que malgré une hausse de la main-d'œuvre de premier » ordre, dans quelques provinces distinctes, le niveau général des sa- » laires, tel qu'il ressort des salaires payés pour la main-d'œuvre courante » ne s'est pas élevé.

» M. O' Conor, secrétaire-adjoint du gouvernement indien au dépar- » tement des Finances et du Commerce, a préparé, sur notre demande, » un état du niveau des prix et salaires indiens, de 1861 à 1873, et » de 1874 à 1887. Nous en dégageons les résultats suivants :

» 1° Que, dans l'ensemble, les céréales indiennes ont été à meilleur » marché aux Indes, pendant les sept dernières années, que pendant » les quatorze années qui les ont immédiatement précédées.

» 2° Que le niveau général (et moyen) des prix, pour les 14 années » écoulées de 1874 à 1887, est inférieur, sauf pour ce qui regarde le » blé et le riz, au niveau constaté de 1861 à 1873.

» 3° Que, dans le cas des principaux articles d'exportation : blé, » coton, riz, graine de lin, dont la culture occupe d'immenses étendues » de terrain, il n'y a eu augmentation de prix que pour le riz. Le » blé et le coton ont baissé, la graine de lin est presque stationnaire.

» 4° Que des autres articles d'exportation, la jute et le « shellac,» » accusent seuls une hausse marquée, tandis que le salpêtre, la soie » et le sucre ont fléchi.

» Ces résultats généraux sont, somme toute, d'accord avec les con- » clusions à tirer des relevés fournis par le Bureau des Indes, aussi » bien qu'avec les déclarations de divers autres témoins, les relevés » des quantités d'argent monnayées aux Indes, pendant les années sou- » mises à notre examen, n'attestent en aucune façon, par contre, que la » circulation monétaire ait été augmentée d'une façon anormale.

» Pour nous résumer, il nous a été impossible d'obtenir la preuve

» d'une hausse dans le niveau général des prix aux Indes ou en tout » autre pays à circulation d'argent; au contraire, il semble établi que » pour plusieurs importants articles faisant l'objet de transactions » internationales, il y ait eu baisse des prix calculés en monnaie » blanche.

» Dans les pays à circulation d'or, où l'on ne peut se procurer des » listes et tarifs pour déterminer la marche des prix calculés en » argent, il est nécessaire de convertir les numéros indicateurs des » différents tableaux de prix d'or, en chiffres représentant les prix » d'argent suivant la différence de prix existant entre l'or et l'argent » à la date à laquelle se rapportent ces numéros indicateurs.

» Le résultat de cette comparaison démontre que, depuis 1873 (date » de l'abandon du taux de rapport fixe par l'Union Latine) les prix » calculés en argent ont décliné aussi bien que ceux calculés en or, » bien que plus lentement et dans une proportion infiniment moindre.»

(*Commission on Gold and Silver*, p. 114.)

Voici maintenant ce que pense la *Commission on Gold and Silver* des résultats produits par la baisse de l'argent en Europe et par la conservation de sa puissance d'achat aux Indes.

« N° 17. En ce qui concerne les négociants et fabricants anglais qui » traitent avec les Indes, nous avons déjà indiqué en termes généraux » le processus par lequel leurs intérêts sont frappés.

» Les producteurs tant anglais qu'indiens ont dû se résigner à une » baisse du prix calculé en or, sur le marché anglais; mais comme » ce prix inférieur produit le même nombre de roupies qu'en pro» duisait précédemment le prix supérieur, le producteur indien n'a » pas subi de préjudice, tandis que le producteur anglais en a subi » un, déterminé par les causes que nous avons signalées plus haut.

» Quelle que soit la mesure dans laquelle s'est produit ce phéno» mène, nous estimons que le mouvement d'affaires entre le Royaume » Uni et l'Inde a souffert des récentes perturbations monétaires; mais, » ceci dit, nous doutons que les perturbations dont il s'agit aient » exercé des effets très sensibles (aux Indes), sauf en tant qu'elles » ont entravé le commerce et en ont ralenti l'épanouissement normal » par des incertitudes et un manque de sécurité bien faits pour exercer » une influence défavorable.

» Le grand développement qu'a pris le commerce anglo-indien, » pendant la période soumise à notre étude, est souvent invoqué pour » prouver qu'aucune influence aussi nuisible n'a été à l'œuvre; mais

» nous pensons que ce développement s'explique suffisamment par » d'autres causes, telles que la prospérité relative de l'Inde, le dé» veloppement de son réseau de chemins de fer, l'abolition de ses » droits d'importation, qui, dans la pratique, en ont fait un port » franc, la réduction des frais de transport et les facilités de commu» nication avec l'Europe assurées par le canal de Suez. Nous sommes » également d'avis que, sans ces perturbations monétaires, le com» merce eût pris des proportions encore plus vastes.

» N° 18. Notre attention est ensuite appelée sur les effets exercés » par ces changements sur les intérêts du Royaume Uni.

» Pour ce qui regarde le commerce traité avec les pays à circula» tion d'argent autres que les Indes, nous nous bornerons à constater » que les appréciations que nous avons émises à l'égard des Indes » s'appliquent de façon générale, en tant qu'il s'agit de commerce, » à tous les pays à circulation d'argent; mais nous ferons remarquer » que, contrairement à ce qui s'est passé pour l'Inde, notre commerce » d'importation et notre commerce d'exportation, avec les autres pays » à circulation d'argent, ont décliné pendant ces dernières années.

» Un des côtés de cette diminution générale d'affaires mérite une » mention spéciale, en raison de son influence sur l'industrie manu» facturière du Lancashire.

» Le rapide accroissement des exportations indiennes vers la Chine » et le Japon semble avoir sensiblement enrayé nos exportations de » fils de coton vers ces deux pays. Des faits exposés au § 76 de la » première partie du rapport, il résulte que les exportations indiennes » se sont élevées, de 1876-77 à 1886-87 de 7.900.000 livres (1) à » 91.800.000 livres, soit d'environ 1,058 p. c. et les chiffres de 1887-88 » accusent une augmentation encore plus sensible. D'autre part, les » exportations du Royaume-Uni vers la Chine, Hong-Kong et le Japon, » se sont élevées progressivement, entre les années 1877 et 1881, » de 33.000.000 à 47.400.000 livres ; mais à dater de 1881, elles » sont tombées à 26.900.000 livres jusqu'en 1886, bien qu'elles aient » légèrement rebondi, en 1887, au chiffre de 35.350.000 livres.

» La concurrence des métiers à tisser indiens se fait nécessaire» ment sentir sur les marchés du Royaume-Uni ; et certains faits vien» nent attester que notre commerce avec l'Orient, en fils ordinaires, » nous a été entièrement enlevé.

» Les avantages naturels que recueille l'Inde de ce qu'elle est le » pays producteur de la matière première, et de ce qu'elle est située » à proximité des marchés ouverts au commerce par les pays orien-

(1) Poids.

» taux à circulation d'argent, ces avantages se trouvent ainsi accen-
» tués, par les avantages complémentaires résultant d'un étalon com-
» mun, exémpt des fluctuations auxquelles est sujet le commerce entre
» l'Inde et les pays à circulation d'or.

» Donc la divergence de valeur de l'or et de l'argent constitue,
» en fait, un avantage pour le producteur indien, non seulement
» en tant qu'il produit pour les marchés des pays à circulation d'or,
» mais en tant qu'il dispute aux fabricants de ces pays les marchés
» neutres des pays à circulation d'argent.

» N° 19. Mais c'est, selon nous, sur le commerce du Royaume-Uni
» avec l'étranger et à l'intérieur, et sur la situation industrielle du
» pays, en général, que les récents changements monétaires ont exercé
» les résultats les plus funestes.

» On ne doit point, toutefois, conclure de nos paroles que la crise
» dont notre industrie est atteinte depuis quelques années provient
» exclusivement de ces changements.

» D'autres causes ont sans doute été à l'œuvre ; mais nous pensons
» que les causes monétaires ont également opéré dans une proportion
» considérable. »

(*Commission on Gold and Silver*, 3e partie, final rep. p. 99).

Voici encore, l'avis émis par M. R. L. Everett, représentant de la Chambre de l'Agriculture de l'East Suffolk :

« Telle est la misérable et désolante situation où nous nous trouvons
» actuellement en Angleterre. Il en résulte que la terre produit moins
» que précédement et continuera à produire de moins en moins.

» La raison en est très simple. Nous n'avons qu'une maladie : le prix.

» Rien ne cloche en ce qui concerne les saisons ; notre activité et notre
» habileté de cultivateurs ne sont pas en défaut. C'est le prix qui
» constitue le seul mal. Ce que nous avons à vendre a baissé de valeur,
» et la baisse s'est étendue à toutes les catégories de nos produits.

. . . .

. . . .

» Telle est exactement la situation où nous autres, agriculteurs de la
» Grande Bretagne, nous nous trouvons vis-à-vis de nos concurrents des
» pays à circulation d'argent. Ceux-ci sont en mesure de vendre leurs
» produits avec un rabais de 25 à 30 pour cent, calculé dans notre
» monnaie d'or, et réalisent, néanmoins, les mêmes profits qu'autrefois.

» IL EST CERTAIN QUE LA CULTURE DU BLÉ ET CELLE DE LA TERRE MÊME
» PÉRIRONT, SUR MAINTS POINTS DU TERRITOIRE ANGLAIS, SI CET ÉTAT DE
» CHOSES SE PROLONGE. »

(*Discours prononcé au Congrès à Manchester, 5 avril 1888.*)

NOTE N° 16

(Voir § 12 : *Pertes pour le Commerce extérieur*, page 45.)

LE COMMERCE INTERNATIONAL SE TROUVE RALENTI ET INTERROMPU

La rareté et la hausse de l'or ont affecté les relations commerciales extérieures.

« N° 20. D'après nous, la gravité du mal engendré par les relations » existant entre les métaux précieux vient des faits suivants :

» *a*) De ce que le commerce de l'univers se pratique aujourd'hui sous » deux étalons distincts, au lieu d'un seul étalon, comme autrefois ;

» *b*) De ce que ces deux étalons, divorcés l'un de l'autre, ont perdu » l'importante qualité de la stabilité relative ;

» *c*) De ce que l'effet de ce phénomène sur le commerce a été le renchérissement de l'étalon, renchérissement qui, pour les raisons susmentionnées, nous semble gravement préjudiciable aux classes industrielles » et ouvrières. Sous ce rapport, nous ne sommes pas en mesure d'établir » une distinction quelconque entre le commerce extérieur et le commerce » intérieur du pays ; les maux produits par un étalon en hausse doivent » évidemment s'appliquer également à l'un et à l'autre.

» N° 25. La diminution des bénéfices et salaires, à laquelle nous avons » fait allusion plus haut, nous paraît pleinement confirmée par l'appauvrissement de notre pays, comme acheteur, appauvrissement démontré » par les statistiques de notre commerce extérieur.

» En 1873, la valeur globale des importations et exportations du » Royaume Uni, fut de 21 liv. 4 shelling 1 penny par tête d'habitant. » En 1886, elle n'a été que de 16 livres, 17 shellings.

» Si la baisse des prix avait été uniquement provoquée par la dimi-

« nution du prix de revient et l'excès de production, la consommation, » calculée en monnaie, eût dû, selon nous, rester ce qu'elle était » auparavant ; la valeur totale du commerce eût dû se maintenir. »

(*Commission on Gold and Silver*, p. 100 et 101).

Pour donner une juste idée des troubles profonds que la rareté de l'or peut provoquer dans les relations internationales nous ne pouvons mieux faire que d'exposer ici à titre d'exemple les circonstances dans lesquelles se trouve le commerce avec la République Argentine où la prime sur l'or a atteint 62 pour cent ; le Gouvernement de la Plata, ne sait comment conjurer en ce moment même (27-31 mars 1889) les embarras commerciaux qui en résultent.

Voici la relation empruntée à un journal financier généralement bien informé (*Revue économique et financière*).

« Les dépêches de *Buenos-Ayres* arrivées au commencement de la » semaine annonçaient la fermeture de la Bourse par ordre du gouvernement, qui par cette mesure aurait voulu rendre efficace la défense de » négocier l'or à terme. Depuis, la Bourse a été de nouveau ouverte sans » que l'on sache si une entente est conclue entre le gouvernement et le » représentant de la Bourse. Cependant ces mesures rigoureuses n'ont pas » réussi à faire baisser la prime de l'or, qui s'est au contraire élevée à » 62 1/2 p. c. pour revenir à 59 p. c. La hausse de la prime s'expliquerait » par la diminution de traites disponibles sur l'Europe à la suite de la » récolte médiocre des blés dans plusieurs parties de la République » Argentine. L'exportation de ce pays, se composant notamment de » produits agricoles, s'est ressentie de cet état de choses, le gouvernement s'en est aussi préoccupé et se proposerait de soumettre prochainement diverses mesures économiques au parlement, telles que le » paiement des droits de douanes en or, élévation des droits d'exportation » sur l'or et l'établissement du bi-métallisme comme base de système » monétaire. »

Les prohibitions à la sortie du numéraire n'ont jamais produit d'autre effet que d'en faire hausser le prix, il est trop facile, en effet, de cacher le peu qu'il y a.

On conçoit aisément combien les transactions doivent être rendues difficiles dans de pareilles conditions.

Le grain exporté de ces mêmes pays acquiert par la prime du change 62 pour cent d'avantage à venir se vendre en Europe

NOTE N° 17

(Voir § 13 : *Influence sur les Douanes*, page 47.)

LA DÉMONÉTISATION DE L'ARGENT CONTRARIE LE LIBRE ÉCHANGE

I

La hausse de l'or jette le trouble dans les TARIFS DE DOUANES et explique pourquoi nous voyons en Europe tous les peuples s'éloigner du LIBRE ÉCHANGE et chercher un remède dans les DROITS PROTECTEURS.

« N° 9. Tout changement dans la valeur relative des deux métaux » doit être accompagné d'un changement équivalent dans les prix des » marchandises par lesquels on les mesure.

» Dans la conjoncture actuelle, il s'est produit une baisse dans le prix » de l'argent mesuré par l'or et avec cette baisse a coïncidé une baisse » générale des prix mesurés par l'or dans notre pays, où l'or constitue » l'étalon.

» D'autre part, aux Indes, où, suivant l'appréciation de presque tous » les témoins que nous avons interrogés, la valeur de la roupie, comme » instrument d'achat, est restée intacte, les prix des marchandises, » calculés en argent, sont demeurés, en fait, les mêmes.

» Aucun fait ne vient démontrer que l'argent ait subi un changement » sensible par rapport aux marchandises, bien qu'il ait baissé fortement » par rapport à l'or ; en d'autres termes, le même nombre de roupies » ne peut s'échanger contre la même quantité d'or qu'auparavant, mais, » autant que nous en puissions juger, il procure la même quantité de » marchandises, aux Indes, que précédemment.

» **Il est aisé de se rendre compte de l'effet que doit avoir ce phéno-» mène sur toutes les transactions et tous les paiements s'effectuant**

» entre les deux pays, aussi bien que sur les intérêts des producteurs et
» exportateurs de marchandises dans chacun d'eux.

» On prétend généralement qu'il assure à l'Indien, exportant des marchandises vers l'Angleterre, un avantage sur son concurrent anglais, avantage équivalent à une prime à l'exportation, tandis qu'il occasionne à l'Anglais, exportant des marchandises vers l'Inde, un désavantage équivalent, dit-on, à l'imposition d'un droit sur l'exportation.

» Nous croyons que, sauf les réserves que nous formulerons ci-après, il y a beaucoup de vrai dans l'une et l'autre de ces allégations.

» L'exemple le plus familier, voire le plus simple, que nous puissions citer, pour bien faire saisir notre pensée, peut être puisé dans la démonstration de l'effet produit par le change sur l'exportation du blé des Indes, et sur la situation relative des cultivateurs de blé dans l'un et l'autre pays.

» Si aux époques où le prix du blé calculé en or est de 40 shellings le quarter, la roupie mesurée par l'or vaut 2 shellings, le producteur de blé, aux Indes, recevra 20 roupies pour un quarter de blé.

» Si le prix du blé calculé en or décline alors de 25 p. c. à 30 shellings le quarter, et que le prix de la roupie calculé en or décline de 25 p. c. à 1 shelling 6 pence, le producteur Indien recevra encore 20 roupies pour son quart de blé, et ces roupies lui procureront autant d'articles qu'auparavant, les prix étant restés, en fait, les mêmes aux Indes.

» La situation du cultivateur anglais, par contre, est matériellement modifiée.

» Il ne recevra que 30 shellings au lieu de 2 livres, et à moins que tous les autres prix n'aient baissé dans la même proportion, il se trouvera en perte. Et la mesure précise de sa perte sera la différence qu'il y a entre la valeur actuelle de 30 shellings, comme instrument d'achat, et la valeur qu'avait autrefois 2 liv. sterling.

» Dès lors, si les producteurs anglais et indiens luttaient à armes égales avant la baisse du change, le résultat de ce phénomène sera de réduire considérablement les bénéfices du premier et de laisser le second exactement dans sa situation antérieure. L'Indien peut accepter le prix, plus bas, de 30 shellings le quart, au lieu de 40 shellings, en échange de son blé, sans subir personnellement une perte, et le prix du blé en Angleterre se trouve ainsi indûment déprécié.

» La même conséquence se produit à l'égard des articles qui sont expédiés d'Angleterre aux pays à circulation d'argent, par exemple à l'égard des produits textiles exportés aux Indes, du Lancashire, où l'effet de la baisse du change est également préjudiciable au manufacturier anglais.

« Par exemple, on exporte aux Indes des produits textiles pour
« lesquels l'exportateur anglais doit toucher une somme déterminée,
« mettons 10,000 livres, pour réaliser un bénéfice.

« Quand la roupie vaut 2 shellings, les 10,000 liv. se réalisent par le paiement de 100.000 roupies.

« Quand elle ne vaut plus que 1 sh. 6 pence, il faut 133,333 rou-
« pies pour réaliser cette somme.

« L'importateur indien donnera-t-il ce prix surélevé pour une mar-
« chandise identique à celle qu'il achetait auparavant ?

« Evidemment non, car, nous l'avons vu, les prix sont restés station-
« naires aux Indes, et le fabricant anglais est, en conséquence, obligé
« d'accepter la même somme d'argent qu'auparavant, soit 100,000 rou-
« pies, ce qui équivaut à une forte dépréciation du prix calculé en
« or, soit 7,500 livres, ou bien de ne pas vendre du tout ; et dans
« l'un ou l'autre cas il subit une perte qu'on doit attribuer directe-
« ment à la baisse de l'argent calculé en or.

« Les industries auxquelles la baisse du change a été le plus préju-
« diciable sont naturellement celles qui sont le plus directement en
« rapport avec le commerce opéré entre les pays à circulation d'or
« et les pays à circulation d'argent, tels, par exemple, que les indus-
« tries cotonnières et agricoles du Royaume-Uni.

« Nous ne sommes pas disposés à affirmer — telle n'est pas notre
« opinion, du reste, — que la baisse du change peut équivaloir, de
« façon permanente à une prime à l'exportation pour les Indiens, ou
« à un droit protecteur contre l'importation ; mais il est patent :

« Premièrement, que la perte qu'elle occasionne au producteur, dans
« les pays à circulation d'or, quelle que soit cette perte, doit persister
« jusqu'à ce qu'il se soit produit un ajustement général des prix des
« marchandises, en d'autres termes, jusqu'à ce que les prix et tous
« les éléments de la production aient, en moyenne, baissé dans la
« même proportion.

« Secondement, que la mesure de cette perte est la différence entre la
« valeur, comme instrument d'achat, entre la somme la plus élevée reçue
« pour marchandises avant la baisse et la somme reçue actuellement.

« Troisièmement, que la date d'un ajustement général des prix est
« incertaine, mais sera probablement éloignée et peut-être ajournée à une
« époque indéfinie. »

(*Commission on Gold and Silver*, 3e partie, final report, p. 95.)

Les mêmes commissaires accentuent davantage encore leur opinion à cet égard et déclarent plus formellement que la question monétaire porte un coup redoutable au libre-échange :

« N° 27. Nous désirons également appeler l'attention sur une autre » conséquence qui a découlé de la rupture de l'équilibre bi-métallique et » du trouble apporté aux relations des deux métaux.

» Nous voulons parler du coup porté à la politique du libre-échange » et des tendances réactionnaires en faveur de la protection qui se mani- » festent depuis quelques années et auxquelles, croyons-nous, la cause » en question a grandement contribué.

» Une période d'avilissement des prix est toujours défavorable à l'abo- » lition des restrictions commerciales et des droits protecteurs, et, dans » la conjoncture actuelle, cet avilissement a été aggravé dans les pays à » circulation d'or par les avantages dont ont joui, au point de vue de la » concurrence et dans les conditions exposées au § 9 de ce rapport, les » pays à circulation d'argent. Aussi longtemps que la législation moné- » taire créera et encouragera des conditions inégales de production et » d'échange, il sera difficile d'empêcher les tentatives qui s'accomplissent » pour contre-balancer les effets de cette législation par des tarifs pro- » tecteurs ou équivalents.

» D'autre part, les embarras financiers engendrés dans l'Inde anglaise » doivent soulever, pour des raisons d'équilibre budgétaire, la question » d'un retour au système de droits d'importation aboli avec de si heureux » résultats en 1879 et 1881, et dont on croyait avoir définitivement » déblayé la route du progrès, aux Indes.

» Tout pays engagé dans la voie du libre-échange a particulièrement » et grandement intérêt à écarter, autant qu'il est en son pouvoir, une » cause dont l'effet est de rendre de plus en plus difficile l'abandon du » régime protectionniste par d'autres pays ; il nous semble que l'adoption » internationale d'un étalon de valeur commune est une condition essen- » tielle de la réalisation de cette politique. »

(*Commission on Gold and Silver*, p. 101)

Le lecteur est prié de lire encore au sujet de l'influence de la démonétisation de l'argent sur les douanes et des entraves qu'elle oppose au libre-échange, le dernier *post-scriptum* placé à la fin de cette publication.

C'est une lettre ouverte adressée par M. Emile de Laveleye au Cobden-Club, à Londres, véritable prophétie écrite il y a huit ans.

NOTE N° 18

(Voir § 14 : *Troubles jetés entre l'Angleterre et les Indes*, page 48.)

LES EMBARRAS ANGLO-INDIENS SONT DEVENUS INEXTRICABLES

La perte qui résulte pour le gouvernement des Indes est très bien exposée dans un des discours lu le 17 mai 1881 par sir Louis Mallet à la conférence de Paris.

En voici les traits principaux :

En 1880 la perte sur l'argent n'était pas encore ce qu'elle est aujourd'hui.

Le gouvernement indien avait à payer chaque année 15 millions de livres à Londres et perdait déjà 2 millions de livres annuellement (*50 millions de francs*).

« Le mal continue. L'argent reste toujours fortement déprécié ; et » ceux qui voient dans cette dépréciation un danger pour l'avenir, » comme les gouvernements de la France et des États-Unis, ont cru » qu'il y avait lieu de convoquer une troisième conférence pour trouver » une nouvelle solution.

» Mais il paraît que dans cette enceinte même il y a ceux qui ne » croient pas à l'existence d'un mal, — qui même le nient. S'il n'y a pas » de mal, s'il n'y a rien à remédier, il est certainement oiseux et inutile » de discuter la question des remèdes. Mais comme représentant du » Gouvernement des Indes, je ne puis guère m'associer à cette opinion.

» Non, Messieurs, le Gouvernement que je représente croit qu'il y a

» un mal, un mal très grave pour le présent, encore plus grave pour » l'avenir. Et je demande la permission de vous expliquer en quelques » mots, au point de vue indien, en quoi il consiste.

» Le Gouvernement de l'Inde doit payer à Londres, annuellement, » en or, environ 15 millions sterling. La plus grande partie de cette » charge annuelle est obligatoire et permanente. Tels sont les intérêts » de la dette de l'Inde contractée en livres sterling, et des emprunts » garantis par les chemins de fer et les compagnies d'irrigation (s'élevant » ensemble à environ 7 millions sterling); les pensions et annuités payées » aux agents civils et militaires du gouvernement admis à la retraite » et à leurs familles (environ 2 3/4 millions sterling) ; la partie des » dépenses militaires qui concernent la solde et les rations, et la plupart » des dépenses de la Trésorerie de la métropole. Ces dépenses sont fixées » par des contrats et des obligations d'honneur, et ne peuvent être » réduites à volonté. Toute modification de la valeur normale de la » relation entre l'or et l'argent doit en conséquence exercer une influence » importante sur les finances de l'Empire indien ; et si ce trouble » devait se prolonger pendant un temps assez considérable, il serait du » devoir du gouvernement, soit d'augmenter ses revenus, soit de réduire » ses dépenses, ou bien d'avoir recours en même temps à ces deux » expédients pour rétablir l'équilibre financier.

» Nous avons donc, d'abord, la perte subie par le Gouvernement, » qui n'est pas d'ailleurs de la nature indiquée par M. Pirmez, mais qui » consiste dans ses remises d'argent à l'Angleterre pour liquider ses » dépenses dans la métropole. Dans l'année courante, ces remises seront » d'environ 17 millions de livres sterling ; et la perte qui résulte de la » dépréciation actuelle de l'argent est estimée à plus de 2 millions de » livres sterling, — perte qui a été dépassée dans les années précédentes.

» On peut répondre que ce que le Trésor perd la population le gagne, » et qu'elle pourrait bien supporter une augmentation d'impôts pour » compenser le Gouvernement. Mais il faut reconnaître que celui qui » conseille cette augmentation ignore complètement les conditions dans » lesquelles se trouve le Gouvernement des Indes. Une forte partie de » son revenu ne saurait être augmentée. . . . .

. . . .

» M. Pirmez a dit que régler la valeur relative de l'or et de l'argent » n'est ni dans le droit ni dans le pouvoir du législateur. Mais comment » peut-on soutenir une telle thèse ! *Quant au droit*, comment peut-on » prétendre qu'on ait le droit d'imposer sur la population un seul » métal comme monnaie, quelle que soit la préférence du commerce » pour l'autre ; et qu'on n'a pas le droit de lui permettre la possibilité » de se servir des deux métaux dans une relation fixe, si cela est

» favorable à ses intérêts! *Quant au pouvoir*, est-il admissible qu'on
» puisse donner une valeur arbitraire ou conventionnelle, si vous le
» voulez, à l'or ou à l'argent, et qu'il n'y aurait pas moyen d'établir et
» de régler leur relation?

. . . .

. . . .

» J'espère alors que l'impossibilité où l'Angleterre se trouve de s'as-
» socier à une telle combinaison ne sera pas considérée comme fatale à
» toute tentative de maintenir la valeur de l'argent; car, Messieurs, il
» faut un instant se rendre compte des graves conséquences de l'in-
» succès, si tout effort échoue pour établir une entente à cette occa-
» sion.

» C'est le *statu quo*: le *statu quo*, bon, selon M. Pirmez; mauvais,
» selon moi. Mais bon ou mauvais, est-ce qu'il est possible de compter
» sur le maintien du *statu quo*? N'est-il pas probable que la situation
» s'aggravera de jour en jour, que les nations, qui sont à présent toutes
» disposées à coopérer au maintien de l'argent comme monnaie, se
» trouveraient obligées de prendre leur parti, et de travailler selon
» leurs capacités à l'établissement de l'étalon d'or?

» Quant aux Indes, le grand but des sommités financières aux Indes
» a été d'avoir, s'il est possible, un système monétaire en commun avec
» l'Angleterre.

» L'argent étant impossible à cause du système anglais, il ne leur
» reste que le bi-métallisme ou l'or: et quoique, à présent, la dernière
» solution serait trop difficile, il est certain que si la baisse de l'argent
» continue, et, par suite de nouvelles découvertes d'or, ou quelque
» autre cause, l'occasion venait à se présenter, on ne serait que trop
» disposé à la saisir et à revenir aux propositions de la Commission qui
» a siégé, à Calcutta, dans l'année 1868, et à entrer malgré nous dans la
» lutte qui va s'engager entre les pays du monde pour la possession du
» seul métal qui nous restera comme base solide d'une monnaie inter-
» nationale. »

(Sir Louis Mallet, 17 *mai* 1881).

On lisait dans le *Times* du 27 mai 1886 :

« Les avis télégraphiques qui parviennent des Indes, au moment
» même où nous mettons sous presse, assurent que, dans une grande
» réunion publique convoquée par l'Association bi-métalliste des Indes,
» sous les auspices du Vice-Roi et qui a eu lieu à Simla le 26 mai, Sir
» Auckland Colvin, gouverneur des Indes, a prononcé un discours fai-
» sant ressortir le préjudice causé par la dépréciation de l'argent et a
» conclu à l'adoption du bi-métallisme par l'Angleterre. »

(*Dépêche de Simla*).

Les embarras sont tels aux Indes que de hauts fonctionnaires vont même jusqu'à craindre la faillite, témoin cette déposition faite par M. Evelyn Baring devant la Commission anglaise *on Gold and Silver* :

« N° 7091. M. Birch. — D. — Mais alors nous apportons une grande » quantité de grains des autres contrées. Les Indes ne nous donnent que » 10 p. c. de ce que nous recevons, et elles viennent en concurrence avec » les grains que nous envoient les autres contrées : c'est là une considé- » ration importante ?

» Sir Evelyn Baring, *ministre des finances des Indes*. — R. — Oui ; » si vous admettez en plein pour les besoins de votre argumentation que » la baisse du change a bénéficié en envoyant chez vous des grains qui » n'y seraient pas allés autrement ; mais je prétends qu'il y a des désavan- » tages qui contre-balancent ce bénéfice. En premier lieu il y a l'instabilité » qui occupe une grande importance. *Il n'y a aucune certitude que le* » *Gouvernement des Indes d'ici à deux ou trois ans ne fasse pas ban-* » *queroute dans les présentes conditions.*

» Aussi ne me paraît-il pas possible de séparer complètement les inté- » rêts du Gouvernement de l'Inde de ceux de la population de ce pays. » Le premier et le plus grand intérêt d'une population, considéré dans » son ensemble, est que la position financière de son gouvernement qui » est la garantie du peuple, soit d'une solvabilité absolument assurée. »

. . . .

« N° 7108. M. Chaplin. — D. — D'après ce que je comprends vous » seriez donc d'avis d'adopter le bi-métallisme en ce qui regarde les inté- » rêts indiens ?

» M. Evelyn Baring. — R. — Ceci rentre dans un ordre d'idées dans » lequel je ne croyais pas être interrogé et puisque je le suis je ne vois » aucun inconvénient à y répondre en exposant brièvement mes vues » à cet égard, quoique je doive dire que ce sujet est tellement compliqué » que je ne sais pas si je suis suffisamment préparé à l'examiner. Je » m'occupais de cette question il y a quelques années avec cette idée bien » arrêtée en faveur du mono-métallisme qui faisait que le bi-métallisme » pour moi n'était guère qu'une monnaie inadmissible.

» *Après avoir longtemps étudié la question, j'en arrivais à cette con-* » *clusion que cet argument mono-métallique, qui consiste à dire que* » *l'or et l'argent sont des marchandises, comme du grain et des pois, dont* « *la valeur relative ne peut être réglée par les gouvernements, est abso-* » *lument insoutenable.* Je crois que la théorie du bi-métallisme est une » théorie parfaitement et économiquement saine. Je considérais essen- » tiel de me faire une opinion sur cette théorie du bi-métallisme parce

» que, si je l'avais trouvée mauvaise, comme je trouve mauvaise la théo-
» rie de la protection, je l'aurais immédiatement mise de côté. Je main-
» tiens que le bi-métallisme est parfaitement sain au point de vue de
» l'économie politique. Pour ce qui regarde la mise en pratique je sais
» que c'est extrêmement difficile mais en principe je puis dire que je
» suis bi-métalliste; au point de vue de l'intérêt des Indes, je serais
» fort heureux de voir toute mesure qui rendrait sa stabilité à la
» roupie et je crois que cette question est l'une de celles qui récla-
» ment la plus sérieuse attention du Gouvernement et du Parlement
» de l'Angleterre. »

(*Commission on Gold and Silver*, second report, p. 64.)

La Commission de l'or et de l'argent reconnaît le mal signalé aux Indes.

Elle établit que les obligations indiennes envers la Mère Patrie datant d'un temps où l'or et l'argent étaient en relation fixe et constante, le mal provient de ce qu'elles doivent s'exécuter alors que ce lien de fixité n'existe plus.

« N° 13. Passant ensuite aux effets qu'ont exercés les changements
» exposés par nous sur les différentes affaires et les différents intérêts
» spécifiés dans le programme de nos travaux, nous avons mission,
» tout d'abord, d'examiner la portée de ces changements en ce qui
» concerne les payements du Gouvernement indien.

» Nous avons déjà exprimé notre adhésion aux vues de nos collè-
» gues quant aux difficultés qui se sont produites de ce côté.

» N° 14. Pour ce qui regarde les payements effectués en vertu « de
» contrats anciens et permanents, » il est manifeste que ces contrats,
» s'ils datent d'une époque antérieure à la baisse de l'argent par
» rapport à l'or, deviennent plus onéreux à chaque phase nouvelle
» de la baisse, et que la charge résultant de « contrats nouveaux
» ou courants » augmentera de même manière, si la baisse persiste.

» Dans les deux cas, l'incertitude qui plane sur l'avenir doit être
» le sujet de graves embarras pour le gouvernement, mais il est à
» observer que, dans le cas des contrats nouveaux ou courants, tels
» que les contrats se rapportant à l'achat d'articles de consomma-
» tion, contrats qui ne s'étendent pas sur une longue période, le pré-
» judice occasionné par la baisse est mitigé, mais seulement autant
» que le prix des articles de consommation faisant l'objet des contrats,
» ont baissé autant ou plus que le prix de l'argent calculé en or. »

Elle examine ensuite la position des commerçants indiens et des contribuables :

» N° 16. Nous sommes chargés d'examiner ensuite la situation des » producteurs négociants et contribuables des Indes.

» *a*) Pour ce qui regarde le producteur indien, il bénéficie des phéno» mènes signalés au § 9 de ce rapport et continuera à en bénéficier » jusqu'à ce que tous les éléments de la production dans les pays à » circulation d'or se seront ajustés au nouveau niveau des prix. » D'autre part, le producteur et l'exportateur indiens doivent l'un et » l'autre pâtir de l'incertitude de l'échange avec les pays à circulation » d'or, résultant de variations dans la valeur relative des métaux pré» cieux.

» *b*) La situation du négociant indien ne semble pas avoir été sen» siblement atteinte. En tant que le commerce d'exportation du pays » a été stimulé par les causes auxquelles nous avons fait allusion » plus haut, le négociant a bénéficié de la situation. En tant que le » commerce d'importation peut avoir été entravé par l'influence de » causes similaires dans le sens inverse, il a subi une perte.

» Mais il est hors de doute que, pour lui comme pour le produc» teur, les contantes fluctuations du change doivent avoir introduit » dans les affaires des risques, et des incertitudes qui lui ont été *pro* » *tanto* préjudiciables.

» *c*) Quant à la situation du contribuable indien, il est évident » que la nécessité d'accroître la somme de ses paiements pour s'acquitter » de ses dettes en or oblige le gouvernement à maintenir les impôts » à un niveau dépassant celui qu'ils atteindraient, si la valeur de la » roupie n'avait pas diminué.

» Envisagé isolément, le contribuable est donc victime de la situation. » Il paie plus de roupies qu'il ne le devrait si au lieu de 1 shelling » 4 pence, la roupie valait 1 sh. 10 1/2. Au taux actuel du change, la » charge annuelle imposée aux Indes est équivalente à environ cinq » crores de roupies (1). De cette somme constituant un dixième environ » du revenu total et proprement dit du gouvernement indien, il pour» rait être fait remise, si la roupie avait son ancienne valeur, et le » peuple indien se trouverait ainsi dégrevé d'une lourde charge, ou » encore on la pourrait appliquer au développement des travaux publics, » à l'enseignement, et à d'autres mesures importantes pour l'amélioration » du bien-être général.

» On a quelquefois représenté cette somme comme une perte pour

(1) 1 crore = 100 lacs = 10 millions de roupies.

» le gouvernement, mais non pour le peuple indien. Cette distinction » est, selon nous, insoutenable. En tout pays, la finance est la grosse » affaire du gouvernement. Mais dans aucun, elle n'est aussi impor- » tante qu'aux Indes. Et cependant, nous maintenons aux Indes un » régime monétaire de telle nature qu'à une époque relative de prix » et de commerce croissant, son administration financière se trouve » engagée dans autant de difficultés et d'incertitudes que si elle pour- » suivait une guerre onéreuse.

» D'aucuns affirment, il est vrai, que la perte des Indes est purement » nominale, non réelle. Mais si comme nous le pensons, la divergence » de valeur des métaux précieux est due à la hausse de valeur de l'or, » la perte des Indes est des plus réelle. Car elle a à payer la même » quantité d'or qu'auparavant, alors que cet or vaut davantage.

» Il se trouve, en conséquence, qu'après des efforts réitérés pour » réduire les dépenses le gouvernement indien a dû finir par avoir » recours à de nouveaux impôts, afin de rétablir l'équilibre financier, » et que si la situation tarde à s'améliorer d'une manière ou de » l'autre, à ce point de vue, il deviendra indispensable, pour conjurer » le désordre des finances, d'adopter de nouvelles mesures, qui, d'après » le gouvernement soulèvent de graves objections, au double point » de vue financier et politique.

» Nous regrettons de devoir ajouter que, si grave que soit la situation » financière actuelle du gouvernement indien, nous ne pouvons en- » visager l'avenir qu'avec des inquiétudes encore plus vives.

» Loin de nous l'intention de prédire ce que deviendront, dans l'avenir, » les relations des deux métaux précieux, s'ils restent, comme aujour- » d'hui, sans rapport fixe entre eux ; mais il nous est impossible de » nous dissimuler la possibilité d'une dépréciation nouvelle et continue » de l'argent, d'un renchérissement continu de l'or, et une aggravation » proportionnelle des difficultés dont le gouvernement est assailli. »

(*Gold and Silver Commission*, final report, p. 97 à 99.)

Tous les commissaires sont unanimes à reconnaître que les maux dont souffrent les Indes nécessitent un prompt remède :

« N° 6. Abordant, pour commencer, les maux résultant des fluctuations » du change entre les pays à circulation d'or et les pays à circulation » d'argent, nous adhérons aux vues exprimées par nos collègues au » § 9 : « Tout ce qui entrave la liberté complète des relations com- » merciales entre deux pays, ou impose au commerce un surcroit de » charges, est incontestablement un mal à éviter ou à combattre, s'il est » possible. Si donc il se pouvait trouver un remède capable de réaliser

» ce but, sans nous exposer au risque de désavantages plus graves, il
» ne saurait y avoir deux opinions quant à l'utilité d'appliquer pareil
» remède. »

» Nous indiquons plus loin un remède qui, selon nous, satisfait à
» ces conditions.

» N° 8. Nous partageons également l'appréciation de nos collègues
» quant à la gravité des maux dont souffre le Gouvernement indien et
» qu'ils résument dans les termes suivants (§ 102) :

» Nous n'hésitons pas à exprimer la conviction que les changements
» constatés dans la valeur des métaux précieux occasionnent actuelle-
» ment au Gouvernement de l'Inde des maux et des inconvénients
» graves, qui valent bien qu'on tente d'y remédier, s'il est possible de
» découvrir un remède applicable sans injustice à l'égard d'autres
» intérêts, un remède qui ne provoquerait pas des maux ou inconvé-
» nients également graves. »

Voici une lettre publiée le 3 janvier 1888 dans le *Times*.

Elle émane d'un ancien membre du Parlement, membre de la Chambre d'Agriculture de l'East Suffolk, et expose clairement, en peu de mots, comment, sans profit pour les Indes, l'Angleterre voit ses produits agricoles subir une baisse d'un tiers, ses ouvriers inoccupés et ses terres en friche.

Voici cette lettre :

A l'Éditeur du Times,

« Monsieur,

» MM. Georges Campbell et M. Watney dans les lettres qu'ils vous
» ont adressées, voudraient nous faire croire que la différence de change
» survenue depuis 15 ans sur l'or et l'argent, entre les nations qui
» usent du premier de ces métaux et celles qui usent du second, n'aurait
» eu aucun effet sur les prix de la production en Angleterre.

» Mais examinons les faits.

» Une quantité donnée de produits indiens, qui pouvait, à l'ancien
» taux du change, être vendue ici pour 100 livres sterling, peut
» maintenant être vendue pour 66 livres sterling.

» Pourquoi ?

» Parce que tandis qu'anciennement 100 souverains pouvaient se

» changer en 1000 roupies, maintenant ces 1000 roupies peuvent être » achetées avec 66 souverains.

» L'effet direct de cet état de choses est que le produit indien est » offert sur nos marchés aux 2/3 de son ancien prix exprimé en notre » monnaie; et l'effet qui en résulte est de déprimer le prix de notre » production agricole de 1/3 pour arriver à lui faire concurrence.

» Il n'y a pas moyen d'échapper à cette conclusion; et partout où » les produits indiens iront vers des contrées comme l'Angleterre, la » France, l'Italie ou toutes autres, usant de l'or comme monnaie, un » douloureux cri de détresse sera lancé par tous les producteurs natio- » naux qui se sentent ruinés par cette concurrence que la nature n'avait » pas créée.

» Le cultivateur indien n'en profite pas, car il ne touche seulement » que son ancien prix; le producteur européen se ruine, parce qu'il ne » reçoit plus que les deux tiers du sien.

» Ceci est d'une portée des plus sérieuses.

» Le fermier anglais peut concourir avec le monde entier, mais à » conditions égales et il sait se défendre lui-même, comme il l'a fait » jusqu'au moment où les différences de change sont devenues si pro- » noncées.

» Nous savons faire pousser le grain au même prix que nos aimables » sujets des Indes, mais nous ne recevons pas le même prix, parce » qu'on ne nous paie pas avec la même monnaie. L'Indien reçoit son » ancien prix dans sa monnaie, et celle-ci peut dans son pays lui servir » pour tous ses besoins au même titre qu'anciennement.

» Quant à nous, au contraire, nous recevons un tiers de moins, dans » notre monnaie, et comme nous ne pouvons pas faire que 66 livres » nous donnent les mêmes satisfactions que 100 livres, nous courons » les uns et les autres vers la banqueroute, nos terres ne trouvant plus » à être cultivées.

» Votre obéissant serviteur,

» ROBERT LACEY EVERETT,
(*de la Chambre d'Agriculture de l'East Suffolk,*
ancien membre du Parlement.)

» Rushmere, Ipswich, 31 Décembre 1888. »

NOTE N° 19

(Voir § 15 : *La Question ouvrière*, page 50.)

LES TRAVAILLEURS SONT LES VICTIMES

La démonétisation de l'argent atteint directement l'ouvrier et le travailleur ; elle leur enlève le travail ; voici comment le président de la Chambre de Commerce de Liverpool explique cette action par la baisse des prix des produits européens.

« Ce déclin de la valeur de la roupie milite contre notre commerce » de différentes façons. Deux exemples : Un Indien consigne son blé » chez moi pour être vendu en Angleterre. Il lui coûte dix roupies ; il » envoie sa facture et il me faut lui trouver ses dix roupies qui, le » change étant à deux shellings, font vingt shellings. Or, il faut être » deux pour conclure un marché : acheteur et vendeur.

» Sachant, comme je le sais, que je dois me rapprocher le plus possible de la somme de vingt shellings pour mon ami indien, je me rends » sur le marché et m'efforce de trouver ce que je cherche.

» Je cote mon blé 20 shellings.

» Il arrivera peut-être à mon homme de marchander un peu ; j'insiste » pour obtenir le prix fort et finis par obtenir mes vingt shellings, si » bien que, au taux de deux shellings par roupie, je puis envoyer aux » Indes les dix roupies demandées.

» Mais si la roupie vaut 1 shelling et demi, il me suffit de me faire payer » le blé 16 shellings pour envoyer à mon ami indien ses dix roupies.

» Que fait le cultivateur de blé anglais ?

» Il est obligé de baisser son prix au niveau de mon prix de vente.

» Si le prix de la roupie descend à 1 shelling 4 pence, il me suffira de » me faire payer un prix inférieur encore et mes concurrents, les agri- » culteurs anglais, devront faire le même rabais que moi ou cesser de » faire des affaires.

» Les exemples que je donne à propos du blé peuvent s'appliquer à » bien d'autres articles. Il suffit, toutefois, d'avoir démontré que la » baisse du change a directement pour effet de réduire chez nous le » prix des articles de consommation.

» Si, par exemple, au lieu d'envoyer aux Indes 15 ou 12 shellings en » argent, je vais à Manchester acheter des pièces de tissus, qu'arrive-t-il? » J'apporte 15 ou 12 shellings, au lieu de 20, et dis au marchand de » Manchester : « Il me faut des tissus à tel prix. » — « Vous plaisan- » tez » me répond-il, « je ne puis vous les livrer à ces conditions. » — » Alors moi ; « je n'ai pas d'avantage à vous offrir. Si vous ne pouvez » me vendre à ce prix-là, il m'est impossible d'acheter. » Or, il y a d'au- » tres vendeurs, et tous les autres acheteurs pour l'Inde se trouvent » dans la même situation que moi. Qu'en résulte-t-il ? Ceci : le mar- » chand de Manchester est obligé de me céder sa marchandise à mon » prix et d'imposer, à son tour, le même rabais au fabricant. »

(*Discours de* M. Coke, *Président de la Chambre de Commerce de Liverpool, à Manchester*, 5 *avril* 1888.)

Au paragraphe 15 (p. 48) de ce travail nous avons recommandé à nos lecteurs le passage suivant d'un discours prononcé par un membre du Parlement d'Angleterre qui décrit admirablement la chaîne qui relie la baisse des prix aux malheurs du travailleur. Voici ce passage :

« Je désire appeler votre attention sur le cas que vous a cité M. Coke.

» Il a parlé de science personnelle, d'après l'expérience qu'il a acquise » dans ses propres affaires. Il nous a signalé comment, grâce à la baisse » de la roupie, il avait pu vendre à Liverpool pour dix roupies de blé » au prix de quinze shellings, au lieu de 1 livre sterling, prix auquel il » avait été obligé de le vendre jusque-là pour pouvoir rembourser dix » roupies au consignataire indien.

» Il nous a alors démontré que le cultivateur de blé en Angleterre, » était, naturellement, obligé de réduire son prix à la même valeur.

» Puis il a constaté qu'il s'était rendu, avec ses 15 shellings, auprès » du marchand de Manchester, et lui avait dit : « Il me faut pour dix » roupies d'articles en coton, mais en calculant la roupie à l'ancien » taux, c'est-à-dire à 2 shellings. » Et, comme il le raconte, le marchand

» a été obligé d'accepter ce prix réduit, sous peine de voir l'affaire lui » échapper. C'est à ce point de son récit que M. Coke était arrivé. » Je vais pousser l'exemple un peu plus loin.

» Que fait le marchand de Manchester ?

» Il mande auprès de lui, le filateur, le fabricant, peut-être même » l'infortuné blanchisseur, leur expose son cas et exerce sur eux la » pression qui vient d'être exercée sur lui.

» Ces malheureux rentrent chez eux et se mettent à examiner com- » ment ils pourront produire la marchandise de façon à faire leurs » frais — à un « come in price, » comme on dit à Manchester. Ils » jettent les yeux autour d'eux pour voir à qui ils pourront, à leur tour, » appliquer l'étau dans lequel ils sont pris.

» Et ils l'appliquent à l'homme qui les approvisionne de charbon, » lequel en fait autant, de son côté, vis-à-vis du propriétaire de houil- » lère qui extrait le combustible. Les fabricants exigent également un » rabais de ceux qui leur fournissent d'autres articles : machines, huiles, » produits chimiques et bien d'autres produits encore.

» Cela fait, il ne leur reste plus qu'à s'en prendre à qui ? Au pauvre » ouvrier Il leur en coûte de le faire, mais ils y sont bien forcés.

» Et à qui le pauvre ouvrier va-t-il appliquer l'étau, lui ? A lui-même, » et à sa famille, car l'étau ne peut plus se transmettre; l'ouvrier ne » trouve plus personne sur qui économiser.

» Je tiens surtout à faire bien comprendre que si, par la suite de » résistance collective des ouvriers à l'abaissement des salaires, le » patron n'arrive pas à leur appliquer l'étau, il réussit parfois à pour- » suivre, pendant quelque temps, son industrie à perte, jusqu'à ce que » son banquier le fasse appeler, et lui applique l'étau à lui-même, après » quoi il n'a plus qu'à fermer boutique.

» Le patron devient, désormais, l'ouvrier !

» Il devient ouvrier sans travail, voire même indigent, et applique, » par conséquent, l'étau aux bureaux de bienfaisance, c'est-à-dire à » l'ensemble des contribuables. Vous voyez que le mal se transmet » du haut en bas de l'échelle. »

(*Discours de* M. HARDCASTLE,
Membre du Parlement anglais, à Manchester,
5 *avril* 1888.)

La question de l'argent envisagée dans ses rapports avec les moyens d'existence de la classe ouvrière a été traitée en Angleterre d'une façon magistrale par M. Fielden, voici ce qu'il en dit :

» Le sujet que j'ai à traiter comporte une ou deux expositions » de faits et deux ou trois propositions assez complexes. Je vous les » soumets dans l'ordre que voici :

» 1° De grands changements ont été effectués aux environs des années 1873-74, dans l'emploi de l'argent comme monnaie légale;

» 2° Depuis 1874, les articles de consommation ont subi une baisse » générale, ainsi que la valeur de la propriété bâtie et de la propriété » foncière;

» 3° Cette baisse de prix, en raison de son caractère et de son » origine, a gravement et fâcheusement influé sur les intérêts de ceux » qui dirigent les opérations agricoles, minières, industrielles et » commerciales, ainsi que sur les intérêts des ouvriers employés aux » dites opérations, et en tant que leurs intérêts se trouvent engagés. » La baisse de prix a atteint les intérêts des ouvriers de la manière » suivante :

» *a*) En faisant baisser le salaire nominal et le salaire effectif;

» *b*) En empêchant les ouvriers d'être complètement ou régulière- » ment employés;

» *c*) En augmentant de façon considérable le nombre des ouvriers » sans travail même si l'on n'applique ce terme qu'aux individus qui » avaient précédemment travaillé.

» *d*) En enrayant la marche progressive de nos industries produc- » trices, et en rendant par suite plus difficile le placement des enfants » arrivés à l'âge du travail, et plus lourdes les charges des familles » ouvrières;

» 4° Bien que la baisse des prix ait diminué le coût de l'existence » pour nos ouvriers, la proportion de l'économie n'est nullement équi- » valente à celle des pertes qu'ils subissent par suite des causes susmen- » tionnées.

» Ces prémisses comprennent, je crois, les termes du sujet que j'ai » à traiter.

» La démonétisation de l'argent par l'Allemagne et d'autres pays, » la suspension du libre monnayage par la France et les autres mem- » bres de l'Union Latine, sont des faits qui ne souffrent pas la dis- » cussion. . . . .

. . . .

» Vient ensuite la question des salaires. L'industrie agricole prime » de beaucoup toutes nos autres industries et occupe environ les neuf » dixièmes de nos ouvriers, non compris la classe des domestiques.

» Je causais, la semaine dernière, avec un fermier de Westmorland, » très intelligent et qui avait été chargé par ses collègues d'établir » en moyenne et de calculer la baisse, subie par leurs produits, afin

» d'obtenir une réduction de loyers. « La baisse, m'a-t-il dit, a atteint » 32 p. c. en douze ans; mais nous avons réduit de 30 p. c. les » salaires de nos manouvriers. Que la sympathie est étroite entre » salaires et prix! Une baisse égale s'est produite dans nombre de » nos comtés et a eu pour victimes une classe de travailleurs qui » était déjà notoirement mal payée avant la crise.

» Nos ouvriers mineurs sont au nombre de près de cinq cent mille et » ils ont vu leurs salaires diminuer de 50 p. c., voire même de 57 1/2 p.c., » depuis 1874. Je conviens que leurs salaires étaient exceptionnellement » élevés précédemment; mais on doit convenir aussi qu'ils sont, à cette » heure, exceptionnellement maigres et misérables. La perte de salaires » essuyée par les seuls mineurs s'élève au moins à quatorze millions » de livres sterling par an (350,000,000 fr.), si on les compare aux » chiffres de 1874.

» L'industrie cotonnière emploie, dans ses fabriques, 570,000 per» sonnes. Elles ont subi, en moyenne, une réduction de salaires de » 15 pour cent. Mais ce mal a été atténué par un outillage perfectionné, » etc., de sorte que la réduction n'a plus été que de 7 ou 8 pour cent.

» L'industrie de la mécanique, de la construction maritime, a égale» ment subi des réductions; des mécaniciens habiles ne gagnent » guère plus désormais que les gens qui travaillent avec une pique.

» Le groupe d'industries dénommé: « industrie du bâtiment, » qui » occupe près d'un million de travailleurs, a subi une réduction d'un » penny par heure, soit quatorze pour cent et, dans certaines localités, » ce chiffre est même dépassé.

» Les industries que je viens de passer en revue embrassent la majeure » partie de notre vaste armée d'ouvriers employés comme producteurs, » soit plus de quatre millions d'hommes, et le préjudice qui leur a été » causé par la baisse des salaires s'aggrave encore, du moment où l'on » fait le dénombrement des gens occupés. *On peut considérer les réduc» tions de salaires comme l'expression la plus visible d'une diminution de » l'occupation fournie.*

» Les méthodes par lesquelles on mesure généralement, dans notre » pays, la quantité d'occupation fournie, les bilans de caisses d'épargne, » les statistiques du paupérisme, celles des importations et des exporta» tions, sont, à bien des égards, tout à fait décevantes.

. . . .

» Le cri de douleur des ouvriers sans travail s'est fait entendre suc» cessivement chaque hiver, depuis plusieurs années, dans nos grandes » cités, dans nos ports de mer, dans tous nos centres. Ce n'est pas en » signalant les statistiques du paupérisme et les bilans des caisses » d'épargne qu'on étouffera ce cri ou qu'on le fera cesser. Je puis dé-

» montrer qu'il est inspiré par de profondes souffrances, et je préviens » nos hommes d'État que ce cri est tout bonnement l'avant-coureur » d'un prochain orage, à moins que nous ne supprimions les causes » qui entravent le développement de notre commerce et de notre indus- » trie.

. . . .

» Or, comme les *trades unions* disposent, pour fournir du travail aux » oisifs, de moyens que ne possèdent pas les ouvriers qui ne font pas » partie de ces sociétés, on peut à bon droit admettre ces dix sociétés, » différentes comme base pour l'évaluation du nombre total d'ouvriers » sans travail. Et par ce moyen on arrive à un chiffre d'au moins » 700,000 artisans inoccupés.

. . . .

» J'évalue à 50,000,000 livres sterling par an (1 1/4 *milliards de fr.*), » la perte résultant des diminutions de salaires et de l'irrégularité du » travail fourni à quantité d'ouvriers qui passent pour être occupés; et » à 35,000,000 livres sterling (875 *millions de fr.*), la perte essuyée par » les ouvriers absolument privés de tout travail quelconque.

. . . .

» La conclusion à tirer de tous ces symptômes, c'est que cette longue » crise économique est due presque entièrement à des causes moné- » taires.

» La crise a commencé avec ces causes et a persisté avec elles. »

(*Discours de* M. J. C. Fielden, *à Manchester, le 5 avril* 1888.) (1)

Ces sinistres symptômes sont constatés par l'unanimité des membres de la *Gold and Silver Commission*, dans les termes qui suivent :

» N° 57. On déduit d'autres preuves de la baisse de prix qu'ont subie » plusieurs espèces de main-d'œuvre.

» On constate qu'une baisse importante et générale s'est produite dans » le taux des salaires payés aux ouvriers agricoles, et une baisse un peu » moins notable dans les salaires payés aux ouvriers industriels des » centres manufacturiers ; que là même où le taux des salaires s'est » passablement maintenu, le travail fourni aux ouvriers a été plus rare » et plus irrégulier, et que les grèves contre des réductions de salaires » sont devenues plus fréquentes, attestant l'aggravation des difficultés » existant sur le marché du travail; qu'après avoir fait la part des

(1) Ce discours est reproduit in-extenso dans mon *Étude sur la crise agricole, commerciale et ouvrière, et ses causes monétaires en Angleterre*, publiée en 1888, p. LXXIX.
A. A.

« lacunes de la statistique, concernant les salaires et des causes spéciales « qui ont influé sur les salaires dans certaines branches du commerce, il « subsiste encore assez de preuves à l'appui de cette thèse : qu'une baisse « générale de salaires s'effectue, qu'elle n'a probablement pas encore « atteint sa limite, et qu'il ne se dessine pas d'influences susceptibles de « prévenir la baisse ou de la neutraliser. »

(*Gold and Silver Commission*, final report, p. 20.)

« Ceux que l'on doit considérer comme les représentants de la pro- « duction nationale se plaignent de la diminution et même de l'absence « de profit de leurs industries respectives.

« C'est cette classe et plus spécialement celle des ouvriers qui for- « mulent des plaintes.

« D'un autre côté, les autres classes de la population qui vivent de « revenus extérieurs ou de biens qui n'ont pas de relations directes avec « l'industrie, paraissent avoir bien moins sujet de se plaindre ; tout au « contraire, elles ont profité des prix remarquablement bas de beaucoup « de marchandises. »

(*Depression of Trade and Industry Commission*, final report, p. XI.)

A l'appui de ces appréciations l'on constate que le revenu imposable de l'Angleterre (*income-tax*) qui augmentait chaque année jusqu'en 1873, s'est subitement arrêté dans sa progression normale.

« N° 55. On appelle également l'attention sur le caractère stationnaire « du rendement de l'impôt sur le revenu depuis l'année 1873.

« Le montant brut de la propriété coté par tête d'habitant, a été comme « suit de 1860 à 1887.

Années finissant le 1er avril	Montant brut de la propriété et des bénéfices imposés par tête d'habitant
1860	11 livres 6 schelling.
1865	13 » 4 »
1870	14 » 4 »
1875	17 » 6 »
1880	16 » 9 »
1885	17 » 5 »
1887	17 » 1 »

« La production ayant rapidement augmenté, pendant la période sus-

» indiquée, on soutient que le revenu imposable par tête d'habitant aurait
» dû augmenter dans une proportion à peu près équivalente. »

(*Gold and Silver Commission*, final report, p. 18-19.)

« N° 22. Les témoignages tirés des états relatifs du rendement de
» l'*income-tax* (§ 55 de la première partie du rapport) abondent dans le
» même sens. En dépit d'un fort accroissement de la population et de la
» production de la plupart des articles de consommation, les bénéfices
» dont la constatation relève du percepteur d'impôts ne sont guère plus
» importants qu'il y a quinze ans et, phénomène plus grave, le train dont
» ils augmentent s'est sensiblement ralenti.

» De 1874 à 1886, le montant brut de la propriété et des bénéfices
» atteints par l'impôt sur le revenu n'a pas tout à fait augmenté de 15
» pour cent. Pendant les douze années antérieures (1862 à 1874) l'aug-
» mentation avait été de 54 pour cent. »

(*Gold and Silver Commission*, final report, p. 100.)

Nous pouvons extraire à ce propos, du chap. III de notre publication (Étude sur la crise agricole, commerciale et ouvrière et ses causes monétaires en Angleterre) les preuves suivantes, que les causes de la crise actuelle sont les mêmes que celles qui ont amené les révolutions et soulevé les QUESTIONS SOCIALES en 1848.

Voici quelques extraits de ce que nous écrivions :

« Nous l'avons déjà fait remarquer ailleurs (1), ce n'est pas la première
» fois qu'un amoindrissement de la quantité monétaire circulant dans
» le monde, a produit une crise.

» De 1810 à 1848, les mines d'or et d'argent avaient ralenti leur pro-
» duction et n'avaient pas suffi au grand développement des affaires.
» La cause était alors naturelle elle était bien moins puissante que celle
» qui agit aujourd'hui, mais elle a suffi, à développer une baisse des prix
» constante et une crise, semblable à la crise actuelle. C'est cette crise
» qui a fini par développer le mouvement social et qui s'est terminée,
» par ces révolutions de 1848 dont l'histoire a conservé le souvenir.

» Il y eut, à cette époque, non seulement en Angleterre mais en France,
» comme dans le monde entier, plus de privations, plus de méconte-
» ments qu'en aucun autre temps.

» D'où venait ce malaise général, si semblable à celui dont nous souf-

(1) *Discours sur la Crise Agricole et Manufacturière*, pages 49 à 52, publié en mai 1886

» frons aujourd'hui ? C'étaient alors les mêmes causes qui produisaient » les mêmes effets.

» De 1810 à 1848, un ralentissement très sensible s'était produit dans » le rendement des mines d'or et d'argent, et la masse de monnaies d'or et » d'argent ne croissant plus avec toute l'intensité nécessaire et désirable, » — (bien que composées alors de deux métaux,) — était devenue in» suffisante pour les besoins des échanges qui avaient grandi dans de » bien plus fortes proportions.

» Les applications de la vapeur venaient, en effet, d'être découvertes ; la » voile disparaissait de l'Océan ; Stephenson suscitait les plus immenses » révolutions dont l'humanité ait jamais été témoin.

» A ce double titre, l'équilibre des prix se trouva rompu ; d'une part, » la quantité des échanges s'était développée et, d'autre part, la produc» tion des mines s'était ralentie.

» Or, qu'advint-il à cette époque ? Il se produisit exactement ce qui se » constate aujourd'hui.

» Une baisse lente et progressive de tous les prix s'empara du monde.— » La monnaie, devenue rare, comme aujourd'hui, monta de 49 pour cent » entre 1809 et 1840, et tous les prix baissèrent en moyenne, dans la » même proportion de 49 pour cent.

» Une baisse de prix aussi forte et aussi continue devait inévitablement » amener de funestes effets ; une semblable rupture d'équilibre devait » amener une CRISE intense, la RUINE de l'industrie et la MISÈRE de l'ou» vrier.

» Ce ralentissement des échanges se fit ressentir alors, comme aujour» d'hui, dans l'univers entier.

» Dès 1843, Sir Robert Peel voyait grandir en Angleterre la misère des » classes inférieures ; il établissait l'*Income tax* et la Reine se trouvait en » butte aux plus coupables attentats contre sa personne.

» En 1844 la même question agitait la France et partout, dans le » monde entier, comme actuellement, une sourde excitation soulevait » les classes ouvrières.

» Que parlons-nous de la classe des ouvriers, quand les plus grands » noms se trouvaient mêlés à la tourmente !

» Le 17 janvier 1848 M. Thiers faisait, en pleine Chambre, sa mémora» ble déclaration de radicalisme (1) !

(1) « Mais entendez bien mon sentiment : je suis du parti de la Révolution, tant » en France qu'en Europe . . . . » quand le Gouvernement passera dans les mains d'hommes moins modérés que » moi et mes amis, dans les mains des hommes ardents, fût-ce des radicaux, je » n'abandonnerai pas ma cause pour cela ; je serai toujours du parti de la Révo» lution. »

» Dès le 26 mars 1848 M. Rouher, qui plus tard devait occuper une si
» importante place dans les annales de l'Empire, faisait sa célèbre pro-
» fession de foi républicaine (1).

» Il n'en reste pas moins vrai qu'en 1848 les nouveaux disciples de
» Zoroastre encensaient l'astre naissant, fêtaient la République, flat-
» taient la force populaire, et, sous l'empire de la peur, peut-être bien,
» souriaient au peuple qui réclamait du pain!

» Les ouvriers, trompés par les fausses théories de Louis Blanc et
» de ses acolytes, réclamaient le droit au travail, comme s'il pouvait
» appartenir à l'État de résoudre les problèmes posés entre ceux qui
» font travailler et ceux qui travaillent.

» La Révolution éclatait le 24 février 1848 et le 5 mars le suffrage
» universel était établi en France; le 10 décembre suivant il acclamait
» comme président de la République, Louis-Bonaparte (par 5 1/2 mil-
» lions de suffrages sur 7).

» Ce mouvement révolutionnaire était-il dû aux fautes du Gouverne-
» ment de Louis-Philippe? Qui pourrait le prétendre? Comment même
» le supposer, alors que la Révolution sévissait non pas seulement en
» France, mais qu'elle grondait partout à la fois et qu'elle se présentait
» surtout avec ce même caractère d'universalité que la baisse des prix
» et que la crise que nous subissons aujourd'hui.

» Sans parler ici des tentatives insurrectionnelles en Belgique et en
» Savoie, peut-on attribuer aux fautes du seul Gouvernement français,
» tout ce qui s'est passé en Europe; l'Italie se soulevait ainsi que toute
» l'Allemagne, Berlin avait sa révolution, Vienne en avait deux (le 13
» mars et le 15 mai); partout on voyait les princes lâcher pied et abdi-
» quer devant les peuples, — en leur donnant toutes les libertés qu'ils
» exigeaient d'eux.

» Dans l'univers entier la même influence régnait, le même vent
» avait soufflé.

» Tout était remis en question, jusque la propriété elle-même; —
» elle n'était plus qu'un vol; — le droit d'hérédité était une chimère.

(1) Il s'exprimait ainsi :

« *La Révolution du 24 février est tout à la fois politique et sociale.*

» Il suffit d'avoir écouté un instant la voix du peuple pour proclamer la *sup-*
» *pression immédiate d'impôts vexatoires plus particulièrement onéreux à la classe*
» *ouvrière.*

» Mes sympathies demeurent acquises à une République forte qui comprenne et
» applique toutes les sublimités chrétiennes de sa devise : *Liberté, Égalité, Frater-*
» *nité.*

« Eugène ROUHER,
avocat près de la Cour d'appel de Riom. »

« Riom, le 26 mars 1848.

» La propriété, il faut bien le reconnaitre, porte en somme dans son » sein le principe du progrès, et de la vie, là où elle décroit nous pou- » vons affirmer que c'est la mort qui gagne du terrain.

» Or, la propriété décroit partout, dans l'univers en ce moment.

» Le droit au travail déclare aujourd'hui, tout comme jadis, la » guerre au capital, la guerre aux machines qui produisent DES MAR- » CHANDISES EN EXCÈS; remarquons à ce propos que la CRISE D'ABONDANCE » est loin d'être une idée aussi nouvelle qu'auraient voulu le laisser » croire les inventeurs modernes; ce paradoxe est déjà bien vieux, » puisqu'il hantait tous les carrefours en 1848 et qu'il servait à cette » époque, comme aujourd'hui, d'encouragement aux travailleurs contre » les capitalistes.

» La chimère du jour en 1848, était, comme aujourd'hui, d'enrichir » toutes les classes de la Société aux dépens les unes des autres. — La » QUESTION dite SOCIALE : *la lutte entre le capital et le travail*, était » soulevée ; — la spoliation s'organisait en loi.

» On croit, assez généralement, que le remède à ces écarts révolu- » tionnaires se trouva dans la simple restauration de l'Empire en 1852 ; » mais, nous ne pouvons penser qu'il aurait pu suffire de l'établissement » de l'Empire EN FRANCE pour ramener la paix ainsi que le bien-être, » dans le MONDE ENTIER.

» Cependant, à partir de ce moment une ère de prospérité, d'abon- » dance, de richesse, succéda partout à la pauvreté, à la misère, à la » crise de 1848.

» Un fait important venait de se produire.

» Précisément au moment où l'Empire s'installait sur le trône de » France, la Californie et l'Australie inondaient l'humanité de leurs » flots d'or, à ce point qu'en moins de dix ans la quantité de monnaie du » monde avait été doublée ; tous les prix étaient remontés à leur ancien » niveau, rendant l'espoir et le courage au producteur, l'esprit d'entre- » prise au négociant, le travail à l'ouvrier, à tous la prospérité et » l'aisance. Cette ère de grand bien-être se perpétua jusqu'en 1873, » date néfaste à laquelle les gouvernements, par un trait de plume, » diminuèrent de moitié la monnaie servant aux échanges, en démoné- » tisant l'argent, mesure par laquelle ils rappelèrent sur nos têtes tous » les maux, tous les dangers et tous les périls dont nous avions été » menacés de 1810 à 1848. »

» Pour ramener aujourd'hui l'ancienne situation si prospère, il nous » faudrait une nouvelle Californie et une nouvelle Australie ! Mais où » les trouver ?

» Nous les avons sous la main !

» Nous avons, en 1873, soustrait 20 milliards d'argent à la circulation

» monétaire du monde, par des traits d'encre sur du papier blanc
» Déchirons ces papiers, annulons ces mauvaises lois, rendons les mon
» naies d'argent aux échanges de l'univers et nous aurons ramené le
» mêmes bienfaits que ceux produits par la Californie et par l'Australi
» en 1850.

» Il est surtout évident que la crise pèse plus lourdement sur le travail
» leur que sur tout autre membre de notre ordre social, et qu'à ce propo
» nous avons lieu d'avoir aujourd'hui, quant aux tendances révolution
» naires, les mêmes appréhensions qu'en 1848.

» Nous conseillons à tous les hommes d'État de tous les pays d
» méditer sérieusement cette sinistre et menaçante prédiction et de s
» rendre compte que LES QUESTIONS SOCIALES SE PRÉSENTENT A NOU
» SOUS DES APPARENCES QUI NE SONT RIEN MOINS QUE RASSURANTES !

NOTE N° 20

(Voir § 17 : *Remède proposé*, page 52.)

LE REMÈDE QUI APPARAIT EN ANGLETERRE SERAIT LE RÉTABLISSEMENT DU BI-MÉTALLISME INTERNATIONAL

Quel est le remède entrevu en Angleterre ? Il nous paraît ressortir des deux extraits suivants du rapport final de la Gold and Silver Commission :

Le premier (N° 107) est dû aux commissaires conseillant à l'Angleterre de s'abstenir, mais qui reconnaissent néanmoins l'avantage du bi-métallisme.

Le second (N° 30) est dû à l'autre moitié, de telle façon qu'en les rapprochant leurs opinions conformes forment l'unanimité de la commission.

« N° 107. Le premier pas à faire vers la solution du problème » que nous nous proposons de résoudre, est de déterminer cette » question subsidiaire. Une combinaison bi-métallique existait-elle et » maintiendrait-elle un rapport stable entre l'argent et l'or ?

» Nous avons déjà si abondamment exposé les appréciations formulées en opposition à ce point de vue, qu'il nous suffira, sans les » examiner par le menu, de formuler les conclusions auxquelles nous » avons nous-mêmes abouti.

» Nous estimons que, étant données toutes les circonstances qu'on » puisse raisonnablement prévoir pour l'avenir, et en tant qu'on puisse » les prévoir d'après l'expérience du passé, *un rapport stable arriverait à être maintenu, si les nations auxquelles nous avons fait* » *allusion acceptaient le bi-métallisme au taux du rapport proposé*,

» *et y adhéraient fidèlement. Nous estimons que si dans tous ces » pays, l'or et l'argent pouvaient être librement monnayés et devenaient » ainsi échangeables contre les marchandises au taux du rapport fixé, » la valeur marchande de l'argent, en tant qu'elle est mesurée par » l'or, se conformerait à ce taux et ne varierait pas dans des pro- » portions sensibles.*

» Inutile de motiver en détail cette manière de voir, puisque nos » raisons découlent de ce que nous avons déjà constaté, en discutant » les causes de la divergence qui s'est produite entre les deux métaux » et résultent, suivant nous, aussi bien d'un raisonnement *a priori* » que de l'expérience fournie par la première moitié de ce siècle. »

(p. 85.)

» N° 30. Il nous semble impossible d'attribuer le concours de ces » deux événements à une coïncidence purement fortuite. Elles doivent, » à notre sens être envisagées comme ayant entre elles le rapport » de cause à effet.

» Nous ne doutons donc pas que si le régime en vigueur avant 1873, » était rétabli dans son intégrité, la plupart des maux que nous avons » signalés plus haut seraient écartés ; et le remède que nous avons à » suggérer est simplement le retour à un régime qui existait antérieu- » rement aux changements ci-dessus indiqués ; à un régime, enfin, sous » lequel les deux métaux étaient librement convertis en monnaie » d'étalon légal à un taux de rapport fixe, dans une zone suffisamment » étendue.

» Encore que ce régime ne fût en vigueur que dans un périmètre » restreint, ses effets se firent sentir dans tous les pays commerçants, » quel que fût leur système monétaire particulier, et la valeur relative » des deux métaux sur tous les marchés du monde devint, en fait, » identique à celle que déterminait la législation des pays de l'Union » Latine.

» Pour ce qui regarde la possibilité de maintenir à l'avenir un pareil » régime, il nous suffira de nous référer aux conclusions formulées » par nos collègues au § 107 de la 2e partie, et auxquelles nous nous » rallions pleinement, à savoir que « dans toute situation qu'on puisse » logiquement prévoir pour l'avenir, et qu'on puisse préjuger l'avenir » par l'expérience du passé, un étalon stable pourrait être maintenu » si les nations, dont nous avons parlé adhéraient aux taux de rapport » proposé et y demeuraient scrupuleusement fidèles. Nous pensons que » si, dans tous ces pays, l'or et l'argent pouvaient être librement mon- » nayés et s'échanger ainsi entre des marchandises aux taux de rapport » fixé, la valeur marchande de l'argent calculée en or se conformerait » à ce taux de rapport, et ne varierait pas de façon sensible.

» Nous adhérons aussi, de façon générale, aux opinions émises par » nos collègues aux §§ 109 et 110 quant à la mesure dans laquelle » pareil régime, s'il était adopté et maintenu, remédierait aux maux » dont on se plaint, et nous désirons appeler l'attention sur les avan- » tages complémentaires signalés aux §§ 111 et 119 et qui découleraient » de l'adoption d'un régime bi-métallique international. » (p. 102.)

Une moitié des commissaires se déclare opposée à un changement monétaire en Angleterre, bien qu'étant d'accord cependant sur l'utilité d'une future combinaison internationale; elle conclut au *statu quo* dans les termes suivants :

» N° 138. Bien que nous ne puissions recommander ce que l'on désigne » communément sous le nom de bi-métallisme, tenons nous à ce qu'il » soit bien entendu que *nous sommes tout à fait sensibles aux imper-* » *fections des étalons de valeur qui, non seulement varient, mais encore* » *varient indépendamment l'un de l'autre ; et nous ne repoussons pas* » *l'éventualité de futures combinaisons internationales, destinées à* » *restreindre ces fluctuations.*

» *Un étalon de valeur uniforme pour tous les pays commerciaux* » *serait probablement fort avantageux, comme l'uniformité de mon-* » *nayage ou des étalons de poids et mesure.* Mais nous estimons que » toute mesure prématurée et problématique pourrait, outre ses autres » dangers et inconvénients, contrarier et retarder le progrès à faire » dans ce sens.

» Nous pensons aussi que plus d'un des maux et dangers résultant » de la situation monétaire actuelle des différents pays a été exagéré, » et que quelques-unes des espérances que l'on caresse, quant au profit » à tirer des changements de régime proposés, seraient vouées, si ces » changements étaient adoptés, à une déception.

» Dans ces conditions, nous avons pensé qu'il serait plus sage de nous » abstenir de recommander un changement fondamental quelconque du » régime monétaire sous les auspices duquel le commerce de la Grande- » Bretagne a atteint son présent développement.

» Ce tout quoi nous soumettons à la gracieuse considération de Votre » Majesté. »

(*Gold and Silver Commission*, final report, p. 92).

Il ne peut cependant pas être créé une combinaison internationale sans le concours de l'Angleterre; les tentatives faites en 1878 et 1881 ont échoué, et toute nouvelle tentative dans ce sens serait un échec d'autant plus certain, aujourd'hui que les embarras entre l'Angleterre et les Indes se sont accrus.

Voici pour mémoire, ce qui s'est passé en 1881 :

« En 1881, et de concert avec le gouvernement français, l'Amérique » vint tenter en Europe un suprême effort.

» L'Amérique venait démontrer à l'Europe la faute grave qu'elle conti- » nuait à commettre en dépréciant le métal argent ; elle venait lui rappe- » ler les paroles menaçantes prononcées en 1878 par M. Goschen, délégué » de l'Angleterre, déclarant que : sans une crise formidable on ne pour- » rait obtenir l'or nécessaire pour suppléer à l'argent.

» Les délégués de la France venaient tous les cinq soutenir les argu- » ments des délégués américains.

» M. Louis Mallet, premier délégué des Indes à la conférence, dépei- » gnait le 15 mai 1881 les pertes actuelles causées aux Indes par l'im- » mense dépréciation de l'argent, et ajoutait :

» Ce n'est pas seulement la perte actuelle à laquelle il s'agit de son- » ger, c'est l'incertitude absolue qui pèse sur l'avenir et qui empêche » tout calcul sérieux et juste des revenus et des ressources du gouverne- » ment indien.

» Comment aurait-on pu espérer une entente, puisque à l'exemple » de ce qui s'était passé en 1878, la Grande-Bretagne s'opposait même à » laisser critiquer son système monétaire !

» Ayant ainsi cherché, sans le rencontrer, un terrain quelconque où » l'entente fût possible, la conférence allait se séparer, le 8 juillet 1881, » lorsque le gouvernement français fit remarquer que l'œuvre com- » mune n'était pas aussi incomplète, aussi inutile ou aussi vaine que » l'on eût pu le penser. Il releva, à la suite les unes des autres, toutes » les opinions émises et il en tira la déduction suivante :

» Tels sont, Messieurs, les extraits que je voulais mettre sous vos yeux » pour bien fixer dans votre mémoire le concours unanime qui a été » donné à cette thèse : qu'il existe dans le monde une situation monétaire » mauvaise, à laquelle il est nécessaire de porter remède.

» Il est satisfaisant de pouvoir dire que, sur ce terrain, tous, aussi » bien mono-métallistes que bi-métallistes, nous avons été unanimes à » constater l'existence du mal. C'était précisément le second point, c'est- » à-dire le second résultat utile produit par la conférence et que je vou- » lais dégager.

» C'est dans ces conditions que la conférence se sépara « la situation » monétaire pouvant, pour quelques États, motiver l'intervention des

« pouvoirs publics, il y avait lieu de faire place, quant alors, à des
» négociations diplomatiques. »

(*La Crise, la Baisse des Prix, la Monnaie*,
par A. ALLARD, p. 139-143.)

C'est par les motifs qui précèdent que l'autre moitié de la commission anglaise, comprenant bien qu'une entente internationale serait aujourd'hui impossible à établir sans l'Angleterre, conseille franchement au gouvernement anglais d'entrer dans cette entente, et fait la proposition que l'on trouvera sous le n° 34.

Avant d'y arriver elle réfute une à une toutes les objections faites par ses collègues :

« N° 31. Il ne nous reste donc plus qu'à indiquer les raisons qui nous
» portent à croire que nos collègues ont attribué une importance exces-
» sive aux diverses objections formulées contre le changement de régime
» proposé. Ces objections sont les suivantes :

» I) Que « le changement proposé est colossal » et que « sa nouveauté
» même exciterait des appréhensions constituant à elles seules un
» danger. »

« A cela nous répondrons que le régime monétaire recommandé par
» nous fut appliqué pendant bien des années, avant 1873, dans d'autres
» pays, et que ses effets embrassèrent, en fait, tous les pays commerçants
» du globe. Tant qu'il fut maintenu dans son intégrité, il ne s'ensuivit
» aucun résultat fâcheux que nous sachions. La seule nouveauté de notre
» proposition est la recommandation faite au Royaume-Uni de s'associer
» aux autres pays spécifiés ci-dessous au § 35, pour rétablir le régime
» bi-métallique. Nous ne pouvons donc concevoir, en présence de l'expé-
» rience du passé, sur quoi se baseraient les appréhensions graves dont
» on parle.

» II) Que la situation du Royaume-Uni et notamment de Londres,
» comme centre commercial ou financier de l'univers, serait compro-
» mise.

» Cette situation, dit-on, provient de ce que l'étalon de valeur de ce pays
» est une quantité déterminée d'un métal particulier, et que les individus
» effectuant des transactions exprimées en livres sterling, savent en
» conséquence, avec absolue certitude, ce qu'ils ont à payer ou à rece-
» voir. Cette certitude, dit-on, s'évanouirait si, comme le proposent les
» partisans du système bi-métallique, les débiteurs avaient, pour leurs
» payements, l'option entre deux métaux.

» A ceci nous répliquerons :

» *a*) Que la suprématie commerciale et financière de Londres date » d'une époque antérieure à l'établissement de l'étalon unique d'or » dans le Royaume-Uni.

» *b*) Que si les transactions des autres pays s'effectuent en grande partie » aujourd'hui au moyen de traites tirées sur Londres, c'est parce que » Londres est, pour maintes raisons, le marché le plus favorable à ces » traites, et que ce fait ne risque pas d'être modifié par notre alliance » avec d'autres pays en vue d'un régime monétaire commun.

» *c*) Que l'option concédée aux débiteurs sous le régime bi-métallique » ne saurait que bien rarement avoir un effet pratique, d'autant que si » ce régime était adopté et maintenu intégralement, on n'aurait pas » d'intérêt appréciable à choisir l'un plutôt que l'autre métal.

» III) Que si le bi-métallisme amenait une baisse de valeur de l'or, » l'Angleterre, en sa qualité de pays appelé à recevoir d'importants » paiements en or, en pâtirait, tandis que d'autres pays en bénéficie- » raient à ses dépens.

» En réponse à cette objection, qu'il nous suffise de rappeler les » arguments énoncés au § 96 *k*) de la première partie de ce rapport, et » auxquels nous n'avons rien à ajouter (1).

» IV) Que le succès du fonctionnement du régime bi-métallique » dépend d'un concours international et que, par des raisons suffisantes » ou insuffisantes, d'autres nations cesseront tôt ou tard d'y adhérer.

» Nous répondons : *a*) qu'on est hors d'état d'indiquer une raison » suffisante pour motiver la sécession actuelle de l'une ou l'autre des » parties contractantes ; *b*) que du moment où le régime bi-métallique » serait maintenu dans une zone suffisamment large, la sécession » d'une ou de plusieurs puissances n'aurait pas une importance vitale ; » *c*) que, dans tous les cas, la puissance sécessionnaire causerait » plus de préjudice à ses propres nationaux qu'à ceux des autres pays ; » et *d*) que pareille objection peut s'appliquer avec autant de fonde- » ment à toute convention internationale.

» V) Que la tendance qui se manifeste parmi les nations les plus » civilisées, à employer l'or plutôt que l'argent, aurait chance, malgré » l'existence d'un régime bi-métallique, d'encourager l'accumulation

(1) Ce paragraphe fait remarquer que ce bénéfice a pour effet de transférer à l'une classe sociale une richesse qui revient à l'autre, et constitue ainsi en réalité une perte nationale.

L'or à recevoir par l'Angleterre, concerne les revenus des emprunts d'états étrangers, payables en ce métal ; il bénéficie aux rentiers.

Par contre, la hausse de l'or se traduit en pertes pour les colonies, le commerce, l'industrie et l'agriculture, elle n'accroît donc pas la richesse nationale, *elle n'accroît que la fortune des rentiers.*

» de ce métal et la création d'un agio qui troublerait le rapport fixé » par la loi entre les deux métaux.

» Nous répondrons à ceci que la tendance sus-mentionnée est, en » grande partie, la résultante des appréhensions et de l'incertitude » sur les rapports actuels entre les deux métaux; et que le motif » qui pousse à thésauriser l'or cesserait dès le rétablissement d'un » rapport stable entre eux. »

» VI) Qu'il pourrait se produire un refus tacite, de la part des » habitants de tel ou tel pays, d'accepter l'un et l'autre métal comme » étalon légal, et que l'on conclurait nombre de contrats sur la » base d'un seul des deux métaux.

» La question soulevée par cette objection est plutôt affaire d'appré- » ciation que d'argumentation, et nous nous bornerons à constater » que nous ne partageons pas les craintes de ceux qui prévoient » des complications graves en raison de pareille éventualité.

» En admettant même qu'on adoptât, dans une grande mesure, » cette manière de faire, nous ne pensons pas que des difficultés » sérieuses pourraient surgir, tant que le rapport légal entre les » deux métaux resterait en vigueur.

» Mais il nous sera permis de faire remarquer que cette objection » parait impliquer — chose qui, naturellement, n'a jamais été avan- » cée — que le régime bi-métallique pourrait être inauguré dans un » pays ou l'autre sans le consentement des classes de la population » les plus intéressées à l'adoption d'une pareille réforme. Nous sommes » persuadés que nulle mesure telle que l'établissement du double » étalon ne pourrait advenir dans notre pays tout au moins, sans » avoir obtenu de la part de la population un appui suffisant pour » empêcher, dans la pratique, l'éventualité évoquée dans l'objection » dont nous nous occupons en ce moment.

» VII) Que si des dettes contractées en or pouvaient être acquittées » en argent, il en résulterait un préjudice injuste pour les créanciers » et que l'adoption du régime bi-métallique équivaudrait, par là, à » un acte de mauvaise foi.

» Cette dernière objection est celle qui nous parait le plus digne » d'être prise en sérieuse considération et nous ne sommes pas dis- » posés à en amoindrir l'importance.

» S'il est juste qu'un gouvernement adopte et impose à la popu- » lation un étalon légal de valeur, il est manifestement de son devoir » de veiller, autant que possible, à ce que cet étalon ne soit pas » dépourvu de sa qualité essentielle, c'est-à-dire du maximum de » stabilité réalisable.

» Des précédents récents attestent que, par suite de la politique

» monétaire de l'Allemagne, de l'Union Latine et des États-Unis, sur » laquelle notre pays n'exerce aucune action, l'étalon de valeur du » Royaume-Uni a été gravement atteint, et sa future stabilité, ainsi » que celle de l'étalon d'argent des Indes, sérieusement compro- » mise.

» Dans ces conditions, il est évident que si le gouvernement, par » l'action directe qu'il exercerait en modifiant l'étalon, compromettait » les intérêts des créanciers et contrariait les contrats existants, il » peut, en s'abstenant de toute action, compromettre tout autant, » peut-être même davantage, les intérêts des débiteurs et nuire aux » contrats futurs.

» Il nous semble que s'il est injuste, de la part d'un gouvernement, » d'apporter une modification quelconque à l'étalon de valeur sous » prétexte que cela troublerait les rapports de débiteur à créancier, il » doit commettre une égale injustice en s'abstenant d'une mesure qu'il » est en son pouvoir d'appliquer et qui pourrait précisément prévenir » le trouble de ces rapports.

» Mais il importe de faire remarquer que cette objection, quelle qu'en » soit la force, ne vise pas la politique bi-métallique elle-même, qu'elle » est dirigée simplement contre le rétablissement du taux de rapport de » 15 1/2 à 1, ou quelque autre rapport différant sensiblement de la va- » leur relative actuelle de l'or et de l'argent.

» Il ne faut pas non plus perdre de vue que ceux qui attribuent la » baisse des prix à des causes se rattachant avant tout aux articles de » consommation mêmes, n'ont pas le droit d'invoquer cette objection. Si » la rupture de l'équilibre bi-métallique n'a pas provoqué une hausse de » l'or et une baisse de prix, il n'y a pas lieu, semble-t-il, de supposer que » son rétablissement doive influer sur la valeur de l'or ou occasionner » un renchérissement des prix. » (p. 102-104.)

Ils concluent enfin, dans les termes suivants :

» N° 34. Aucune solution aux difficultés n'est possible dans notre » opinion sans une action internationale.

» Le remède que nous suggérons est essentiellement international » dans ses caractères et les détails n'en peuvent être établis que de con- » cert avec les peuples qu'ils concernent.

» Il nous est suffisant d'indiquer ici les principes de l'entente qui serait » provoquée :

» 1° Libre monnayage des deux métaux comme monnaies légales, etc.;

» 2° La fixation du taux auquel les monnaies de chacun des deux » métaux seront reçues en paiement de toutes les dettes au choix du » débiteur. » (p. 104.)

Il semble que depuis plusieurs années M. Goschen, devenu chancelier de l'Echiquier, était assez de leur avis et il paraît même, que dans son opinion, il serait sans doute du devoir de l'Etat d'intervenir par une réforme monétaire; voici ce qu'il disait :

« Je ne pense pas au bi-métallisme, je veux dire que je n'y songe pas « en ce moment, tout en admettant que la vision de ce système ait pu « traverser mon esprit.

« La question qui me préoccupe est celle-ci : Jusqu'à quel point « l'État devrait-il s'immiscer ou s'abstenir de s'immiscer, d'une façon ou « d'une autre, dans les relations entre débiteur et créancier ?

« D'une part, il ne conviendrait pas de soutenir, comme argument « contre l'opportunité d'une intervention de l'État, que l'ensemble de la « situation actuelle est la résultante de lois naturelles. On ne peut, il est « vrai, citer un seul exemple de pareille ingérence de l'État en Angle- « terre, mais il en est autrement de l'Europe, car, si la dépréciation des « marchandises est une conséquence de l'absorption de près de deux « cents millions de livres sterling par l'Allemagne, l'Italie et les États- « Unis, ce sont les lois que ces gouvernements ont fait voter, et non une « variation de la production, qui ont occasionné les graves résultats « indiqués. J'ÉCARTE DONC LA DOCTRINE SUIVANT LAQUELLE IL NE SAURAIT « ÊTRE QUESTION D'UNE INTERVENTION DE L'ÉTAT.

« Mais autre chose est de savoir si cette intervention, effectuée à un « degré quelconque, serait sage. Des dettes ont été contractées sur la foi « de certaines lois nationales et des engagements ont été pris. Les « débiteurs se sont trouvés dans une situation avantageuse à un moment « donné, à l'époque où les découvertes d'or faites en Amérique provo- « quèrent une dépréciation de l'or, mais je crains qu'ils n'aient à souffrir « quelque peu aujourd'hui.

« Un éminent économiste français a déclaré n'être pas bien sûr que « la France eût échappé à la banqueroute de 1848, sans l'énorme « accroissement de la production d'or. Cet accroissement de la pro- « duction amena, en effet, une prospérité commerciale qui permit à la « France de sortir de l'embarras où elle se trouvait.

« J'ai entendu un autre personnage distingué dire que les grandes « difficultés de l'ancien Empire Romain, relativement aux lois qui « durent y être faites pour la libération des débiteurs, naquirent de « ce fait que les Romains ne possédèrent jamais une monnaie suscep- « tible d'expansion, mais que leur provision de métaux précieux était, « au contraire stationnaire, du moins par rapport au développement des « transactions et de la population, et qu'elle ne permettait pas aux

« commerçants romains de poursuivre leurs opérations avec cette pe-
« tite mais constante augmentation du stock de métaux précieux que
« réclamaient les besoins croissants de la population et une richesse
« sans cesse grandissante. Ces observations m'ont paru offrir un inté-
« rêt historique et ouvrir un vaste horizon, mais je ne possède pas
« les connaissances nécessaires pour juger de l'exactitude des faits
« qu'elles impliquent. »

Mémoire lu devant la BANKER'S INSTITUTE *de Londres, par le très honorable* GEO. I. GOSCHEN, *chancelier de l'Echiquier*, le mercredi 18 avril 1883.

Le discours qui précède était prononcé, il y a six ans, par M. Goschen, alors qu'il n'était pas encore chancelier de l'Echiquier.

Il était chancelier depuis 1885-86, lorsqu'en novembre 1887 le conseil de la ligue bi-métallique, profitant de sa présence à Manchester, décida de se rendre auprès de lui, pour lui remettre un mémoire dont les premières phrases rendent suffisamment la pensée pour faire comprendre la réponse citée plus bas; voici le début de ce mémoire :

« Les trois quarts des exportations du district de Manchester ont
« pour destination des pays à monnaie d'argent, pays entre lesquels et
« le nôtre le change subit de violentes fluctuations. Il y a de cons-
« tantes « *frictions* » dans les rapports des valeurs, et toutes les fois
« que le prix de l'argent baisse, les prix en livres sterling sont
« obligés de baisser de même pour rester au niveau des prix en argent
« sur les marchés monétaires des pays où circule ce métal. Il y a
« plus d'incertitude que jamais, quant à ce que sera le niveau normal
« des deux modes d'évaluation livrés à eux-mêmes. »

Le mémoire conclut, en fin de compte, à réclamer du chancelier le rétablissement d'un cours fixe entre l'or et l'argent par voie d'un traité international.

La position du chancelier de l'Echiquier était embarrassante; S. M. la Reine avait nommé une Commission pour étudier la question; aussi fait-il d'abord en ces termes certaines réserves, sur ce qu'il allait pouvoir répondre :

« Tout en exprimant ma parfaite disposition, dit-il, à recevoir une
« députation des membres de votre ligue, j'ai dû établir envers votre
« secrétaire une réserve, sur l'IMPOSSIBILITÉ POUR MOI, TANT QUE SIÈGE
« LA COMMISSION ROYALE, DE FORMULER UNE OPINION SUR LA CONDUITE
« A TENIR PAR LE GOUVERNEMENT DANS LA QUESTION QUI VOUS INTÉ-
« RESSE.

« Mes collègues diront, sans doute, que je parle en cela avec ma
« prudence habituelle.

« Laissez-moi vous dire que la prudence n'est pas une vertu facile.
« *Il est plus aisé et beaucoup plus agréable de dire franchement ce*
« *qu'on pense au lieu de s'astreindre à la réticence imposée par les*
« *circonstances* . . . .
« je ne sache pas qu'il y ait aucune grande question soumise à l'opinion
« publique qui soit plus compliquée que celle du *bi-métallisme*.

« *Tout au moins puis-je dire, en ce qui me regarde, que je comprends*
« *ce que demandent les bi-métallistes.* »

Aussitôt ces réserves faites, il exprime les idées suivantes : nous nous permettons de souligner les phrases qui nous ont surtout paru typiques dans l'allocution du chancelier.

« Il y a une certaine catégorie de mono-métallistes qui disent que
« le bi-métallisme est de l'absurdité pure, et qu'ils ne peuvent com-
« prendre ce que cela signifie. Eh bien, *je ne crois pas, quant à moi,*
« *que le bi-métallisme soit une absurdité. Je crois que c'est une pro-*
« *position très sérieuse en vue d'un changement qui amènerait de grands*
« *résultats si on l'adoptait.*

« Deux questions se présentent alors :

« La première est de savoir si ces résultats seraient ceux qu'attendent
« les bi-métallistes, et la seconde si la possibilité de ces résultats étant
« prouvée, il est opportun de les provoquer ?

« *Pour ma part, et là-dessus on me dit que je suis d'accord avec*
« *les bi-métallistes, je crois que la valeur relative de l'or et de l'argent*
« *n'est pas une simple question d'offre et de demande.*

« *Cette manière de voir sera sans doute qualifiée d'hérésie de ma*
« *part par les disciples extrêmes de l'école mono-métallique. Mais il*
« *me paraît impossible de nier que l'ingérence gouvernementale des*
« *diverses nations ait eu une influence énorme sur la valeur relative*
« *de l'argent et de l'or.*

« La conduite de l'Union latine, celle de l'Allemagne, le déplacement
« de l'argent et l'intronisation de l'or dans bien des pays, ont eu une

» influence immense dans la création des changements que les bi-
» métallistes déplorent et auxquels ils cherchent à apporter un remède.
» Il me semble donc légitime d'affirmer que la conduite des gouverne-
» ments a exercé une action considérable dans la question des étalons
» monétaires.

» *C'est un fait curieux que* « L'APPRÉCIATION DE L'OR » *est un phénomène*
» *que nient avec persistance un grand nombre d'hommes capables.*
» *C'est un des points que la commission aura à décider;* c'est un des
» points qui est dans une grande mesure susceptible de preuves dans
» un sens ou dans l'autre, bien que telle est la nature humaine qu'il
» est probable que les bi-métallistes disent que les preuves sont à l'appui
» de leur thèse, tandis que les mono-métallistes disent également qu'elles
» établissent la leur. *La difficulté est de rattacher l'effet à la cause.*

» *La baisse des prix ne peut se nier,* bien qu'elle soit compliquée
» jusqu'à certain point d'une baisse des prix des matières premières
» dont la classe des consommateurs ne se rend pas suffisamment
» compte. . . . .

» *Vous avez parlé aussi des fluctuations constantes des prix.* Je n'entend
» plus ici la simple baisse des prix, mais bien la grande incertitude des
» opérations commerciales par suite des variations constantes dans
» le change. *C'est là un mal que personne ne peut mettre en doute,*
» *à ce qu'il me semble.* On peut nier sans doute qu'il soit possible d'y
» porter remède : mais *il est impossible de nier que cela soit contre*
» *l'intérêt de tous ceux qui font le commerce.* »

Il nous semble bien que, malgré la réserve imposée aujourd'hui au chancelier de l'Echiquier, nous retrouvons entre les lignes de son dernier discours, prononcé il y a à peine seize mois, toutes les idées qu'il avait exposées, en toute liberté, il y a six ans, aux banquiers de Londres.

M Goschen, après avoir fait les déclarations qui précèdent, revient, à la fin de sa réponse, aux bi-métallistes de Manchester, aux pratiques de prudence qui lui sont dictées par sa haute position et par la commission nommée par la Reine; il continue en disant :

» Vous demandez que le Gouvernement anglais voyant la déprécia-
» tion de la propriété, ramène les choses à ce qu'elles étaient, en
» rétablissant l'association de l'or et de l'argent.

« VOUS AVEZ PEUT-ÊTRE TORT, VOUS AVEZ PEUT-ÊTRE RAISON.

« LA COMMISSION EXPRIMERA UN AVIS SUR CE POINT COMME SUR LES » AUTRES. EN TOUS CAS VOUS COMPRENDREZ QUE VOTRE DEMANDE EST CONSI- » DÉRABLE, PARCE QU'IL Y A UN CONFLIT CONSIDÉRABLE D'INTÉRÊTS.

« Quoi que l'on fasse dans un sens, on rencontre la contre-partie » dans l'autre. Si vous rehaussez les prix pour le fabricant et le pro- » ducteur, vous les rehaussez pour le consommateur. Si vous rehaussez » la valeur de la propriété pour le propriétaire vous en rehaussez aussi » le prix pour celui qui peut désirer devenir propriétaire. »

(*Réponse de* M. GOSCHEN,
à la Ligue bi-métallique, à Manchester.)

Depuis que M. Goschen a prononcé ce discours, la *Commission on Gold and Silver* a déposé son rapport.

Il nous paraît bien évident que le chancelier de l'Echiquier penchait sensiblement jadis vers cette moitié de la commission qui conclut aujourd'hui, à l'adoption du bi-métallisme en Angleterre.

NOTE N° 21

(Voir § 18 : *Conclusion*, page 56.)

LE TERRAIN SEMBLE PRÉPARÉ A UNE ENTENTE INTERNATIONALE

Un mouvement très accentué s'est produit en Angleterre en faveur d'une réforme monétaire.

Voici la proclamation de la Ligue qui s'est organisée, en vue de la publicité nécessaire, au capital de 500,000 francs :

« Vers le mois de février 1886 une ligue des bi-métallistes anglais « fut organisée.

Président :

« HENRY H. GIBBS, ancien gouverneur de la Banque d'Angleterre, « — directeur de cet établissement, — chef de la grande maison « *Antony Gibbs et Cie*.

« Pour être nombreuse, l'administration de cette ligue n'en a pas « moins été formée par les éléments les plus importants, les plus « autorisés et les plus sérieux du monde des affaires et des gens pra- « tiques de l'Angleterre ; elle compte aujourd'hui dans ses rangs cent « membres du Parlement.

« Voici la déclaration de principes de cette ligue et le manifeste par « lequel elle a fait appel à l'opinion publique, dans ce pays qui était « regardé comme la forteresse et la citadelle inexpugnable du mono- « métallisme.

MANIFESTE.

« Jusqu'en 1873 le taux auquel on échangeait l'or contre l'argent

» et réciproquement n'avait guère varié, parce que les Monnaies de » France et des autres pays de l'Europe étaient accessibles à l'uni- » vers entier, pour le monnayage illimité des deux métaux, sur la » base fixe de 15 1/2 argent à 1 d'or.

» Grâce à cet état de choses, le taux du change entre les pays à » étalon d'or et d'argent restait uniforme dans la pratique, et l'ar- » gent exerçait dans le monde entier, et aussi complètement que l'or, » les fonctions de Monnaie.

» La mesure que prit l'Angleterre en 1816, c'est-à-dire l'adoption » d'un unique étalon d'or, ne troubla pas la fixité du taux de rap- » port entre les deux métaux, tant que les monnaies du continent » demeurèrent accessibles à l'argent; mais quand l'Allemagne résolut » en 1873, d'adopter l'unique étalon d'or, l'ancien équilibre fut aussitôt » détruit, car la France et les autres pays bi-métalliques durent, en » présence des énormes ventes d'argent opérées par l'Allemagne, sus- » pendre la liberté du monnayage.

» Cette mesure de l'Allemagne provoqua une baisse de l'argent par » rapport à la valeur de l'or, et le cours de l'argent a subi depuis des » fluctuations violentes dont se sont ressentis tous les échanges inter- » nationaux entre pays à étalon d'or et pays à étalon d'argent.

» En ce qui concerne les Indes, la roupie qui valait précédemment » 2 shellings (2 francs cinquante centimes environ) est tombée peu à » peu à 1 shelling et six pence, monnaie anglaise (1 franc quatre-vingt- » cinq centimes environ) et la valeur qu'elle pourra représenter éven- » tuellement, par rapport à la monnaie en or, devient de jour en jour » plus incertaine.

» La substitution de l'or à l'argent, qui fait que les fonctions de l'or » se multiplient de plus en plus alors que la production annuelle de » l'or et le stock normal d'or diminuent sans cesse, la substitution de » l'or à l'argent, disions-nous, a fait hausser de valeur le premier de » ces deux métaux et baisser les prix des produits de consommation » par rapport à l'or.

» Cette hausse de l'or et cette baisse des prix, sont partout mani- » festes, et partout elles exercent un effet manifestement désastreux » sur le commerce, aussi bien que sur les industries manufacturières » et agricoles.

» Pénétrés des pernicieux résultats de notre régime monétaire et du » préjudice causé au commerce et à l'agriculture, par le trouble survenu » dans les rapports de l'or et de l'argent, nous faisons appel à la » coopération de chacun pour réaliser le but que s'est tracé notre » ligue.

» Tout nous encourage à marcher résolument à la poursuite de ce

» but, puisque l'Amérique, la France et l'Allemagne sont non seulement » disposées mais décidées à y coopérer.

» Les puissances, toutefois, ne prendront aucune initiative sans » l'Angleterre ; or, le gouvernement anglais, obéissant à une concep» tion erronée des avantages de l'unique étalon d'or, s'est refusé à agir.

» Il est, par conséquent, nécessaire de provoquer un débat sérieux » sur la question dans notre pays, et d'amener l'opinion publique à » exercer sa puissante pression sur notre gouvernement, afin que » l'Angleterre, cessant de faire obstacle à une convention internatio» nale, intervienne et prenne part à la solution de cette question d'une » importance si vitale, pour le bien-être de l'empire et pour les intérêts » du commerce universel. »

Ce mouvement en faveur du bi-métallisme a pris en Angleterre un développement des plus significatifs qui semble déjà faire supposer que l'opinion publique ne tardera pas à obliger le Parlement à voter cette réforme, ou tout au moins à entrer dans la voie d'une entente internationale.

Pour donner une idée de l'activité véritablement fébrile avec laquelle se débat la question et de l'intensité avec laquelle l'opinion publique en Angleterre se prononce en faveur du bi-métallisme, voici les réunions et décisions prises, pendant le seul mois de février 1889 : 17 meetings publics ont eu lieu et 8 rapports de Chambres d'Agriculture ont été déposés en 28 jours.

Treize meetings se sont prononcés en faveur du bi-métallisme, en voici la liste avec les noms des promoteurs :

MM. F. Hardcastle, M. P. à Manchester ;
J. C. Fielden, à Manchester ;
R. L. Everett, à Tunbridge Wells ;
H. Chaplin, M. P. à Londres ;
Henry M' Niel, au Reform Club de Manchester ;
R. L. Everett, au Public Hall d'Ipswich ;
H. Meysey Thomson, à Ipswich ;
Geo. Howell M. P. à Ipswich ;
N. G. Clayton, au Club des Fermiers, à New Castle

MM. H. H. Gardner, Hotel du Cheval Noir, à Brighton ;
H. Chaplin, M. P. Temperance Hall, à Leicester ;
L'Association des Tisserands du Nord, à Bury ;
G. H. Dyck, Société de Philosophie, à Glascow :
H. R. Grenfell, à Reading ;
W. H. Houlworth, M. P. au Carlton Club, à Londres :

Quatre meetings au contraire se sont ralliés à l'idée de ne rien faire, les voici :

MM. Lyon Playfair, M. P. National libéral Club, à Londres ;
Charles Gairdner, Société de Philosophie, à Glascow ;
Thomas Middlemore, idem à Birmingham :
Professeur Munro, idem à Manchester :

Huit Chambres d'Agriculture se sont officiellement prononcées, pendant le mois de février, en faveur du bi-métallisme en Angleterre ; en voici les noms :

La Chambre du Cheshire, le 5 février.
L'Association des Chambres d'Angleterre, le 5 février.
La Chambre de Swindon, le 12 février.
La Chambre du Monmouthsshire, le 12 février.
La Chambre du Shropshire, le 18 février.
La Chambre du Worcestershire, le 25 février.
La Chambre du Cleveland, le 27 février.
La Chambre de Worcester, le 28 février.

Le mois de mars est le mois dans lequel les Chambres de Commerce d'Angleterre sont appelées à envoyer au Gouvernement anglais le rapport de leurs opérations commerciales et industrielles de l'année, la plupart déjà se prononcent en faveur de l'emploi monétaire de l'argent et réclament une convention internationale.

Le même mouvement existe, mais à un état peut-être un peu plus latent, en Allemagne

En 1886, 840 comices agricoles avaient déposé à la Chambre des Députés d'Allemagne, 840 pétitions identiques et par 145 voix contre 119, soit une majorité de 26 voix, ils ont obtenu que la question fût remise à l'étude.

Voici le texte de ces 840 pétitions :

« Les soussignés, en présence de la crise pesant sur l'industrie et
» l'agriculture,
» en présence de ce fait que la raison principale de la baisse des prix
» se trouve dans la dépréciation de l'argent, réclament du Reichstag
» qu'il tâche d'amener l'établissement du bi-métallisme international. »

Ce qu'il y a de fort remarquable, c'est que ce résultat a été obtenu contre le gré et malgré les efforts du ministre des finances, M. de Scholz, qui eût désiré que l'on ne passât pas au vote, et dans ce but il s'était même engagé à soumettre *proprio motu* la question à l'étude que réclamaient les pétitionnaires.

S. E. le grand chancelier, prince de Bismarck, à plusieurs reprises et dans ce langage imagé qui lui est familier a plus d'une fois manifesté ses doutes à l'égard des lois monétaires allemandes et du monométallisme, qui reste toujours incomplet depuis dix-sept ans dans ce pays.

L'une fois il disait :

« Les fanatiques de l'or n'ont mis que l'eau dans notre marmite ;
» triste bouillon ! »

L'autre fois :

« L'or est devenu une couverture trop étroite, on se bat pour en
» avoir ! »

Le 3 mars 1886, quelques jours après le vote obtenu au Reichstag par les agriculteurs allemands, on télégraphiait de Berlin au *Times* que, dans une de ses réceptions, S. E, le prince de Bismarck avait déclaré ce qui suit :

« Mais s'il peut m'être prouvé que la reprise du métal double d'or et
» d'argent serait de nature à relever les prix des produits agricoles, il
» serait fort possible alors que je me fasse l'avocat de son introduc-
» tion. »

Le caractère de cette déclaration, les circonstances qui l'ont amenée, la haute personnalité qui l'a faite, montrent à quel point le mouvement vers le bimétallisme s'accuse en Allemagne, dans ce pays qui est le véritable auteur primitif de toutes les fautes commises et de tous les maux qui en furent la suite.

Le terrain semble donc bien préparé de tous côtés à une entente internationale; il ne semble pas que l'effort à faire doive être bien grand pour en favoriser la prompte éclosion; et ainsi pourrait se terminer enfin la crise, qui sévit depuis quinze années et dont chaque jour nous éprouvons les pertes si lourdes et si pénibles.

NOTE N° 22

L'HISTOIRE DE NOTRE SIÈCLE PROUVE QUE LES DEUX MÉTAUX SONT INSUFFISANTS, QUE LE CRÉDIT N'Y A PAS SUPPLÉÉ, ET QUE NOUS RETOURNONS FATALEMENT AU PAPIER A COURS FORCÉ.

Un travail tout récent publié en France à l'occasion du centenaire de la République (1), nous apporte la preuve que la monnaie a été insuffisante aux immenses développements de la civilisation et cela malgré les deux métaux qu'on employait.

Ce travail montre les progrès réalisés en France depuis cent ans, il nous fournit un fort utile point de comparaison pour apprécier ce qu'a dû être l'augmentation immense des échanges, dans l'univers depuis le dernier siècle.

Nous lui empruntons les quelques chiffres suivants :

(1) *Un centenaire économique* 1789-1889, par M. Alfred Neymarck.

OBJETS ÉTUDIÉS	EN 1789 (3 zéros à ajouter)	EN 1889 (3 zéros à ajouter)	PROGRÈS réalisé pour cent dans ce siècle
Nombre d'effets escomptés à la Banque	503.000	8.685.000	1626 %
Revenu national français	5.000.000	35.000.000	600 –
Contributions indirectes	240.000	1.900.000	650 –
Revenu foncier	1.440.000	2.649.000	83 –
Hectares ensemencés en grains	4.000	7.000	75 –
Récolte de blés en hectolitres	40.000	107.000	167 –
Production de la houille (tonnes)	240	19.909	8195 –
Consommation de la houille (tonnes)	450	29.629	6481 –
Commerce général de la France	1.019.000	9.361.000	818 –
Population totale	25.000	38.000	52 –
Valeurs mobilières possédées par des Français .	300.000	80.000.000	26566 –
Patentes	22.000	174.000	790 –

Devant une augmentation aussi immense du travail et de la richesse, l'esprit reste confondu ; il est probable que la proportion a dû être plus forte encore dans le reste du monde, les États-Unis n'existaient, il y a cent ans, qu'à l'état embryonnaire, l'Australie n'était pas née à la civilisation, et les colonies ne se sont développées partout, que bien après la France; ces peuples nés d'hier avaient plus de chemin à parcourir!

La vapeur, l'électricité, appliquées à la mécanique et aux transports les ont rapproché de nous, ont excité nos convoitises, ont provoqué cette évolution de toutes les classes de l'univers, les unes s'élevant au bien-être désiré, les autres déclinant peu à peu, jusqu'à cette condition moyenne vers laquelle les unes et les autres sont entraînées ; c'est le phénomène qui se dégage des immenses progrès constatés.

Adam Smith mort en 1790, citait encore parmi les objets du luxe des ouvriers, les souliers, les bas, une chemise! Ils ont aujourd'hui de la laine, du drap, de la toile fine, des livres, voire même des fleurs !

L'échange et la production se sont développés dans des proportions jusque là inconnues et le travail est devenu enfin, le vrai maître du monde.

C'est grâce à ces progrès qui tiennent du vertige que la production s'est développée, que celle de la *houille* a augmenté de 8195 pour cent, c'est à cette ardeur de croissance que l'on doit cette innovation presqu'inconnue il y a cent ans, *ces valeurs mobilières* transmissibles comme de simples marchandises qui ont augmenté de 26,566 pour cent depuis un siècle, c'est encore à cette activité des échanges que l'on doit un accroissement du *commerce général international* de 818 pour cent.

Si la production du monde a augmenté dans des proportions aussi fortes, si le commerce et les échanges se sont accrus chaque année de 8 pour cent en moyenne depuis 100 ans, il était indispensable que les quantités de monnaies circulant dans le monde s'accroissent dans la même proportion, afin de conserver cet équilibre des prix rêvé par tous les économistes et afin que l'on continuât à donner toujours la même quantité de monnaie pour le même objet, empêchant ainsi les prix de baisser.

La logique la plus élémentaire en faisait une loi.

Or, voici le tableau approximatif de l'existence et de la production de l'or et de l'argent. (1)

	EXISTANT EN 1800 (FRANCS)	PRODUIT DEPUIS ET JUSQU'EN 1887 (FRANCS)	AUGMENTATION MOYENNE (PAR AN)
Or . . .	9.917.000	23.515.900	2 3/4 pour cent.
Argent .	20.946.000	19.474.000	1 "
Total .	30.863.000	42.989.900	1 1/2 "

Les 30 milliards de métaux existants étaient insuffisants dès le début de notre siècle.

Notre société humaine ne croît pas toujours sans mal ni douleur, elle subit tout comme nous, ces fièvres de croissance inhérentes au progrès, qui peuvent engendrer parfois des crises, où les plus fortes constitutions viennent à succomber.

Du 19 décembre 1789 au 21 mai 1797, la France était livrée aux assignats ; 1 louis d'or de 24 livres, valait 7200 francs en assignats, le 1er mars 1795 ; leur émission atteignait le 19 février 1796 la somme

(1) Pour que notre raisonnement soit bien exact, il aurait fallu avoir ici, non pas les métaux précieux *sortis des mines*, mais ceux réellement *convertis en monnaie*.

Les chiffres de ces derniers n'existent qu'à l'état approximatif et sont inexacts car chaque pays transforme à son effigie l'or des mines, aussi bien que l'or déjà monnayé par d'autres, donnant ainsi lieu à des doubles emplois difficiles à distinguer.

Les emplois de métaux précieux dans les arts industriels ont été énormes dans ce siècle et ont réduit le monnayage, il en résulte que si nous pouvions connaître exactement les chiffres des augmentations de *Monnaie* au lieu de devoir nous borner aux chiffres des augmentations de *métaux précieux* nos raisonnements seraient encore *bien plus probants* qu'ils le sont.

fantastique de 45 1/2 milliards de francs; ceux-ci furent retirés en 1797; on en émit de nouveaux, du 5 brumaire an 30 pluviose an XII; en 4 mois on en avait créé pour plus de 20 milliards!

L'on comprend les raisons décisives que devait avoir le législateur de l'an XI pour reconnaître le pouvoir monétaire et la force libératoire aux deux métaux et pour se bien garder d'en repousser aucun.

Ne serait-ce pas dans ces souffrances causées par cette absence de bons moyens d'échange, qu'il faut aller retrouver les origines de notre loi bi-métallique de l'an XI. Ne serait-ce pas à l'emploi des deux métaux que l'on peut attribuer, en grande partie, les progrès accomplis depuis lors.

Les tableaux qui précèdent nous montrent que si le commerce et les échanges internationaux augmentaient de 8 pour cent chaque année la somme des deux métaux précieux n'augmentait que de 1 1/2 pour cent, c'est-à-dire 5 fois moins.

Les deux métaux étaient visiblement insuffisants pour suivre les progrès qui s'accomplissaient ; aussi multiplia-t-on le billet de banque, le chèque et tous les moyens fiduciaires.

Ces moyens furent poussés avec une telle vigueur, que l'on tira bientôt du crédit tout le parti que l'on pouvait en espérer, de telle sorte que depuis 1870 il est devenu évident qu'arrivé à l'apogée loin de voir le crédit se développer c'est le contraire que nous voyons se produire.

Nous avons montré à la note n° 12, page 119, que cette multiplication des instruments de crédit, appelés d'après quelques personnes mal avisées, à suppléer le métal précieux, s'est arrêtée depuis plusieurs années ; même en Angleterre, la véritable patrie du chèque, on les emploie moins et M. Goschen le Chancelier de l'Echiquier de l'Angleterre déclarait lui-même en 1883 que l'usage des métaux précieux était déjà réduit à son minimum dans ce pays depuis 1870 (1) que depuis lors l'Angleterre avait absorbé plus de 500 millions de francs en or.

Qu'on ne vienne donc plus prétendre après de semblables déclarations que le crédit puisse remplacer le métal précieux qui manque.

L'Europe ne nous offre-t-elle pas chaque jour le témoignage le plus irrécusable de cette pénurie de monnaie. (2)

(1) « Voyons, maintenant, si les économies réalisées dans l'emploi » de l'or ont équivalu à l'accroissement de la population, et à l'accroisse» ment de la quantité d'or requise pour liquider la balance des tran» sactions.

» Dans un article qui m'a été fort utile et qui a paru dans le journal » de la *Statistical Society* pour le mois de mars 1879, M. Giffen exprime » que le Royaume-Uni avait déjà, il y a vingt ans, à la banque tout ce » qu'il est capable d'y mettre, et qu'on n'a pas depuis vingt ans imaginé » d'expédients nouveaux susceptibles d'amener une économie sensible » dans l'emploi de l'or chez nous.

» JE CROIS QUE DANS NOTRE PAYS NOUS AVONS RÉDUIT L'USAGE DE L'OR A » SON MINIMUM, ou à peu près ; et ce qui me confirme dans cette idée, » c'est que, suivant l'estimation des autorités de la Banque d'Angle» terre, la circulation totale en Angleterre a monté de 103 millions à » 124 millions de livres sterling, de 1870 à 1880. Cela veut dire — et » c'est un fait significatif — que dans notre pays « si bien pourvu de » banques » (*so wel banked*) pour me servir du mot de M. Giffen, il » a fallu, néanmoins, en 1880, une circulation d'or dépassant de 20 » millions celle de 1870.

» Quelle brèche ces 20 millions n'ont-ils pas dû faire dans la provi» sion totale d'or, après ou concurremment avec les autres besoins.

(*Discours de* M. GOSCHEN, *chancelier de l'Échiquier*, voir p. 196, *la Crise, la Baisse des Prix, la Monnaie*, publié en 1885, par M. ALPH. ALLARD.)

(2) Voici d'après les chiffres que nous avons publiés en 1885, la position dans laquelle se trouve l'Europe :

A. — *Peuples ayant eu récemment le cours forcé :*

	POPULATION	ÉVALUATION DU STOCK	
France	37.672	4.452.000	3.123.235
Italie	28.452	735.000	378.000
	66.124	5.187.000	3.501.225

Sur les 295 millions d'habitants qui la peuplent aujourd'hui, il en est 136 millions qui depuis cent ans sont arrivés à être privés de toute monnaie métallique et qui se trouvent livrés aux cruelles incertitudes du papier à cours forcé.

Ces peuples ont en circulation pour plus de 4 1/2 milliards de francs en papier-monnaie, qui entravent la liberté de nos échanges avec leurs 136.000.000 d'habitants.

Le jour où ces populeuses contrées élèveront la prétention de nous redemander notre or ou notre argent et de reprendre chez elles les paiements en espèces, (ce qui doit arriver), combien graves seront nos préoccupations ?

L'Europe n'a en effet que 159 millions d'hommes pourvus de monnaie métallique se montant à peine croit-on à 14 milliards de francs, alors que

B. — *Peuples ayant la monnaie métallique* :

	POPULATION	ÉVALUATION DU	STOCK.
Allemagne	45.235	1.755.705	1.110.270
Belgique.	5.585	336.000	312.375
Danemark	2.096	73.165	26.030
Espagne.	16.625	682.500	367.500
Hollande.	4.172	147.000	299.250
Portugal.	4.550	157.500	52.500
Roumanie	5.376	855	59.780
Suisse.	2.846	89.250	77.175
Suède-Norwège . .	6.479	75.060	26.975
	92.964	3.317.035	2.331.825

C. — *Peuples ayant le cours forcé du papier* :

Autriche .	35.839	millions d'hab.	1.636.140.000	francs pap.
Grèce . .	1.979	»	124.630.000	»
Russie . .	98.323	»	2.742.725.000	»
	136.141	»	4.503.495.000	»

(*La Crise, la Baisse des prix, la Monnaie*, par A. ALLARD, pages 38 et 39. Chez GUILLAUMIN ET Cie).

136 millions d'habitants n'ont en circulation que du papier-monnaie pour 4 ½ milliards; quelle sérieuse inquiétude pourrait provoquer la reprise du paiement en espèce de ce papier !

Les moyens de crédit pour suppléer au défaut de monnaie métallique ont été tellement poussés jusqu'à l'excès depuis un siècle, que nous ne pouvons oublier que l'Italie avait hier encore le cours forcé chez elle, qu'au moment même où nous écrivons ces lignes, elle se voit chaque jour ramenée vers le cours forcé des billets dont elle ne peut s'affranchir et qu'enfin la France elle-même a dû l'adopter il n'y a pas longtemps; à ce moment il n'y avait plus guère en Europe que le tiers,chez qui les métaux précieux circulaient encore.

Ces peuples qui en ont dû recourir à l'emploi du papier à cours forcé, exciteraient-ils à ce point l'envie de Messieurs les mono-métallistes, qu'ils désiraient en démonétisant l'argent, rendre la monnaie plus rare encore en Europe, et revenir en fin de compte aux assignats du début de notre siècle?

Les faits et les chiffres qui précèdent, se passent de commentaires.

On doit en conclure qu'avec les deux métaux la monnaie est notoirement insuffisante pour les immenses progrès qui s'accomplissent depuis un siècle.

Nous avons néanmoins décidé en 1873 de supprimer le monnayage du métal-argent, nous avons arrêté le progrès, nous avons raréfié plus que jamais l'agent de l'échange, nous avons provoqué la baisse des prix, nous sommes en proie à une série de crises dont on ne voit pas le terme et qui a pour effet de diminuer la richesse des nations.

En veut-on une preuve? Nous la trouvons dans

cette même histoire du Centenaire économique de la France, où nous avons puisé la plupart des chiffres qui précèdent.

En 1789 on y évaluait en moyenne l'hectare de terre à 500 francs et la richesse foncière à 30 milliards de francs.

Voici depuis lors la progression d'abord ascendante, ensuite descendante suivie :

PROGRESSION DE LA VALEUR DES TERRES EN FRANCE

ANNÉES	VALEUR MOYENNE D'UN HECTARE	VALEUR TOTALE DES TERRES (MILLIONS DE FR.)
1789	500	30.000
1815	700	42.000
1851	1.290	77.400
1862	1.850	111.000
1874	2.000	120.000
1887	1.875	112.500

La France seule a donc perdu de ce chef dans les 13 dernières années une valeur de près de 8 millards de francs, ou 580 millions de francs par an, tandis qu'au contraire dans les 85 années précédentes elle avait gagné un millard de francs chaque année.

N'y a-t-il pas là un grand enseignement et une sérieuse menace?

Toute notre thèse se trouve résumée dans cette page de l'histoire du siècle !

Nous la livrons aux méditations de nos lecteurs !

DEUXIÈME PARTIE

OBSERVATIONS

DE

MM. LES MEMBRES DE L'ACADÉMIE

DES SCIENCES MORALES & POLITIQUES

Après la lecture du mémoire qui précède, faite par l'auteur dans la séance du 26 janvier 1889, Messieurs les Membres de l'Académie ont présenté les observations qui suivent :

OBSERVATIONS FAITES PAR M. FRÉDÉRIC PASSY

M. FRÉDÉRIC PASSY a écouté avec le plus grand intérêt le savant Mémoire de M. Allard. Il a le regret d'être en désaccord avec lui sur presque tous les points.

En premier lieu, il lui est impossible d'admettre le système du double étalon. Il dit double étalon et non bi-métallisme, n'en déplaise à M. Cernuschi, qui a inventé l'opposition des mots de mono-métallistes, c'est-à-dire de gens proscrivant l'un ou l'autre des deux métaux monétaires et n'admettant qu'un seul instrument d'échange, soit l'or, soit l'argent. Tous les métaux, ou pour mieux dire toutes les marchandises, sont monnaie, comme l'a bien dit Turgot, puisque toutes sont données et reçues en échange, c'est-à-dire en paiement des autres. L'or et l'argent sont non seulement des marchandises, mais en vertu de qualités spéciales qui les rendent les plus marchandes des marchandises, ils sont devenus les instruments habituels des échanges et les dénominateurs communs des valeurs. Mais, par le fait même qu'ils sont des marchandises, leur valeur propre varie nécessairement soit en elle-même, soit relativement aux autres marchandises, ou par rapport l'un à l'autre. Il y a là un fait plus fort que tous les systèmes et toutes les législations ; et il n'est pas de puissance au monde qui puisse se flatter de maintenir dans un rapport fixe deux quantités qui ne sont fixes ni l'une ni l'autre, et dont les variations peuvent se faire en sens inverse aussi bien que dans le même sens. Voilà tout ce qu'affirment les adversaires du double étalon ; ils déclarent, ou plutôt ils constatent que toute mesure, pour avoir un sens, doit se rapporter à une unité unique et certaine. Mais ils admettent parfaitement qu'à côté du métal étalon, un autre métal puisse être employé utilement, à la condition d'être accepté volontairement par les parties et de suivre les variations des cours.

Ils ajoutent autre chose, et M. Passy insiste sur ce point, c'est que la France, en droit strict, sinon en fait, ne devrait point être considérée comme soumise au régime du double étalon. La loi de Germinal an XI, qui a voulu que l'unité monétaire fût désormais *un point fixe*, a établi l'étalon d'argent. L'unité monétaire, aux termes de cette loi, est le franc, et le franc est 5 grammes d'argent à 9 dixièmes de fin. Elle ne dit pas que 5 grammes d'argent *valent* un franc, ou qu'un kilogramme d'argent vaut 200 francs. Elle dit, c'est le propre langage de Gaudin : « 5 grammes d'argent *sont* un franc, un kilogramme d'argent *est* 200 francs. » Il est vrai que pour la commodité des transactions, la loi de Germinal admet, en se fondant sur ce qui existait à cette époque, l'emploi d'une monnaie d'or; elle suppose, ou plutôt encore une fois elle constate entre les deux métaux un rapport de valeur de un à quinze et demi. Mais, en même temps qu'il adopte provisoirement ce rapport, le législateur de l'an XI, bien loin de se croire en droit de le décréter à perpétuité, prévoit qu'il pourra se trouver modifié par le cours des métaux et il reconnaît que dans ce cas, il y aurait lieu à une refonte. Il ajoute même, par une sorte de divination qui a été remarquée, que ce remaniement ne s'imposera probablement pas avant une cinquantaine d'années. On sait que ce n'est qu'après 1850 que sous l'influence de l'exploitation des mines d'or de Californie et d'Australie, le rapport fut sensiblement altéré. C'est l'or qui baissa à cette époque de valeur par rapport à l'argent et tomba au-dessous de 15 1/2 et même de 15. Le mouvement inverse s'est produit depuis un certain nombre d'années par suite d'une offre plus abondante d'argent sur le marché; et, sans rien affirmer d'une façon absolue, on peut prévoir qu'il ne fera que s'accentuer.

Ce n'est pas en effet uniquement, ni même principalement peut-être, la production plus abondante d'argent qui est cause de la dépréciation relative de ce métal. Peut-être aussi n'est-il pas tout à fait exact d'en conclure que l'or a haussé de valeur et serait-il plus vrai de dire que c'est la demande qui a diminué, toutes proportions gardées, pour les deux métaux monétaires, mais beaucoup plus pour l'argent. On ne se servait autrefois que d'argent et l'on n'avait de l'or qu'exceptionnellement. On ne s'en sert plus aujourd'hui qu'à son corps défendant, parce qu'on le trouve lourd et encombrant. Ce n'est plus guère qu'une monnaie d'appoint. L'or lui-même est délaissé, non seulement pour les paiements à distance, mais pour tous les payements un peu considérables; et l'on sait combien réduite est son intervention effective, par rapport à l'emploi des procédés de toutes sortes mis en usage pour le règlement des comptes. La monnaie de papier, qu'il ne faut pas confondre avec le papier-monnaie (car elle suppose et représente la monnaie métallique, tandis que celui-ci la nie et vise à la supprimer), prend de plus en plus la place principale.

C'est un perfectionnement du mécanisme monétaire analogue, mais dans de bien autres proportions, à celui de la balance à bascule qui, suivant la longueur et la solidité du bras de levier, permet de réduire au dixième, au vingtième, ou au centième, mais jamais de supprimer l'emploi des poids pour faire des pesées.

M. Passy ne voudrait point allonger outre mesure ces observations déjà trop étendues. Il n'a voulu d'ailleurs qu'amorcer, si l'Académie le veut bien, une discussion à ses yeux fort importante. Il tient cependant, avant de terminer, à protester contre la doctrine qui attribue les crises dont on se plaint en divers pays à un excès de production et dénonce comme un mal l'abaissement des prix. Outre qu'il est aussi contradictoire d'attribuer à la baisse du métal avec lequel on paie les objets, la baisse de ces objets, que de dire qu'en déchargeant l'un des plateaux d'une balance, on fait monter l'autre, il est contraire à la notion même de progrès de dénoncer le développement de la production comme un mal et un danger. Il peut y avoir sur certains points, à certains moments et pour certains produits, un encombrement relatif provenant d'une insuffisance d'écoulement qui n'est, en réalité, que la conséquence d'une insuffisance relative de puissance d'achat, c'est-à-dire d'une insuffisance de production de la part des consommateurs pour lesquels on a travaillé. Et c'est précisément en quoi le protectionnisme, en fermant les débouchés et faisant refluer en quelque sorte les produits à leur source, tend à contrarier à la fois l'activité du travail et le développement de la consommation. Mais d'une façon absolue, il ne saurait y avoir un excès général de production ; et, comme l'a si bien dit Bastiat : « La richesse des hommes, c'est l'abondance des choses. »

M. PAUL LEROY-BEAULIEU croit que la lecture, si intéressante, de M. Allard ne peut être accueillie sans réserves immédiates, tant au point de vue doctrinal qu'au point de vue même des faits. En ce qui concerne le côté doctrinal, M. Leroy-Beaulieu, comme M. Frédéric Passy, pense que le double étalon est un système toujours précaire, antiscientifique et antipratique, qui n'a pu être maintenu quelque temps que par des circonstances tout à fait accidentelles et fugitives, qui ne répond pas le moins du monde à ce qui s'est passé sur le marché universel depuis le début des temps historiques. Sans rechercher l'origine du très profond changement survenu dans le rapport de valeur entre l'or et l'argent, M. Leroy-Beaulieu dit qu'il est un fait dont il est impossible de ne pas tenir compte. Depuis 1865, la production de l'argent a plus que quadruplé, passant de 900,000 kilogrammes à 4 millions de kilogrammes. Soutenir que quand la production d'une denrée a plus que quadruplé en moins d'un quart de siècle, il n'y ait pas là une cause de baisse pour cette denrée, toutes les autres circonstances restant les mêmes, c'est absolument perdre de vue toute réalité. Or, si, depuis quelques années, malgré que l'argent ait perdu 30 p. c. de sa valeur, la production de ce métal a plus que quadruplé, si on relevait artificiellement la valeur de ce métal, si l on y parvenait, ce qui est douteux, il est bien clair qu'au lieu de 4 millions de kilogrammes on en produirait 6, 7, 8 ou 10 millions de kilogrammes, soit huit ou dix fois plus qu'il y a vingt ans, c'est-à-dire qu'on serait absolument inondé d'argent.

En ce qui concerne la prétention de l'auteur du Mémoire que la crise économique actuelle est due à la dépréciation de l'argent, M. Leroy-Beaulieu juge que tous les faits témoignent contre elle. D'abord la baisse absolue et générale des prix ne lui paraît pas un fait démontré. Parmi les marchandises il y en a un très grand nombre qui ont baissé depuis vingt-cinq ans; il y en a au contraire, qui ont haussé, en beaucoup plus petit nombre, il est vrai, mais notamment toutes les œuvres d'art sans exception, tous les services personnels presque sans exception, tous les honoraires et émoluments, traitements publics, etc. Quant à la généralité des marchandises qui a baissé, on en trouve des causes tout à fait évidentes et faciles à saisir : c'est ou bien la concurrence des pays neufs vers lesquels se portent à la fois une notable partie des ouvriers du vieux monde et les capitaux accumulés par les vieilles sociétés; ou, d'autre part, les progrès de la fabrication et plus encore ceux des voies de transport, notamment des transports maritimes. Les progrès de la fabrication ne peuvent être niés pour tous les objets qui sont susceptibles d'une production mécanique et en grand : les articles fabriqués en fer, en acier, en coton, en laine, ont sensiblement baissé de plus en plus par les progrès de la science; voilà une cause de baisse des prix qui est tout à l'honneur de la société moderne. Il y a, en outre, une cause de baisse générale, c'est la diminution du fret maritime par le progrès de la navigation à vapeur. On a percé l'isthme de Suez, on a inventé les chaudières à double expansion et les navires à 1,500 ou 2,000 tonneaux; puis on a perfectionné et inventé les chaudières à triple expansion, et l'on a construit des navires de 3,000 à 5,000 tonnes. On a enfin créé des chemins de fer soit dans les pays neufs qui n'en avaient pas, soit dans de vieux pays assoupis et en train de se réveiller: 20,000 kilomètres de voies ferrées aux Indes, 10,000 kilomètres dans la République Argentine. Les capitaux des vieilles sociétés, ainsi que leurs ingénieurs, leurs contremaîtres, se disséminent sur le reste de la terre pour la féconder. Il est bien clair que toutes ces modifications doivent accroître le champ de la concurrence et faire baisser les prix dans le vieux monde.

Le phénomène de la baisse des prix apparaît donc comme étant, en général, étranger à la dépréciation du métal d'argent. Maintenant un phénomène aussi soudain ne peut se manifester sans certaines souffrances passagères, une rupture d'équilibre qui demande certaines adaptations nouvelles; il y a là une période de transition qui est douloureuse pour certaines classes, par exemple pour les propriétaires fermiers dans le vieux monde. Mais ce n'est là qu'une phase passagère, En définitive, la baisse des prix et l'abondance des denrées (car les deux phénomènes sont simultanés en ce moment pour la généralité des marchandises) sont des phénomènes heureux, utiles au grand nombre. Aussi M. Leroy-Beaulieu ne peut-il accepter, ni en principe, ni sous le rapport de l'interprétation des faits, la thèse soutenue dans le Mémoire de M. Allard.

M. Léon Say : — J'ai demandé la parole au moment où M. F. Passy parlait de l'impossibilité de fixer un rapport constant entre la valeur de l'or et celle de l argent. Je crois que la question pourrait être déplacée. Personne ne peut en effet soutenir que la valeur relative de deux marchandises puisse être réglée par la loi. Mais il est arrivé souvent et il arrive tous les jours que la loi traite les débiteurs avec plus de faveur que les créanciers. Ce qui existait chez nous, c'était une faveur donnée aux débiteurs en leur laissant une option pour le choix du métal avec lequel ils pouvaient se libérer. Le débiteur pouvait acquitter sa dette soit avec une quantité de grammes d'or, soit avec une autre quantité de grammes d'argent. L'option inverse n'était pas accordée au créancier. Le créancier ne pouvait pas obliger son débiteur à s'acquitter envers lui en le forçant à lui payer ce qu'il avait le droit de recevoir par la livraison d'une quantité d'or, plutôt que par celle d'une quantité quinze fois et demie plus grande d'argent. Cette option, donnée à une seule des parties, constituait un système, et quoique cette nature de législation fut limitée aux pays de double étalon, elle produisait les mêmes effets au dehors, même dans les pays dont la circulation était fondée sur le simple étalon. Un débiteur anglais pouvait toujours se procurer à un change fixe de l'or avec de l'argent en France ou ailleurs, par une opération internationale, ce qui lui assurait même à l'intérieur, même vis-à-vis de ses créanciers nationaux, cet avantage d'option qui existait dans les pays de double étalon.

Dans toute la législation française, le débiteur est traité avec faveur. Est-ce un bien, est-ce un mal ? il serait intéressant de le discuter et de rechercher quelle est la cause d'une pratique aussi constante de la part de nos législateurs.

Il n'est pas impossible de supposer que l'abandon de cet ancien principe de notre législation n'ait amené déjà et ne doive amener encore des changements dans la situation économique de notre pays, peut-être du monde entier.

On peut envisager la monnaie comme un moyen de liquidation ; mais on peut aussi l'envisager comme un moyen de constitution de capitaux disponibles. Le capital disponible par excellence est celui qui est représenté par des métaux précieux ; les autres ne sont disponibles qu'au point de vue de leurs propriétaires, qui en changent l'emploi : ils ne peuvent alimenter une industrie nouvelle autrement que par un déplacement.

L'option des débiteurs pouvait s'exercer non seulement pour la liquidation des dettes, mais elle pouvait aussi avoir pour conséquence de pousser à la création de la dette elle-même, ce qui est très différent. On peut toujours, en effet, se constituer débiteur, en achetant une valeur, une propriété foncière ou des produits. Sous le régime ancien, on se constituait débiteur par une opération d'achat qui pouvait être liquidée plus tard par l'introduction qu'on faisait à son choix en France d'une quantité d'or ou d'une autre quantité d'argent.

Il y avait dans la possibilité de profiter des écarts entre la valeur réelle des métaux et celle qui résultait du droit d'option, un encouragement énorme à l'importation du numéraire dans notre pays et par voie de réflexion dans les autres pays. Cet encouragement a disparu. Pendant des siècles la quantité de métaux précieux a toujours été en augmentant chez nous et dans le monde; le mouvement est arrêté, peut-être pour longtemps, peut-être pour une série de siècles. Quelle sera la conséquence d'un pareil renversement dans la situation ?

Toutes les fois que les métaux précieux affluent dans un pays, les affaires y deviennent plus actives, et personne n'a perdu le souvenir de ce qui s'est passé en Europe après les découvertes de l'or de Californie ; David Hume l'avait déjà remarqué au XVIIIe siècle, « quand le numéraire, disait-il, commence à affluer, toute chose revêt une face nouvelle ; le travail et l'industrie prennent de l'animation... »

On peut croire que le pays dans lequel afflue le numéraire n'est pas enrichi par cette importation, mais il est certain qu'il s'y produit un changement dans la distribution de la richesse antérieurement acquise. C'est comme un amortissement, au profit des classes travailleuses, des capitaux successivement immobilisés par les classes qui se sont enrichies autrefois. Peut-être y avait-il dans cette modification graduelle de la distribution de la richesse, une cause de tranquillité politique.

Ce sont là des points de vue plus étendus que ceux qui font en général l'objet des discussions sur le double étalon. Il serait utile de les aborder et d'aller au fond de ces considérations. Toujours est-il qu'un retour à la situation ancienne pourrait avoir des conséquences sur l'état économique et social de notre pays, et comme nous possédons une masse d'argent que nous sommes impuissants à liquider dans l'hypothèse de l'étalon unique, il serait bon de rechercher à réaliser une législation internationale qui donnerait plus de facilité pour augmenter la quantité de numéraire, non pas au point de vue des nécessités de liquidation, mais à celui de l'augmentation des capitaux disponibles à offrir aux classes travailleuses comme un stimulant à leur activité.

M. PAUL LEROY-BEAULIEU, à propos de la thèse de M. Léon Say sur les avantages de l'option donnée aux débiteurs pour se libérer dans la monnaie la plus faible et, par conséquent, de frauder le créancier, pense que cette thèse a de graves inconvénients moraux. En outre, elle n'a pas les avantages pratiques qu'on lui attribue; on en a une preuve évidente dans l'exemple que nous donnent l'Angleterre et les Etats-Unis d'Amérique. Ces deux pays, les plus progressifs du monde, n'ont jamais admis l'option ni en théorie ni en pratique. Ces deux nations pensent que le crédit ne peut que souffrir quand la loi fournit au débiteur des artifices pour ne pas payer au créancier tout ce qui lui est dû.

M. LEVASSEUR. — Je suis d'avis que l'unité d'étalon monétaire est très préférable au double étalon. Toute valeur est variable : les métaux précieux, et par conséquent, la monnaie n'échappent pas à cette loi. Mais il ne faut pas, aux causes naturelles, ajouter des causes accidentelles de variation. Dans un pays qui n'a qu'un étalon, le créancier qui prête 1,000 francs en or recevra à l'échéance le même poids d'or qu'il aura donné : la valeur dépendra des circonstances économiques. Dans un pays qui a deux étalons, le débiteur rendra en or, si l'or vaut moins à l'époque de l'échéance, et en argent, si c'est l'argent qui vaut moins; la valeur dépendra à la fois des circonstances économiques et du choix laissé par la loi au débiteur. Or, le débiteur a intérêt à se libérer dans les conditions qui lui sont les plus avantageuses; ce sont, par contre, les plus désavantageuses au créancier. Il n'est pas bon que la loi agisse ainsi, de manière à supprimer une partie des dettes; son rôle est, au contraire, de tenir la balance aussi fixe que possible dans l'intérêt de la sécurité commerciale autant que de la justice.

Un pays qui a les deux métaux pour étalon est condamné, quand il se produit des différences sensibles dans la valeur de l'un des deux, à voir celui qui se déprécie affluer sur son marché, et celui qui est en hausse sortir de ses frontières. C'est ainsi qu'en 1847, époque où l'or était rare et cher, la France avait un excédent d'importation d'argent de 54 millions, et un excédent d'exportation d'or de 12 millions; qu'en 1854, époque de la grande production des mines de Californie et d'Australie, l'excédent était de 416 millions à l'exportation de l'or et de 164 à l'exportation de l'argent; et qu'en 1888, où l'argent est devenu de nouveau abondant, l'exportation de l'or présente un excédent de 93 millions et l'importation de l'argent un excédent de 54 millions Cette alternative est due précisément au double étalon; et le double étalon a obligé la France à avoir un système monétaire qui est bizarre et l'Union latine à interdire la frappe de la monnaie d'argent.

Le tableau suivant montre comment ces variations se sont produites :

ANNÉES		OR	ARGENT	OBSERVATIONS
		Millions de francs		
1847	Importation	21	138	La production de l'argent est plus considérable que celle de l'or. Exportation d'or. Importation d'argent. Balance peu considérable.
	Exportation	33	84	
		— 12	+ 54	
	Balance	+ 42		
1854	Importation	480	99	La production de l'or est beaucoup plus considérable que celle de l'argent. Très forte importation d'or. Grande exportation d'argent. Balance considérable.
	Exportation	64	263	
		+ 416	— 164	
	Balance	+ 353		
1873	Importation	175	389	La production de l'argent est redevenue plus considérable que celle de l'or. Grande exportation d'or. Grande importation d'argent. Balance favorable à l'accroissement des métaux précieux, mais moins fort qu'en 1854, malgré la reconstitution par importation du numéraire de la France.
	Exportation	284	207	
		— 109	+ 182	
	Balance	+ 73		
1888	Importation	101	163	La production de l'argent continue à être plus considérable que celle de l'or. Exportation d'or. Importation peu considérable d'argent.
	Exportation	194	109	
		— 93	+ 54	
	Balance	— 39		

On a parlé d'une convention qui rendrait uniforme et fixe le rapport de 15 1/2 à 1 chez toutes les grandes nations. Je ne crois pas qu'il soit possible d'amener les gouvernements à signer une convention de ce genre ; je suis convaincu qu'elle ne serait pas durable, si elle était jamais réalisée.

Je pense que l'affluence des métaux précieux est un puissant stimulant pour le commerce, parce qu'elle détermine, tant qu'elle se produit, un mouvement de hausse des prix ; mais cet avantage ne doit pas être recherché au prix de l'avilissement de la monnaie qui en est la conséquence et qui a de graves inconvénients.

Il me semble que l'état monétaire en France et en Angleterre n'est pas tout à fait étranger à la baisse des prix de gros, telle qu'elle se produit depuis cinq ans ; mais cette cause a exercé beaucoup moins d'influence que d'autres, telles que l'abaissement du fret et le développement de la production dans certains pays situés hors d'Europe. La hausse de la valeur de l'or peut avoir eu une influence sur les salaires ; moindre cependant en Angleterre que ne le calculent quelques économistes ; bien moindre surtout en France, où les salaires ont augmenté beaucoup de 1850 à 1870 et ont continué à augmenter de 1870 à 1882. Depuis ce temps, la crise ne les a que légèrement déprimés ; cette réduction, du reste, ne paraît pas être générale.

M. Frédéric Passy ne veut pas rentrer dans la discussion. Après les observations si concluantes de

MM. Leroy-Beaulieu et Levasseur, il croit inutile d'insister. Le système du double étalon n'a trouvé devant l'Académie aucun défenseur, et il est surabondamment établi par l'expérience, dont les résultats ont été si habilement condensés dans les chiffres mis en regard par M. Levasseur, qu'avec un rapport fixe, soit en fait, soit en droit, c'est toujours le métal déprécié qui chasse l'autre au détriment de la richesse nationale.

M. Passy ne croit pas d'ailleurs, non plus que M. Leroy-Beaulieu, que le débiteur soit nécessairement plus digne d'intérêt que le créancier, et il estime que sans avoir contre soi l'option dont a parlé M. Léon Say, le capital, dans la grande majorité des cas, tend naturellement à se déprécier quand il ne se renouvelle pas par un emploi productif, en vertu de cette simple, mais décisive raison, que ce qui a été déjà fait, est moins difficile à faire, et que le présent a à son service l'emploi des forces du passé.

Mais ce qui domine aux yeux de M. Passy, et c'est la seule réflexion qu'il ait tenu à ajouter, c'est la question de fixité, autrement dit, la sécurité. La monnaie, comme il l'a dit dans la séance précédente, et comme vient de le redire M. Levasseur, doit être un *corps certain*. Les altérations auxquelles se livraient autrefois les souverains, en lui enlevant ce caractère, mettaient le trouble dans toutes les transactions. Les banquiers seuls, appliqués à suivre les variations de poids et de titre, pouvaient s'y reconnaître ; de là, à la fois, la puissance des juifs et l'animosité dont ils étaient l'objet.

Le grand service que rendirent les premières banques de dépôt en s'engageant à rembourser à *poids et titre du jour*, c'est-à-dire à restituer exactement la quantité de métal fin qu'elles auraient reçu, fut de mettre les déposants à l'abri de ces variations et de constituer, au milieu de toute les falsifications légales, une détermination fixe et certaine de la chose due. Le système du double étalon et l'option préconisée par M. Léon Say tendent précisément à faire revivre, dans une certaine mesure, l'ancien état d'incertitude, et peuvent être par conséquent considérés, jusqu'à un certain point, comme une altération limitée, mais néanmoins très fâcheuse des monnaies.

M. Germain : — M. Allard, dans son intéressant Mémoire, essaie d'établir : 1° que la démonétisation de l'argent en Allemagne, en 1873, a amené dans le globe entier la dépression des prix ; 2° que pour ranimer l'industrie, pour relever l'agriculture, pour rendre la prospérité aux diverses nations, il faut introduire l'argent comme monnaie dans les divers pays.

Les faits me paraissent être en contradiction avec la première proposition. Les prix se sont au contraire élevés depuis 1873 jusqu'en 1879 et 1880. Ce n'est guère qu'à partir de cette époque qu'ils ont diminué.

Quant au remède, il serait à la fois impraticable et insuffisant : impraticable, car de plus en plus l'argent ne peut se prêter à la multiplication des paiements ; c'est un métal trop lourd et trop encombrant pour se plier aux exigences des affaires d'aujourd'hui. Il tend à n'être qu'une monnaie d'appoint.

Le législateur pourrait décréter qu'il sert de menue monnaie, mais sa puissance ne saurait le remettre en circulation

Aujourd'hui la monnaie de cuivre et d'argent joue un rôle très secondaire. L'or est de plus en plus la monnaie de circulation ; et enfin c'est le papier, sous ses diverses formes, qui joue le rôle important.

Le billet de banque et le chèque se prêtent mieux que les métaux au règlement des paiements importants.

Les titres au porteur payables en or sur les principales places du globe sont devenus les véritables encaisses modernes des diverses nations. Ces encaisses prennent chaque année une importance plus considérable ; ils sont doués de la faculté d'ubiquité, et ont en outre l'avantage de produire intérêt. Le milliard d'or dans les caisses de la Banque de France n'est qu'une minime fraction de l'encaisse d'or possédé par les Français, qui est représenté par des titres payables en or sur les diverses places.

TROISIÈME PARTIE

AVIS

DE

M. EMILE DE LAVELEYE

PROFESSEUR D'ÉCONOMIE POLITIQUE A L'UNIVERSITÉ DE LIÉGE,

MEMBRE CORRESPONDANT DE L'ACADÉMIE

DES SCIENCES MORALES ET POLITIQUES DE FRANCE, ETC., ETC.

TROISIÈME PARTIE

AVIS

DE

M. EMILE DE LAVELEYE

PROFESSEUR D'ÉCONOMIE POLITIQUE A L'UNIVERSITÉ DE LIÈGE,
MEMBRE CORRESPONDANT DE L'ACADÉMIE
DES SCIENCES MORALES ET POLITIQUES DE FRANCE, ETC., ETC.

ALPHONSE ALLARD,

à

Monsieur EMILE DE LAVELEYE,

Professeur d'Économie Politique,

Membre correspondant de L'INSTITUT DE FRANCE,

à

Liége.

CHER MONSIEUR,

L'ACADÉMIE DES SCIENCES MORALES ET POLITIQUES DE FRANCE m'a fait l'honneur de consacrer deux séances, à la lecture et à la discussion du mémoire que je publie aujourd'hui.

M LÉON SAY, avec la haute autorité et le grand talent que vous lui connaissez, a appuyé mes arguments, mais la controverse d'autres savants académiciens ne m'a pas ménagé; elle a battu en brèche mes opinions, qu'il m'était interdit de défendre, les usages académiques ne permettant d'admettre à cet honneur aucun étranger à la noble compagnie.

Que devais-je faire?

J'aurais certes désiré pouvoir répondre, car mes convictions s'étaient plutôt raffermies qu'elles ne s'étaient ébranlées sous le feu de ces savantes contradictions; toutefois n'ayant pas été admis à discuter séance tenante, ne convenait-il pas de me renfermer dans ce silence respectueux qui m'avait été imposé par les règles académiques ?

Je m'arrêtai à cette réflexion.

Mais vous, cher Maître, qui n'avez ni les mêmes scrupules ni les mêmes raisons, j'ai pensé que vous voudriez bien prendre part à cette discussion, et nous dire ce que vous pensez des arguments dont vos confrères ont exposé les principes devant l'illustre compagnie, qui a l'honneur de vous compter parmi ses membres les plus distingués et les plus influents.

Bien à vous,

ALPH. ALLARD

EMILE DE LAVELEYE,

à

Monsieur ALPHONSE ALLARD,

Directeur de la Monnaie,

à

Bruxelles (*Saint-Gilles*).

CHER MONSIEUR,

Vous voulez bien me demander ce que je pense des critiques et des réserves que plusieurs de mes collègues à l'Institut ont formulées au sujet du mémoire que vous y avez lu dans la séance du 26 janvier 1889.

Voici quelques brèves remarques à ce sujet.

§ 1

LA MONNAIE ET LA LOI

Si je ne puis admettre les objections faites par MM. Passy, P. Leroy-Beaulieu, Levasseur et Germain, c'est parce que je pense qu'ils se font une idée incomplète et par conséquent inexacte de la nature et du rôle de la monnaie et qu'ils ne tiennent pas assez compte de l'influence de la loi en cette matière.

M. Passy met nettement en relief la cause de la divergence d'opinion qui nous sépare quand il dit : » Toutes les marchandises sont monnaies, puisque » toutes sont données et reçues en payement des » dettes. » Turgot, dont M. Passy invoque l'autorité, avait dit seulement : *Toute monnaie est marchandise.*

Ce qu'avance M. Passy est démenti par les faits observés, chaque jour, et même la maxime de Turgot, généralement acceptée naguère par les économistes, n'est vraie qu'à moitié.

La monnaie est certes faite d'une matière : or, argent, bronze, nickel, qui est une marchandise; mais la loi ayant attribué à certains disques faits de ces métaux le privilège exclusif d'éteindre toute dette et de pouvoir être offerts en tout payement, en raison de leur valeur nominale ou légale, il s'ensuit que ces disques, qui constituent la monnaie, ne sont plus du tout une marchandise comme une autre. Dans l'intérieur du pays, leur qualité d'un instrument légal de l'échange l'emporte tellement sur leur qualité de marchandise, que celle-ci est d'ordinaire complètement négligée; on ne la considère que pour les payements à faire au dehors ou quand on fond une pièce d'or ou d'argent pour un emploi industriel.

Voyez ce qui s'est passé dans toutes les grandes crises commerciales, en 1825, 1847, 1859, par exemple. On donnait à vil prix toutes les marchandises parce que les payements étant stipulés en numéraire, c'était de l'or ou de l'argent monnayé qu'il fallait se procurer à tout prix. Combien de commerçants ont été ruinés ayant en magasin une valeur en marchandises très supérieure au montant de leurs dettes. (1) S'il était vrai, comme le dit M. Passy, que « toute marchandise est monnaie parce qu'elle est reçue en payement », ces ruines auraient été évitées.

En Russie, en Autriche, actuellement, toutes les transactions se règlent en un papier-monnaie, qui n'est pas une marchandise apparemment et qui ne donne pas même droit à toucher une quantité quelconque d'or ou d'argent, puisque le billet à cours forcé n'est pas remboursable et que nul ne prévoit le moment où il le sera. Pourquoi ces billets, sans nulle valeur intrinsèque, sont-ils reçus par tout le monde? Parce qu'ils possèdent la qualité essentielle de la monnaie, qui est, non d'être une marchandise, mais un moyen légal de payement.

Je demande à M. Passy de me donner une pièce de cinq francs en or, en échange d'un écu d'argent de même valeur ; il y consentira à l'instant, parce qu'il pourra acheter tout ce qu'il voudra, aussi bien avec la pièce d'argent, qu'avec la pièce d'or, quoique l'écu de cinq francs ne vaut comme marchandise, que fr. 3,50. Si je lui offrais une pièce roumaine contenant exactement la même quantité de marchandise en argent, M. Passy la refuserait, parce qu'elle n'a pas le cours légal.

Les anciens avaient admirablement compris et défini la monnaie. Voici ce que dit Aristote : (*Morale à Nicomaque L. V.*). « Par l'effet d'une convention volontaire, la monnaie (*nomisma*) est devenue l'instrument de l'échange. On dit *nomisma* de *nomos*

(1) Le banquier si connu Thomas Baring cite le fait que dans la crise de 1859, on n'avait pu obtenir à Londres une guinée sur 60,000 L. st. d'argent et à Calcutta un négociant, possédant de l'or a été mis en faillite, faute d'argent, seul étalon monétaire aux Indes.

(loi) parce que la monnaie n'existe pas de par la nature ; elle n'existe que de par la loi et il dépend de nous de la changer et de la priver de son utilité si nous le voulons. »

Et ailleurs dans la *Politique* L. I. : « La monnaie n'est par elle-même qu'une frivolité, une futilité ; elle n'a de valeur que par la loi et non par la nature, puisqu'un changement de convention entre ceux qui en font usage peut la déprécier complètement et la rendre impropre à satisfaire aucun de nos besoins. »

Citons encore le texte du jurisconsulte Paul : « Une matière fut choisie, dont la valeur légale et perpétuelle obviât aux difficultés du troc par l'égalité de la quantité. Cette matière, marquée d'une empreinte officielle, tire son usage et sa puissance de payement, non de sa substance, mais de sa quantité. Depuis lors les deux choses échangées ne sont plus appelées *marchandise*, mais l'une d'elle seulement ; l'autre se nomme *prix*. »

Ce qui prouve combien Paulus a raison de dire que la puissance d'acquisition de la monnaie dépend, non de sa substance comme marchandise, mais de sa quantité, c'est que l'Etat peut maintenir en circulation du papier-monnaie non remboursable, sans dépréciation aucune, à condition que la quantité émise ne dépasse pas les besoins de l'échange. On l'a vu en France, après 1870 et surtout en 1848, où le billet de la Banque de France à cours forcé faisait prime relativement au numéraire métallique. Il y a plus : en 1871, on payait à Bruxelles fr. 1.000,50 EN OR pour obtenir un billet de la Banque de France de 1.000 francs n'ayant comme marchandise aucune valeur.

§ 2

FIXITÉ DU 15 1/2

« Il n'y a pas de puissance au monde, dit M. Passy, qui puisse se flatter de maintenir dans un rapport fixe deux quantités qui ne sont fixes ni l'une ni l'autre. »

Les faits démentent cette assertion. A la conférence monétaire de 1878, M. Léon Say a pu affirmer que, pendant soixante-dix ans, le système français avait pu maintenir le rapport de 1 à 15 1/2 entre l'or et l'argent, malgré les circonstances les plus extraordinaires: guerres, invasions, crises de toute nature, déluge d'or après 1850, puis augmentation de la production de l'argent.

Ce fait, contesté par mes éminents confrères et attribué par M. P. Leroy-Beaulieu à des « circonstances accidentelles et fugitives », est pleinement reconnu par la commission monétaire anglaise dans le rapport qui vient de paraître (1888), où on lit ceci : « La production des deux métaux a été sou-
» mise à de très grandes variations dans les 70 pre-
» mières années de ce siècle, et cependant leur valeur
» relative n'a presque pas varié si on la compare par
» série d'années, » comme cela résulte du tableau suivant :

VALEUR RELATIVE DE LA PRODUCTION ET DU PRIX DE L'OR ET DE L'ARGENT DANS LES PÉRIODES SUIVANTES :

PÉRIODES	VALEUR DE LA PRODUCTION (Moyenne annuelle)		PROPORTION de L'ARGENT A L'OR (Production)	PRIX MOYEN de L'ARGENT (lingot)	RAPPORT et valeur de l'or et de l'argent (marchandises)
	Argent.	Or.		Pence p^r once	Argent Or
1801-10	£8,002,600	£2,480,000	3.226 à 1	60 7/16	15.61 à 1
1811-20	4,366,900	1,596,600	3.048 » 1	60 13/16	15.51 » 1
1821-30	4,075,900	1,983,100	2.055 » 1	59 11/16	15.80 » 1
1831-40	5,278,600	2,830,300	1,865 » 1	59 7/8	15.75 » 1
1841-50	6,867,600	7,638,800	899 » 1	59 9/16	15.83 » 1
1851-55	8,019,300	27,815,400	288 » 1	61 3/16	15.41 » 1
1856-60	8.235,400	28,144,900	292 » 1	61 5/8	15.30 » 1
1861-65	9,965,400	25,816,300	386 » 1	61 1/4	15.40 » 1
1866-70	11,984,800	27,206,900	440 » 1	60 5/8	15.55 » 1

Il résulte de ce tableau que le rapport légal de 15 1/2 à 1 s'est maintenu, jusqu'à la veille du jour où l'Allemagne a amené la baisse de l'argent, en le proscrivant et en adoptant l'étalon d'or.

§ 3

CAUSE RÉELLE DE LA BAISSE DU PRIX DE L'ARGENT

Chaque fois que M. P. Leroy-Beaulieu a parlé de la baisse de prix du métal argent, il l'a attribuée uniquement à l'excès de production. Il ne parle que de l'accroissement de l'offre; il oublie d'ajouter que la demande de la frappe, de beaucoup la plus importante, a cessé presque complètement dans tous les états européens. Or, ceci est la véritable et l'unique cause de la dépréciation du métal blanc. Il n'est pas difficile de le prouver.

Quand j'ai eu l'honneur de lire à l'Institut, en 1881, mon mémoire intitulé *Bimétallisme international*, M. P. Leroy-Beaulieu me dit que le métal argent baissait rapidement de prix, avant même que l'Allemagne eût adopté l'étalon d'or. M. Leroy-Beaulieu avait oublié de consulter la cote de l'argent à la Bourse de Londres et de Hambourg; il y aurait vu que la moyenne des prix de l'argent a été en 1870 de 60 9/16 pence, que même en février 1872 il s'est élevé à 61 7/8 p., ce qui dépasse le rapport légal de 15 1/2 à 1, et que le prix de l'argent à Hambourg, d'après les relevés si précis de M. Soetbeer, a été maintenu exactement à 178 mark, le kilogramme fin, depuis 1850 jusqu'en 1872 (1)

(1) Voir les documents si précieux recueillis par M. Soetbeer dans les *Materalien zur Erläuterung der Währungsfrage. 1885*, P. 21. D'après le tableau de M. Fournier de Flaix (*Journal de Statistique, mars 1887*), en mai 1873, la prime était de 5 0/00 sur l'or et de 6 1/2 0/00 sur l'argent.

sans que rien ne vienne trahir l'effet de l'augmentation de la production du métal blanc.

On peut affirmer, sans hésitation, que si l'Allemagne, éblouie par la contribution de guerre qu'elle avait à recevoir de la France, n'avait pas proscrit l'argent et si la frappe y était restée libre comme elle l'eût été dans l'Union latine, aux Etats-Unis, en Hollande, en un mot partout, sauf en Angleterre, nul doute que le surplus de la production n'eût été facilement absorbé par la frappe monétaire du monde entier. Les Etats-Unis seuls, grâce à leur prodigieux développement, y eussent fait face.

Et d'abord une légère rectification. Quand il s'agit de la question monétaire, M. P. Leroy-Beaulieu est porté par la sincérité et la vivacité de ses convictions mono-métalliques à produire des chiffres trop favorables à sa cause. Depuis 1865 la production de l'argent a plus que quadruplé, dit-il, passant de 900,000 à 4,000,000 de kilog. Or, en 1861-1865, elle était déjà de 1,101,150 et en 1866-1870 de 1,339,085, alors qu'il n'y avait pas encore dépréciation de l'argent et elle a été en 1885, de 2,951,766 et en 1886 de 3,029,632, dernier relevé publié par M. Kimball, *Director of the Mint* des Etats-Unis, soit donc une augmentation de 1,613,547 kil. depuis le moment où la baisse a commencé. Ce surplus de production, d'une valeur de 355,000,000 francs par an, aurait été employé par le monnayage, bien plus facilement que l'or qui affluait après 1850 et dont la production a brusquement quadruplé, puisqu'elle a passé de 188,206,683 francs en 1841-1850 à 708,221,346 francs en 1856-1860. Il y aurait eu cette grande différence en faveur de l'argent, qu'avant 1870, tous les pays du monde, sauf l'Angleterre, s'ouvraient à la frappe de ce métal, alors qu'en 1850 l'or n'avait accès que dans les seuls États bimétalliques et en Angleterre.

Ainsi que le constate la Commission monétaire anglaise, malgré la suspension presque universelle de la frappe de l'argent et malgré l'accroissement considérable de la production de ce métal, tout ce qui en est produit chaque année trouve son emploi, et nulle part il n'en existe un stock accumulé. Si donc les Hôtels des Monnaies de tous les pays l'eussent admis à la frappe, tout l'argent serait entré dans la circulation à sa valeur légale, sans qu'il se produisît le moindre trouble dans la circulation.

§ 4

LE BIMÉTALLISME EST-IL ANTI-PRATIQUE ET ANTI-SCIENTIFIQUE?

Mes savants confrères condamnent le bimétallisme (1) de la façon la plus sommaire. « Système anti-scientifique et anti-pratique » dit M. P. Leroy-Beaulieu.

(1) M. P. Passy se refuse même à employer le mot Bimétallisme. Je le trouve, au contraire, excellent parce qu'il exprime parfaitement l'idée et le fait d'un instrument d'échange composé de deux métaux également munis d'une même puissance libératoire et reliés par un rapport légal, de façon à ne constituer qu'un seul agent monétaire de circulation. On m'a attribué l'honneur d'avoir inventé le mot; c'est une erreur. M. Cernuschi s'en est servi le premier dès 1869, au banquet des Économistes de janvier 1869; mais je l'ai employé, de mon côté, en 1873, sans connaître ce discours de M. Cernuschi et avant que celui-ci

Anti-pratique! M P. Leroy-Beaulieu y a-t-il songé?

Un système qui a été en vigueur de tous temps, car dès le début de l'emploi de la monnaie métallique, on s'est servi à la fois de l'or et de l'argent comme numéraire pleinement libératoire.

« Anti-pratique, » un système qui, arrivé à sa perfection dans la loi de l'an XI, a assuré, pendant 70 ans, le pair du change entre les deux métaux, ceci est aujourd'hui parfaitement établi — et qui a permis à la France de faire face, sans fléchir, aux crises les plus redoutables que l'on puisse imaginer

« Anti-scientifique » un système qui a eu et qui a pour partisans les économistes qui se sont le plus spécialement occupés de la question et parmi eux des plus illustres : Wolowski en France, en Allemagne Rau, Roscher, Michaelis, Prince Smith ; Lexis, Otto Arendt, von Stein, Adolf Wagner, A. Schäffel, Neuwirth, en Italie, aux Etats-Unis, la plupart des professeurs d'Economie politique et, chose plus remarquable encore, en Angleterre même, au sein de la citadelle du monométallisme : les professeurs des Universités MM. Foxwell, Marshall, Sidgwick et Nicholson, convertis au bimétallisme, et ce dernier, auteur de l'un des exposés les plus clairs et les plus convaincants qui ait été écrit.

Anti-scientifique! un système dont M. Pierson,

eut reproduit le mot dans sa première brochure sur la question : *Or et argent*, 1874. J'y fus amené par la comparaison si juste de Wolowski qui disait que l'instrument monétaire composé de deux métaux était semblable à un balancier fait de tiges d'acier et de cuivre, dont les dilatations différentes se contrarient et se compensent. Déjà en 1860, je défendais l'or que voulaient proscrire MM. Frère-Orban et Pirmez (V. *La question de l'Or en Belgique*, et en 1873, l'argent, encore contre M. Frère-Orban. V. *La Question Monétaire*, par M. Frère-Orban, 1876, Appendice.)

gouverneur de la Banque Néerlandaise, a pu dire dans sa réponse au questionnaire du *Gold and Silver Commission* : « Je puis affirmer que dans notre pays le bimétallisme ne trouve pas un seul adversaire. »

Remarquez qu'il s'agit des Pays-Bas, c'est-à-dire du pays où les questions économiques et financières ont été étudiées et approfondies bien plus et plutôt que partout ailleurs.

Les défenseurs les plus instruits du monométallisme, les seuls, je crois pouvoir le dire, qui se sont donné la peine très grande de l'étudier à nouveau et de discuter à fond les travaux récents parus à ce sujet, MM. Soetbeer et Nasse, acceptent comme vrai le principe fondamental du bimétallisme, à savoir que l'entente des grands Etats commerçants du monde suffirait pour maintenir un rapport établi de valeur entre l'or et l'argent ; seulement ils ne croient pas qu'un semblable accord puisse s'établir.

Voici ce qu'écrivait Soetbeer en 1876 : «Si tous les » états commerciaux et, par conséquent, aussi l'An- » gleterre, adoptaient, en vertu d'une loi, l'emploi » simultané des deux métaux (*Doppelwährung*) sur la » base d'un rapport identique, disons 1 : 15,50, et s'y » tenaient loyalement, en admettant en même temps » la frappe libre et sans limites de l'or et de l'argent, » on ne peut guère mettre en doute, dans ce cas, qu'un » rapport très stable de valeur ne s'établisse pratique- » ment entre les deux métaux, et pour le présent et » pour un avenir éloigné, et que les variations transi- » toires de valeur aux dépens tantôt de l'or, tantôt de » l'argent ne dépasseraient pas un demi ou un pour » cent. »

Pour avoir plus facilement raison du système que nous défendons, nos adversaires l'exposent sous un faux jour. Le bimétallisme n'a pas la prétention de fixer à jamais la valeur de l'or et de l'argent. Voici simplement ce qu'il décrète : Toute personne qui apportera à l'hôtel des monnaies un kilogramme d'argent à 9/10 de fin recevra 200 francs, en disques investis d'une pleine puissance libératoire ; et pour un kilogramme d'or de même alliage, on lui remettra 3,100 francs, également en monnaie légale, d'où résulte que tout débiteur peut se libérer et faire des offres réelles en offrant au créancier soit un kilog. d'or, soit 15 1/2 kilog. d'argent monnayés en monnaie légale.

Laissez agir ensuite la loi de l'offre et de la demande, et ce rapport établi par la loi entre l'or et l'argent s'imposera au commerce libre, si le pays qui a établi ce système est grand, très commerçant, très industriel et surtout pourvu d'un grand approvisionnement des deux métaux. Ce qui le prouve c'est que la France seule a suffi pour maintenir intact le rapport de 1 à 15 1/2, quoique des différents rapports fussent fixés en d'autres pays, notamment en Amérique.

Voici comment ces faits s'expliquent, en vertu des lois les plus élémentaires de l'Économie politique.

Si à la Monnaie de Paris je puis obtenir, par le monnayage, 200 francs pour un kilog. d'argent, il est certain que nulle part je ne vendrai ce kilog. pour une somme moindre, frais de transport déduits, autrement je ferais un marché de dupe, puisque avec mes 200 francs je puis acheter ce que je veux sur le marché illimité des valeurs et des marchandises que m'offre la France. Il en serait de même pour l'or que je ne céderais pas à moins de 3,100 francs le kilogr. C'est ainsi et à ce prix que cinq milliards d'or de la Californie et de l'Australie sont venus se faire monnayer en France, au grand profit de l'Etat et des particuliers, puisque M. P. Leroy-Beaulieu a écrit dans son excellent livre *La Science Financière* vol. I. Ch. 2. P. 323, que, sans cet afflux d'or, on n'aurait pu échapper à la banqueroute.

Sauf en des cas exceptionnels, comme en 1864, quand l'Europe a dû payer en métal argent, à l'Inde, le coton qu'elle ne recevait plus d'Amérique, on n'allait pas chercher en France de l'or, en y envoyant de l'argent ou réciproquement de l'argent en y envoyant de l'or, puisque le rapport légal français s'imposait au monde entier, à tel point que, dans tous les calculs de statistique et de change, on prenait pour base le 1 à 15 1/2.

La puissance du rapport bi-métallique décrété par un grand pays s'explique par le fait qu'il s'agit de deux métaux dont la production est limitée. Le kilogramme de platine vaut aujourd'hui 523 roubles. Supposez que la Russie décrète que ses Hôtels des Monnaies transformeront, au profit de qui l'apportera, tout kilogramme de platine en disques monétaires d'une valeur de 1,000 roubles valable en tout payement, M. P. Leroy-Beaulieu croit-il qu'on vendra le platine au-dessous de ce taux légal de 1,000 R. le kilogramme?

Certes, si on pouvait augmenter la production du platine à volonté comme celle du blé ou du fer, le platine envahirait tous les canaux de la circulation en Russie et les prix hausseraient à proportion, exactement comme lorsqu'on émet en excès du papier-monnaie ; toutefois le platine continuerait à valoir 1,000 R. le kilogramme sur le marché russe.

Mais comme la production en est très limitée et qu'on ne peut guère l'augmenter, même avec plus de dépense, parce que le minerai en est très rare, le prix fixé par la Monnaie russe s'imposerait. Il en est de même pour les autres métaux précieux.

Aujourd'hui que la proscription de l'argent a fait baisser le prix de ce métal d'environ 30 0/0 et qu'une défaveur générale s'est attachée à son emploi — et à juste titre, puisqu'il ne constitue plus un moyen de payement international, — je ne sais si aucun Etat isolé pourrait, par la frappe libre, rétablir l'ancien rapport légal. Seuls les Etats-Unis le pourraient peut-être, mais sans doute ne le tenteront pas. Il en serait tout autrement si l'Union latine, la Hollande, l'Allemagne, l'Angleterre, l'Autriche et toute l'Amérique décrétaient la frappe libre de l'argent et de l'or au rapport de 1 à 15 1/2. Comme l'a prouvé, sans réplique, M. Henri Gibbs, ancien gouverneur de la Banque d'Angleterre, l'argent reprendrait le prix, qu'il a conservé jusqu'en 1870, de 60 7/8 pence l'once. Comment s'imaginer que l'argent puisse être vendu à un prix moindre, puisque je pourrais obtenir pour un kilogramme de ce métal 200 francs à Paris, ou à New-York, à Londres, à Vienne, à Berlin, à Amsterdam, une valeur égale en monnaie nationale et légale.

A cette question nos adversaires n'ont jamais répondu ?

La crainte de voir notre circulation envahie par un déluge d'argent qui viendrait remplacer notre or est complètement chimérique. En effet, les Etats-Unis sont les principaux producteurs d'argent : 51,000,000 dollars en 1886. Si les marchands de métaux peuvent obtenir en monnaies de l'Union, des dollars munis d'une pleine puissance libératoire à un taux équivalent à 60 7/8 p. l'once ou avec le rapport de 1 à 15 1/2, pourquoi enverraient-ils leur métal argent en Europe, où ils n'en obtiendraient pas un prix plus avantageux? Mais, dit-on, ce serait pour nous enlever notre or. On oublie que les frais de l'envoi en Europe seraient faits très inutilement, puisque avec 20 dollars en argent, le marchand de métaux se procurerait aux Etats-Unis un aigle d'or de 20 dol., exactement comme avec 20 fr. en argent on obtiendrait en France un napoléon d'or de 20 fr. Le rapport de valeur de 1 à 15 1/2 étant établi dans toutes les monnaies des Etats signataires de la convention, l'opération de l'arbitrage y serait impossible. D'ailleurs pourquoi faire cet échange de l'argent contre de l'or? Pour l'envoyer en dehors du territoire du 1 à 15 1/2 ? Où donc alors ? Aux Indes, en Chine, pays à étalon d'argent ? Impossible. Pour le thésauriser ? Plus impossible encore. Pour l'emploi industriel ? Mais à cet effet il suffit de mettre au creuset des pièces d'or, comme on le fait aujourd'hui.

§ 5

LE PAYEMENT ALTERNATIF SOIT EN OR, SOIT EN ARGENT, A TOUJOURS EXISTÉ

Mais, s'écrient en chœur mes éminents confrères Passy et Levasseur, en permettant au débiteur de payer sa dette soit en or, soit en argent, à son choix, c'est-à-dire avec le métal le plus déprécié, on commet une injustice criante à l'égard du débiteur. Ne dirait-on pas, en vérité, que la loi française de l'an XI a établi un régime monétaire nouveau. Mes confrères oublient-ils que partout et toujours, du temps d'Abraham et des Pharaons, sauf de rares exceptions, l'or et l'argent ont été admis dans la circulation avec pleine valeur légale et libératoire. Comment M. P. Leroy-Beaulieu a-t-il pu écrire : « L'option donnée » aux débiteurs de se libérer avec le métal le plus » faible et, par conséquent, de frauder le créancier » a de graves inconvénients moraux.

» Elle n'a pas les avantages pratiques qu'on lui » attribue ; on en a une preuve évidente dans » l'exemple que nous donnent l'Angleterre et les » Etats-Unis d'Amérique. Ces deux pays, les plus » progressistes du monde, n'ont jamais admis d'op- » tion ni en théorie, ni en pratique. » *Et quandoque dormitat Homerus* : quel oubli de mémoire de la part d'un économiste ordinairement si bien renseigné et si correct dans ses affirmations !

L'emploi simultané des deux métaux et l'option ont toujours existé en Angleterre jusqu'en 1816, et s'ils ont été abolis à cette époque, c'est contrairement à l'opinion de financiers très compétents, entre autres de Ricardo, (V. le Recueil si instructif de documents monétaires publié par M. Dana Horton, et *International monetary conference of 1878* (p. 306 à 409), et ils sont encore en vigueur, en ce moment, aux Etats-Unis. « En théorie » les hommes d'Etat de l'Union ont toujours été favorables, et « en pratique, » le Congrès a fréquemment changé le rapport légal entre l'or et l'argent pour conserver les deux métaux, 1 : 15,25 en 1786, 1 : 15 en 1792, 1 : 16 en 1831, rapport qui a été maintenu jusqu'au 28 février 1878, quand le Allison-Bill a décrété la frappe du « dollar de nos pères » de 412 1/2 grains à 9/10 (deux millions dollars par mois, au moins, quatre millions, au plus) avec plein pouvoir libératoire (*with full paying power.*) (V. *International monetary conference of 1878*, p. 104), M. Leroy-Beaulieu n'ignore certes pas que les dollars d'argent commencent à pénétrer largement dans la circulation sous forme de certificats (*Silver certificates*).

Cette injustice commise à l'égard des créanciers n'existe que dans l'imagination de mes éminents confrères. Depuis les temps les plus reculés jusqu'aux codes actuels, jamais on n'a considéré l'obligation alternative comme étant contraire à l'équité Le prêteur livre à son gré or ou argent ; le débiteur rend à son gré or ou argent. Le créancier sait qu'il en sera ainsi et il accepte : où donc est l'injustice?

D'ailleurs sortons des abstractions; voyons la réalité.

L'argent perd de 25 à 30 0/0 parce que le bimétallisme devenu « boîteux » ne peut plus exercer son action compensatrice, et néanmoins, ni en France ni en Belgique, je ne vois pas qu'on se plaigne de recevoir un payement en argent ou qu'on stipule le payement en or, sauf très exceptionnellement.

Certes depuis que la frappe est interdite à l'argent, ce métal est devenu un moyen d'échange de qualité inférieure, puisqu'il n'est plus exportable à l'étranger pour y régler les dettes. Mais à l'intérieur il continue à circuler comme auparavant. La raison en est évidente : ce que je considère dans le numéraire, ce n'est pas la matière dont il est fait, c'est le moyen qu'il me procure de payer toutes mes acquisitions et d'acquitter toutes mes dettes. Chacun de nous préférera recevoir un écu de cinq francs, valant fr. 3,50, ayant cours légal, plutôt qu'un disque d'or de pleine valeur intrinsèque mais qui n'est reçu nulle part, sauf chez les changeurs.

§ 6

L'ARGENT EST-IL TROP ENCOMBRANT?

Mais, dit M. Germain, l'argent ne convient plus aux transactions modernes « c'est un métal trop lourd, trop encombrant. » Qu'il me permette de lui citer ce qui se passe en Hollande, le pays le plus commerçant du monde, car le chiffre de son commerce, par habitant, est plus élevé même que celui de l'Angleterre. L'or y a presque complètement disparu de la circulation. La Banque Néerlandaise en conserve, à grande peine, juste ce qu'il faut pour régler ses remises à l'étranger. Le principal instrument d'échange est le billet gagé, en très grande partie, sur l'argent. Je vais souvent en Hollande; je n'ai entendu aucune plainte à cet égard.

« Le billet de banque et le chèque, dit M. Germain, » se prêtent mieux que les métaux au règlement des » paiements importants. » C'est parfaitement exact; mais alors il importe peu que ce billet et ce chèque représentent 1 kilog. d'or ou 15 1/2 kilog. d'argent. S'il n'y avait pas de billets de banque c'est alors qu'apparaîtrait l'inconvénient de l'argent qui est, en effet, encombrant.

Si, comme le prévoit M. Germain, on se sert de plus en plus du billet, le désavantage de l'argent se fera de moins en moins sentir.

Aux Etats-Unis circulent simultanément des certificats d'or et des certificats d'argent. Les uns ne pèsent pas plus que les autres et rempliraient exactement le même office, si l'argent, réadmis généralement à la frappe, reprenait son ancienne fonction d'instrument d'échange international.

Les billets de la Banque de France sont gagés pour plus de la moitié sur du métal argent : qui s'en inquiète, sauf ceux que préoccupe la rupture de l'Union latine ?

§ 7

LA LOI DE GRESHAM

M. Levasseur a raison quand il dit : qu'un inconvénient du double étalon est d'attirer le métal « déprécié » et d'éloigner le métal « apprécié » ; c'est ce que l'on appelle la loi de Gresham, parce qu'elle a été très nettement décrite en 1558 par Sir Thomas Gresham, conseiller de la Reine d'Angleterre Elisabeth. Les Grecs l'avaient déjà remarqué, car Aristophane dit dans les *Grenouilles* v. 718 : « Dans notre » république les mauvais citoyens sont préférés aux » bons, de même que la mauvaise monnaie circule alors » que la bonne se cache. » Seulement les chiffres que cite M. Levasseur ne se rapportant qu'à certaines années sont insuffisants et s'expliquent par des circonstances particulières. Si, à partir de la guerre de la sécession en Amérique, l'argent a été exporté d'Europe, ce n'est pas en vertu de la loi de Gresham, mais parce qu'il fallait payer le coton à l'Inde où l'argent seul est admis à la frappe, et si, depuis 1873, l'or seul s'exporte, la raison en est évidente, c'est parce que l'argent, partout proscrit, n'est plus exportable. Ceci n'est pas l'effet de la loi bimétallique, mais au contraire la conséquence de la suspension de la frappe simultanée des deux métaux.

Un grand pays, même isolé, quand il est pourvu d'un grand approvisionnement de numéraire, peut résister très longtemps à l'action de la loi de Gresham. Ce qui le prouve, c'est que la France a pu conserver les deux métaux pendant soixante-dix ans.

D'ailleurs qui donc s'est plaint de cet inconvénient avant que Michel Chevalier et ses admirateurs en Belgique, MM. Frère Orban et Pirmez, ont voulu proscrire l'argent? Personne. Il n'y avait pas alors de « question monétaire. » Tout allait au mieux, à la satisfaction de tous, grâce au pair du change entre l'or et l'argent maintenu par le bimétallisme français.

Que serait-il advenu si on avait, suivant les conseils de MM. Michel Chevalier et Frère-Orban, interdit partout la frappe de l'or?

La prodigieuse expansion des affaires qui s'est produite de 1852 à 1870 n'aurait pas eu lieu, car les prix auraient continué à baisser, et d'après M. Leroy-Beaulieu, on aurait abouti à la banqueroute.

Tous les économistes et les hommes d'affaires s'accordent à affirmer que l'or des placers est venu à point pour servir d'intermédiaire au mouvement sans cesse croissant des échanges.

§ 8

LA CONTRACTION MONÉTAIRE ENGENDRE LA CRISE

M. Levasseur admet que l'affluence des métaux précieux est un puissant stimulant pour le commerce, parce qu'elle détermine, tant qu'elle se produit, un mouvement de hausse des prix. Il doit donc admettre aussi que la rareté du numéraire est funeste au commerce, puisqu'elle produit la baisse des prix.

En ce point, il se rencontre avec les économistes qui ont étudié cette question de plus près. Voici ce que dit Jevons à ce sujet : « Je ne puis qu'approu-
» ver l'opinion de Macculloch, qui affirme que la
» baisse de valeur de l'or doit nécessairement exer-
» cer un effet bienfaisant, en faisant abstraction du
» préjudice qu'elle peut causer à certains intérêts
» individuels, en admettant qu'elle en cause un. Il
» n'y a rien qui débarrasse aussi complètement le
» pays de ses vieilles entraves. La baisse de l'or met
» des récompenses à la portée de tous ceux qui s'oc-
» cupent de créer la richesse. Elle pousse les classes
» actives et intelligentes de la société à de nouveaux
» efforts et équivaut, dans une certaine mesure, à
» l'exemption accordée par ses créanciers à un failli
» qui a longtemps lutté contre la dette qui l'accable.
» Et tout cela s'effectue sans violation de la bonne
» foi de la nation, mal que rien ne pourrait com-
» penser. »

A l'appui de cette vérité, je citerai d'abord l'extrait

d'un discours de M. Samuel Smith, M. P., ancien président de la chambre de commerce de Liverpool. (V. P. 128-129, note 13 de ce livre). Je reproduirai aussi les détails que j'ai recueillis sur la crise si intense de 1820-1830, en tout semblable à celle de 1873-1889, et qui donna lieu à des débats complètement identiques à ceux qui ont lieu aujourd'hui relativement aux causes de cette perturbation économique. Alors, ainsi que le fait M. P. Leroy-Beaulieu maintenant, on attribuait la baisse des prix à l'excès de production et M. J.-B. Say publia une brochure contenant ses lettres à Malthus pour combattre cette opinion.

En 1816, l'Angleterre renonce à l'emploi du papier-monnaie et adopte l'étalon d'or, ce qui appauvrit singulièrement la circulation métallique de l'Europe. Dans un mémorandum en date de 1832, la Banque d'Angleterre estime à 500 millions de francs (20 millions liv. st.) d'or qu'il fallut soutirer aux pays étrangers. Elle ajoute : « *This great supply* » *of gold could only be purchased by a reduced price of* » *commodities.* » « Cette grande masse d'or ne put » être obtenue que par la réduction du prix des mar- » chandises. » A la même époque, c'est-à-dire pendant les premières années de ce siècle, la production des métaux précieux tomba au-dessous de ce qu'elle avait été à la fin du dix-huitième siècle. La valeur totale de l'or et de l'argent produits, qui s'élevait à 207,865 marks de 1781 à 1800, tomba de 1810 à 1820 à 129,271 m. et de 1821 à 1830 à 122,564 m. d'après Soetbeer (*Materialien* P. 7). De là, baisse générale des prix.

Des faits tout semblables ont eu lieu sous nos yeux après 1873. D'après la *Gold and Silver Commission* de 1888, P. 11., la demande extraordinaire d'or, créée par la reprise des payements métalliques aux Etats-

Unis et en Italie, par l'adoption de l'étalon d'or en Allemagne et dans les Etats scandinaves et par l'Inde s'est élevée de 1876 à 1885 à 223,000,000 liv. st. soit plus de cinq milliards et demi de francs. En même temps, la production de l'or était tombée d'environ 700,000,000 en 1856-1860 à 500,000,000 en 1873-1889, et ce qui est plus grave encore, l'or seul devait désormais alimenter l'agent métallique de la circulation, puisque la frappe de l'argent était suspendue. Même résultat qu'en 1820-1830, avec une baisse générale des prix encore plus marquée.

§ 9

LA CRISE DE CONTRACTION MONÉTAIRE 1820-1830

Voici quelques faits qui feront comprendre l'intensité de la crise monétaire de 1820 à 1830 et qui montreront à quel point elle ressemble à celle qui sévit maintenant depuis quinze ans.

L'Angleterre, pendant la guerre qu'elle soutint contre la France depuis 1793 jusqu'en 1815, fut obligée d'avoir recours au papier-monnaie La Banque suspendit ses payements en 1797. C'est après 1810 seulement, que l'excès d'émission des billets amena une hausse nominale des prix en papier, qui s'éleva jusqu'à 30 p. c. Pour que la Banque pût reprendre ses payements, il fallut diminuer peu à peu la circulation, ce qui ramena les prix à leur taux normal. En même temps, l'Angleterre passa définitivement à l'étalon d'or. Ce ne fut pas sans peine et sans crises. En 1817, la Banque reprit momentanément ses payements; mais en 1818 éclata une crise très violente qui détermina une nouvelle suspension. Le remboursement régulier et définitif des billets ne recommença qu'en mai 1821, avec une encaisse magnifique de 11,900,000 livres sterling. Pour attirer cet *amas* d'or sans précédent, à une époque où ce métal était vraiment une rareté, il fallait créer un vide dans le reste du monde; car ces 300 millions de francs représentaient six fois la valeur de la production annuelle totale de ce métal. En même temps, par suite des guerres de l'indépendance des colonies espagnoles d'Amérique, au Pérou et au Mexique, la production de l'argent diminua notablement. De 894,150 kilogrammes annuellement, pendant la période décennale 1801-1810, elle tomba à 460,560 pendant la période décennale 1821-1830.

Voici les chiffres très instructifs que j'emprunte à M. Soetbeer :

	Kilog. argent.	Kilog. or.	Valeur totale en millions fr.
1781-1800. . .	879,060	17,790	259.7
1801-1810. . .	894,150	17,778	265.7
1811-1820. . .	540,770	11,445	161.8
1821-1830. . .	460,560	14,216	153.2
1831-1840. . .	596,440	20,289	205.0

On le voit, la valeur totale des métaux précieux produite annuellement descendit de 265 millions de francs, en 1801-1810, à 161 millions de francs en 1820-1830. Il s'ensuivit une baisse générale des prix que M. Jevons estime au moins à 30 p. c. de 1810 à 1840. On peut suivre dans le livre classique de Tooke et Newmarch, *History of prices*, quelles gênes et quelles souffrances accompagnèrent ce changement. Indépendamment des crises aiguës de 1825 et de 1837, résultats d'une surexcitation violente et momentanée, le marché fut presque constamment déprimé. Ainsi, de 1839 à 1843, on compta 82 faillites de banques, dont 29 avaient le droit d'émission.

C'est cet état de gêne qui donna lieu à la théorie du *glut*, de « l'engorgement » universel. Comme la circulation se faisait mal et que les produits ne se vendaient pas, on prétendit, comme aujourd'hui, qu'il y avait un excès universel de production. On trouve la réfutation de cette thèse dans tous les traités d'économie politique, notamment dans celui de Stuart Mill. Il ne peut pas y avoir, disent les économistes, un encombrement, un *glut* universel, car les produits s'échangent contre des produits. Si Pierre produit deux au lieu de un, et Paul aussi deux au lieu de un, deux s'échangeront désormais contre deux, comme auparavant un contre un.

Cette période de 1820 à 1830 qui, après de si longues guerres, aurait dû amener une prospérité sans pareille, fut signalée, au contraire, par une détresse cruelle. La baisse des prix fut si grande, que Brougham proposa de réduire les impôts en proportion et, en 1822, on émit même l'idée de réduire le poids du souverain de 20 à 14 shellings. L'agriculture et l'industrie souffraient également. La misère de la classe laborieuse se manifesta en Angleterre par des insurrections de famine, par de menaçantes processions chartistes et par des demandes de secours adressées au Parlement. A différentes reprises, il fallut, comme aujourd'hui en Irlande, recourir à la répression armée. Voici comment Sismondi parle de cette « grande calamité européenne » dans son livre : *Nouveaux principes d'économie politique*, publié en 1827 : « Un cri de détresse s'élève de » toutes les villes manufacturières du vieux monde

» et toutes les campagnes du Nouveau-Monde lui » répondent. Partout le commerce est frappé d'une » même langueur ; partout il rencontre la même » impossibilité de vendre. Il y a cinq ans au moins » que la souffrance a commencé; loin de se calmer, » elle semble s'accroître par la durée. La détresse » des manufacturiers est la plus cruelle, parce qu'à » la différence des agriculteurs, leur subsistance » tout entière dépend des échanges. C'est aussi un » symptôme funeste de cette souffrance universelle » que ces associations patriotiques que l'on voit se » former en Belgique, en Allemagne, pour repous- » ser les marchandises étrangères. Le système » (protecteur) qui prévaut aujourd'hui dans l'opi- » nion, c'est la détresse qu'on a partout sous les » yeux qui l'a fait adopter. »

Après avoir parlé des souffrances des ouvriers de l'industrie, Sismondi ajoute : « En même temps, » les fermiers et les propriétaires se plaignent de » leur ruine ; ils demandent à grands cris des lois » protectrices, des monopoles ; ils déclarent ne » pouvoir soutenir la concurrence étrangère ; et, » en effet, beaucoup de fermiers font faillite, beau- » coup de propriétaires abandonnent volontairement » le quart ou le tiers de leurs fermages. Enfin, de » fréquents incendies de récoltes et de maisons ru- » rales annoncent l'irritation et la fermentation » sourde des journaliers de l'agriculture et l'état » précaire de toute la société (1). »

Je puis affirmer que c'est encore là, à peu près, le

(1) *Études sur l'économie politique*, II, p. 226.

Pour qu'on n'accuse pas Sismondi d'assombrir les couleurs, en vue de faire prévaloir sa thèse du *glut* universel, je citerai un extrait d'un discours prononcé à la Chambre des communes, le 10 juillet 1822, par M. Matthias Attwood, l'un des hommes les plus instruits de l'époque en cette matière. Après avoir invoqué un travail communiqué par M. Tooke tableau que m'offrirent les campagnes anglaises, quand je les visitai l'été dernier, moins les crimes agraires réservés à l'autre côté du détroit : plaintes universelles des fermiers, baisse des fermages, abandon des exploitations, terres retombées en friche, tout comme il y a cinquante ans.

De 1817 à 1827, les souffrances économiques sont telles, aux Etats-Unis, qu'on y réclame, comme remède, l'augmentation des droits de douane. On trouvera les détails de cette crise persistante dans les rapports de M. Fearon, envoyé par les Anglais en Amérique, pour y étudier la situation. Même état de gêne en France, même appel au régime protecteur. Dans l'adresse de la Chambre des députés du 26 novembre 1821, « on fait entendre, aux pieds du trône, les plaintes de l'agriculture », cette mère nourricière de la France. La détresse croissante des départements de l'Est, de l'Ouest et du Sud prouve que « les mesures prises trop tard contre l'importation des céréales étrangères sont insuffisantes ». Récemment, au sein de la *Société des agriculteurs de France,* nous avons entendu les

à la Commission parlementaire, d'où résultait la preuve d'une baisse notable des prix, il ajoutait : « Si on poursuit l'examen des faits jusqu'à ce moment, on voit que le prix des quarante marchandises sur lesquelles l'examen a porté ont baissé de 40 p. c., c'est-à-dire à peu près dans la même proportion que les denrées agricoles... Toutes les valeurs, tant mobilières qu'immobilières, de l'Angleterre ont donc diminué de près de la moitié... Dira-t-on que les prix à l'étranger n'ont pas moins baissé : soit ; mais alors je vous poserai ce dilemme : ou la masse de tous les produits a dû augmenter partout à la fois énormément, ou la quantité de la monnaie a dû diminuer. Que la production se soit si brusquement et si considérablement développée dans tous les pays et dans toutes les zones, c'est ce qu'il est impossible d'admettre. Il faut donc en conclure que la monnaie en circulation s'est réduite. » Les défenseurs de la réforme monétaire répondaient que le *glut* provenait de la surproduction. C'est ce qu'on dit encore aujourd'hui. On ne possédait pas encore les chiffres recueillis depuis et groupés par M. Soetbeer, qui expliquent le phénomène, en montrant qu'il avait pour cause la diminution de la production des métaux précieux.

mêmes discours, dictés, il faut bien l'avouer, par des circonstances semblables. J'emprunte au livre de Tooke quelques faits qui prouvent que la détresse était la même partout, comme le faisait remarquer le roi de France, dans sa réponse à l'adresse de la Chambre des Députés. Blake, dans ses *Observations on the effects of government expenditure*, rapporte que, d'après les communications reçues des propriétaires du Piémont, le prix des denrées agricoles y avait baissé de plus de moitié. D'après les témoignages des fermiers hollandais, le loyer des terres aurait diminué de plus d'un tiers. Les rapports des consuls anglais de l'époque sont remplis de détails sur la baisse des prix. En 1819, la place de Hambourg fut atteinte par une série de faillites qui en amenèrent d'autres dans tout le nord, à Stockholm, à Stralsund, à Stettin, à Riga. En 1820, au contraire, ce sont les faillites sur les places étrangères qui frappent, de leur contre-coup, le marché de Hambourg. La prime sur l'or y monte à près de 10 p. c. : les prix baissent et, en même temps, le taux de l'intérêt reste très bas, précisément par suite de la stagnation des affaires. L'escompte qui, au mois d'avril 1819, était à 3, tombe à 1 1/2 au mois d'août. Ces quelques traits, qu'il serait facile de multiplier, suffiront pour donner une idée de la crise longue et cruelle qui suivit l'adoption de l'étalon d'or en Angleterre et la réduction d'un tiers, qui eut lieu dans la production annuelle des métaux précieux de 1820 à 1830.

Ecrivant en 1830 et parlant de la baisse générale des prix, M. Jacob dans son livre si connu sur la question monétaire disait t. II, p. 376 : « Il doit y » avoir quelque cause générale qui produit des effets » aussi universels sous les gouvernements libres

» comme sous le régime despotique, là où les
» impôts sont bas, non moins que là où ils sont
» élevés, que la terre soit cultivée par des esclaves,
» par des serfs, par des salariés ou par des proprié-
» taires. Quelle cause peut-on concevoir agissant si
» généralement et en des circonstances si différentes
» et parfois opposées, autre que la diminution de
» production des mines et l'emploi des métaux pré-
» cieux à des usages autres que le monnayage. »

Avant 1848, le savant continuateur de l'*History of prices*, de Tooke, Newmarch affirmait qu'il y avait eu une baisse lente mais continue des prix, due à une affluence insuffisante de métaux précieux. Entre 1809 et 1849, dit Jevons, les prix ne cessèrent de diminuer. L'illustre historien Alison décrit le caractère général de cette longue crise dans les termes suivants :

« La détresse fut extrême dans les classes com-
» merçantes pendant les années qui suivirent la
» terrible crise de 1825 et parmi la classe agricole
» pendant les années de très bas prix, 1832 à 1835.
» Le revenu du capital engagé dans l'agriculture
» fut, pendant ces années de souffrance, très diminué
» et parfois entièrement anéanti. Durant toute cette
» période, l'Irlande se trouva dans un état d'insur-
» rection latente. Le cœur saigne à l'aspect des
» preuves incontestables et si nombreuses qu'appor-
» tent les enquêtes parlementaires de la misère si
» générale et de si longue durée qui accable les
» ouvriers pauvres en Angleterre. Depuis la paix
» (1815) de tous côtés on se pose cette grave ques-
» tion : Quelle cause a pu amener cette situation?
» La réponse est : C'est la contraction de l'agent de
» la circulation (*currency*) qui a été la cause princi-
» pale de tous ces effets. » *England in 1815, or a sufficient and a contracted money*, p. 51.

Remarquez ce que dit ici Alison de l'état permanent d'insurrection latente de l'Irlande. Il en est de même aujourd'hui et pour la même cause.

La baisse des prix empêche les tenanciers de payer leur fermage. Les propriétaires les réclament; d'où antagonisme économique et lutte sociale qui se traduisent par la revendication du *Home rule*.

§ 10

CARACTÈRE ET INTENSITÉ DE LA CRISE ACTUELLE

Mais j'oublie que MM. Leroy-Beaulieu et F. Passy nient l'intensité et même l'existence de la crise actuelle. D'après le premier, il n'y a point baisse générale des prix ; d'après le second, la baisse des prix résultant de l'accroissement de la production et des facilités de transport est plutôt un bienfait. N'est-il pas étrange que l'esprit de système puisse à ce point empêcher de constater les faits?

S'il n'y avait pas une crise intense, accompagnée de grandes souffrances, pourquoi tous nos États d'Occident, l'Angleterre, la France, la Belgique, la Hollande auraient-ils nommé des commissions spéciales pour en étudier les causes? Pourquoi, en Angleterre, le pays qui jouit de l'avantage si envié d'avoir l'étalon d'or, la *Depression of Trade and Industry Commission* aurait-elle réclamé la nomination d'une commission nouvelle ayant pour mission spéciale d'étudier l'influence exercée par les faits monétaires, la *Gold and Silver Commission?*

Malgré les preuves de la baisse générale des prix rappelées par M. A. Allard, M. P. Leroy-Beaulieu la nie; mais s'est-il livré à une étude spéciale de ce sujet? Pas que je sache. D'autres l'ont fait : M. Soetbeer, en Allemagne, Inglis Palgrave, directeur de l'*Economist*, Sauerbeck, Giffen, directeur du bureau royal de statistique, et M. Mulhall. La *Gold and Silver Commission*, s'appuyant sur les travaux si consciencieux des quatre premiers, dont les chiffres concordent, dans leur ensemble, arrive à constater que la moyenne générale des prix est inférieure à ce qu'elle était avant 1850. « De toutes ces investigations il résulte, dit la Commission, que les prix ont haussé notablement après la découverte de l'or en Californie et en Australie jusqu'en 1873, et qu'ils n'ont, depuis lors cessé de diminuer, pour tomber à un niveau plus bas qu'à toute autre époque de ce siècle. » *Final Report*, p. 18.

Voici une preuve curieuse du fait que la dépression du commerce est due surtout à la baisse des prix. Les exportations totales de l'Angleterre se sont élevées en 1873 à 626,000,000 liv. st. et en 1886 à 562,500,000 liv. st. Si on avait appliqué les prix de 1873, le total aurait été de 858,000,000 liv. st. (V. Sir Louis Mallet, *Final Report*, p. 113, rappelé dans la note justificative n° 15, p. 133.)

Comment nier la crise? Le mot ne se retrouve-t-il point sans cesse dans les conversations, dans les journaux, au théâtre? Le revenu des terres et de presque toutes les entreprises industrielles n'a-t-il pas considérablement diminué? J'en citerai une preuve prise au hasard. La *Société Générale* de Belgique possède d'excellents charbonnages et elle est intéressée dans beaucoup d'entreprises bien dirigées. Ses valeurs de charbonnages lui ont rapporté, l'an dernier, 1 1/20/0 et ses valeurs sidérurgiques, 2 1/4. Et il en est partout de même.

Mais, disent mes savants confrères, s'il y a crise, c'est une crise d'abondance et il faut s'en féliciter.

La *Trade depression Commission* anglaise, après un examen approfondi de la question, repousse nettement cette opinion. « Outre l'absence de bénéfices, » dit-elle, la caractéristique la plus saisissante de la » situation actuelle, celle qui distingue la présente » période de toutes les précédentes époques de crise, » c'est la longueur du temps pendant lequel l'excès » de production aurait duré. Il arrive nécessaire- » ment de temps à autre, pour tous les articles de » production, que la production excède la demande; » mais comme nous l'avons fait observer plus haut, » les variations se corrigent habituellement d'elles- » mêmes dans un laps de temps très court. Elles » portent en elles-mêmes leur propre remède et ne » causent pas un préjudice universel, encore que » tel ou tel producteur ait à en pâtir. Mais il est plus » difficile d'expliquer un excès de production systé- » matique qui se prolonge considérablement et dont » la classe des consommateurs ne bénéficie que peu » ou point, d'après les déclarations unanimes des » témoins qui ont comparu devant vous. » (note 2, p. 68 de cet écrit).

Dans un discours lumineux prononcé par M. Henry Gibbs, l'an dernier (1888) à la réunion de la *Ligue bimétallique* à Manchester, il montre de la façon la plus nette la différence complète qu'il y a entre l'effet produit par excès de production et par une contraction monétaire. « En tant que le bon marché est déterminé, non par l'accroissement de la production des marchandises, mais par un changement de proportion entre la mesure et les objets mesurés, — changement provoqué par des causes qui ont pris naissance en 1873, c est-à-dire par l'action de l'Allemagne, de l'Italie et des Etats-Unis, — en jetant dans la balance, contre l'or, une masse énorme de marchandises précédemment mesurées à l'aide de l'argent, il n'en peut résulter d'avantage permanent pour personne. » (V. le discours de M. H. Gibbs, reproduit par M. A. Allard dans son *Etude sur la crise et ses causes monétaires,* 1888, p. XII).

§ 11.

L'ERREUR DE LA THÈSE DE LA SURPRODUCTION DÉMONTRÉE PAR M. SAUERBECK

Pour prouver que la baisse des prix est due à un accroissement de la production, M. P. Leroy-Beaulieu et M. David Wells comparent les chiffres de la production à des dates très éloignées — 1850 et 1885 ou 1886.

Dans un admirable travail de statistique : *Prices of commodities and the precious metals. — London E. Stanford* — 1886, M. Augustus Sauerbeck a prouvé combien cette façon de compter est superficielle. Il faut noter d'abord qu'entre ces deux dates, la population s'est considérablement accrue et la richesse encore davantage et que, par conséquent, les besoins de la consommation se sont développés en même temps que la production, puisqu'il n'y a nulle part un grand stock de marchandises non vendues

Il faut, en second lieu, prendre en considération le ait que si le total des produits à échanger a doublé ou triplé, les moyens d'échanges n'ont pas augmenté en ces dernières années, ce qui, d'après les principes généralement admis de l'Economie politique, devait nécessairement avoir pour résultat une baisse des prix.

Mais il y a mieux : les relevés statistiques de M. Sauerbeck démontrent sans réplique l'erreur de la théorie de la surproduction. Au lieu d'embrasser en une seule période le temps qui s'est écoulé entre 1848 et 1886, lequel comprend des années de monnaie abondante : 1850-1873 et des années de monnaie rare, il l'a divisé en trois périodes : 1848-50 à 1859-61 — 1859-61 à 1872-74 — 1872-74 à 1883-85. Puis il a calculé, pour chacune de ces périodes, l'augmentation de la production des principaux produits dont les prix ont servi de base aux calculs de la hausse ou de la baisse générale des prix. Et voici le résumé des résultats auxquels il est arrivé. (V. P. 34), *Prices*, etc. (1).

Accroissement proportionnel de la production :

1848-50 à 1859-61	30 pour cent ou	2.7 par an	moyenne 2 3/4 0/0.
1859-61 à 1872-74	37 » »	2.8 »	
1872-74 à 1883-85	17 1/2 » »	1.6 »	

Ainsi donc pendant la période 1848-50 à 1872-74 la production s'accroît en moyenne de 2.75 pour cent par an, et, d'après tous les statisticiens, y compris M. P. Leroy-Beaulieu, les prix haussent de 20 p. c. d'après Jevons, de 18 p. c. d'après Soetbeer.

(1) M. Sauerbeck a fait des efforts si consciencieux pour arriver à des résultats exacts qu'il a pris comme points de comparaison, la moyenne de trois années, au lieu d'une seule année, comme on le fait d'ordinaire, au risque de tomber sur une année de prix passagèrement bas ou élevés.

Pendant la période 1872-74, 1883-85 la production n'augmente plus que de 1.6 par an, donc moitié moins, et les prix diminuent de 22 à 25 pour cent.

Si les prix qui ont haussé jusqu'en 1873, ont commencé à baisser après cette date, qui est précisément celle des grands changements monétaires, alors que l'augmentation annuelle de la production diminue de moitié, ne peut-on pas dire que la théorie de la surproduction est ruinée dans son fondement et sans rémission ?

MM. P. Leroy-Beaulieu et Pirmez voudront-ils bien discuter les chiffres de M. Sauerbeck ou se contenteront-ils de reproduire la thèse du *glut*, généralement considérée en Angleterre, en Allemagne et même en Danemark (1) comme n'étant plus admissible aujourd'hui, quand la crise s'est prolongée pendant seize années.

D'ailleurs, sans recourir à la démonstration mathématique de M. Sauerbeck, n'est-il pas reconnu par tous que c'est pendant la période de 1850 à 1873, que les moyens de production et de transport se sont surtout perfectionnés, et que c'est pendant ces années de prospérité que s'est produit l'accroissement extraordinaire des richesses et des produits, et non pendant les années de dépression commerciale et industrielle, lorsque les chiffres du capital des émissions nouvelles tombaient de onze à quatre milliards.

Tant qu'on n'aura pas réfuté les démonstrations de M. Sauerbeck, on pourra dire que pour tout esprit non prévenu la théorie de la surproduction est définitivement convaincue d'erreur.

(1) V. l'excellent travail de M. W. Scharling, professeur à l'Université de Copenhague : *Die ökonomische Situation und die Währungsfrage. Preuss. Jahrbücher B. LXIII.*

§ 12

LE BAS PRIX DE L'ESCOMPTE PROUVE-T-IL QUE L'OR N'EST PAS RARE?

La moitié des membres de la *Gold and Silver Commission* admet que la rareté et, par conséquent, l'accroissement de la valeur de l'or est la cause principale de la baisse des prix et, conséquemment, de la crise actuelle. L'autre moitié croit que c'en est une des causes, mais elle ne voit pas bien comment cette rareté de l'or aurait pu agir sur les prix. Pour avoir cet effet elle aurait dû, estime-t-elle, se traduire par une hausse persistante de l'escompte, ce qui n'a pas eu lieu.

Il y a ici une confusion de termes qu'on rencontre souvent dans les écrits des Anglais sur la matière.

Le marché où se louent les capitaux est nommé en Angleterre *Money market* « marché du numéraire » et le taux de loyer du capital est appelé le « prix du numéraire », *Price of money*. Sans doute la rareté du numéraire dans les banques fait hausser momentanément le taux de l'escompte, parce que les banques n'ont que ce moyen de défendre leur encaisse, et que c'est ordinairement en numéraire que se font les emprunts ou les recours au crédit sous toutes les formes. Mais le taux de l'intérêt dépend, en réalité, du rapport qui existe entre les capitaux accumulés qui s'offrent, d'une part, et la demande des capitaux, d'autre part. C'est pour ce motif que

M P. Leroy-Beaulieu, dans son *Economiste français*, a remplacé la rubrique *Money market* par celle de « Marché des capitaux. »

Dans une période où la quantité du numéraire s'accroît on peut voir le loyer du capital élevé, parce qu'il est très demandé, comme cela s'est vu de 1855 à 1860. Au contraire dans un moment où le numéraire se raréfie, le loyer du capital peut être bas, comme cela s'est vu fréquemment depuis 1873. Ce fait s'explique : l'abondance du numéraire fait hausser les prix ; la hausse des prix apporte de larges bénéfices à toutes les entreprises ; celles-ci se multiplient et demandent beaucoup de capitaux, ce qui en fait hausser le loyer.

Le numéraire se raréfiant, des conséquences tout opposées se produisent. Les prix baissent. Les bénéfices diminuent ou disparaissent complètement. Tous ceux qui sont engagés dans l'industrie ou dans le commerce gagnant peu ou point, se découragent. Le capital fuit toute entreprise nouvelle offrant quelque chance mauvaise et se réfugie dans les fonds d'Etat.

La cote de ceux-ci s'élève, les gouvernements en profitent pour convertir leurs rentes en en diminuant le revenu. De cette façon le taux moyen de l'intérêt s'abaisse, précisément au moment où, la monnaie devenant plus rare, se produit la crise.

Dans son discours à la Conférence monétaire, de Paris, du 26 août 1881, M. Pirmez faisait bien ressortir ce que nous venons d'indiquer.

« Rien n'est plus dangereux, disait-il, que de con-
» fondre les questions monétaires avec les questions
» de crédit. Elles sont entièrement différentes. »

Ainsi donc un intérêt bas ne prouve nullement un numéraire abondant.

§ 13.

COMMENT LA RARETÉ DE L'OR AGIT SUR LES PRIX

C'est directement que l'abondance ou la rareté de la monnaie agit sur le prix. On le comprend aisément.

Qu'est-ce que le prix ? C'est la quantité de numéraire que l'on obtient en échange d'un objet. S'il n'y avait point d'instruments de crédit, moyens de payement, les prix dépendraient du rapport qui existe entre la quantité de marchandises à échanger et la quantité des unités monétaires.

Aujourd'hui les prix sont déterminés par le rapport qui existe entre le nombre et l'importance des échanges et la quantité des moyens d'échange métalliques et fiduciaires, eu égard à la rapidité de leur circulation.

Après la découverte de l'Amérique, quand les canaux de la circulation se furent peu à peu remplis de métaux précieux, les prix s'élevèrent rapidement, mais point en proportion de l'accroissement de l'afflux annuel d'or et d'argent, parce que l'emploi du numéraire était devenu beaucoup plus grand.

Après 1850, augmentation des prix de 15 à 20 0/0 admise par tous et pour le même motif.

Si chacun se présente au marché muni de deux fois plus de moyens d'achat, il doit en résulter, *cæteris paribus*, que les prix doublent.

Depuis 1873, la quantité des objets à échanger

s'est considérablement accrue et les moyens d'échange tant métalliques que fiduciaires ont diminué. Les prix ont nécessairement dû baisser.

Que la quantité des objets produits et échangés ait considérablement augmenté, nous n'avons pas à le démontrer, puisque nos adversaires attribuent uniquement à ce fait la crise actuelle.

Je citerai seulement comme exemple deux chiffres se rapportant à l'Angleterre :

		1868	1888	AUGMENT.
Exportation et importation	£.	522,472,062	642,990.725	120,518,663
Tonnage des nav., entrée et sortie	T.	17.700,000	32,500,000	14,800,000

Les moyens d'échange métalliques ont diminué puisque autrefois l'instrument monétaire était sans cesse entretenu par l'afflux des deux métaux précieux, tandis que maintenant l'or seul est admis à la frappe.

§ 14

PREUVES DE LA RARETÉ RELATIVE DE L'OR

Ainsi que nous l'avons dit, cinq milliards d'or, c'est-à-dire la production totale de dix années, ont été absorbés par les pays qui sont passés à l'étalon d'or ou qui ont renoncé à l'emploi du papier-monnaie.

Le budget de la production et de l'emploi de l'or prouve clairement que ce métal est insuffisant.

Production annuelle		500,000,000
Emploi industriel, d'après Soetbeer.	306,000,000	
Export. vers l'Orient	100,000,000	446,000,000
Frais, pertes, enfouissements. . . .	40,000,000	

Reste donc disponible, pour faire face aux besoins monétaires du monde entier, environ 50 millions, alors que l'Amérique du Nord, l'Amérique du Sud et l'Australie en réclament chaque année des quantités considérables pour leurs populations qui progressent si rapidement en nombre et en richesse.

§ 15

SUSPENSION DE LA FRAPPE MONÉTAIRE EN EUROPE

Aussi nous voyons se produire un fait sans précédent dans l'histoire économique du monde : Dans nos pays d'Occident la frappe est presque complètement suspendue. C'est là un phénomène que la *Gold and Silver Commission* n'a pas suffisamment fait ressortir. Prenons, d'abord, la France. Pendant plusieurs années, à partir de 1855, elle monnayait, or et argent, plus d'un demi-milliard par an. En 1859 elle a frappé pour plus de 711 millions de francs. Voici le tableau des frappes d'or de ces dernières années :

1879.	fr.	24,610,540
1880.	»	—
1881.	»	2,167,000
1882.	»	3,742,000

1883.	»	—
1884.	fr.	—
1885.	»	289,400
1886.	»	23,586,700
1887.	»	24,668,190
1888.	»	554,140

Pendant les dix ans 1879 à 1888, on a frappé en tout 79,617,970 soit moins de 8 millions par an, au lieu d'un demi-milliard.

La Belgique frappait, or et argent, en :

1865.	fr.	25,000,000
1866.	»	21,000,000
1867.	»	60,000,000
1868.	»	66,000,000
1869.	»	89,000,000

Voici la frappe de ces dernières années :

1879		—
1880		—
1881		—
1882	fr.	10,000,000 (refonte d'or allemand).
1883		—
1884		—
1885		—
1886		—
1887		—
1888		—

Ainsi donc en Belgique, la frappe est complètement suspendue.

A Bruxelles, comme à Paris, l'admirable outillage de la Monnaie, entièrement renouvelé, reste inactif.

Les Pays-Bas frappaient annuellement environ 12,000,000 florins d'argent.

Les chiffres de ces dernières années sont :

1881.	—
1882.	—
1883.	—

1884.		—
1885.	fr.	1,500,000
1886.	»	1,000,000
1887.	»	850,000

L'Italie, depuis la reprise des payements en espèces, n'a eu une frappe importante qu'en la seule année 1882, où, grâce à son emprunt spécial, elle a converti en pièces nationales l'or emprunté principalement à l'Angleterre. Voici le tableau de la frappe :

1879.	fr.	2,929,320
1880.	»	2,590,660
1881.	»	16,860,560
1882.	»	139,523,040
1883.	»	4,069,500
1884.	»	322,100
1885.	»	3,175,000
1886.	»	1,138,850
1887.	»	—

L'Autriche frappe tous les ans environ cinq millions de florins or (1 fl. = 2 fr. 50), provenant en grande partie des mines d'or de la Transylvanie.

L'Allemagne frappe davantage, parce que l'on s'y efforce d'accroître la circulation d'or très insuffisante.

	(1 mark = fr. 1.25)	
1879.	46,387,060	marks
1880.	27,992,240	»
1881.	15,521,220	»
1882.	13,307,080	»
1883.	88,287,470	»
1884.	57,661,740	»
1885.	7,000,000	»
1886.	40,000,000	»

Les pays Scandinaves ne frappent pour ainsi dire rien en fait d'or, seule monnaie étalon :

Norvège :

1881.	—
1882.	—
1883.	192,708 dollars (1)
1884.	—
1885.	—
1886.	535,484 »
1887.	—

Danemark :

1884.	—
1885.	—
1886.	—
1887.	—

Suède :

1881.	340,275 dollars
1882.	39,876 »
1883.	436,619 »
1884.	1,022,420 »
1885.	33,500 »
1886.	982,188 »
1887.	—

La frappe pour les trois royaumes Scandinaves, qui comptent huit et demi millions d'habitants, est donc insignifiante.

Passons à l'Angleterre. C'est dans ce pays, où affluent les métaux précieux, or et argent, de l'univers que le phénomène de la réduction de la frappe est le plus significatif. Voyez le tableau produit par sir Hector Hay à la *Gold and Silver Commission.* (I, p. 308). On frappait en moyenne quatre millions de livres sterling par an ; dans les bonnes années, comme 1853 et 1872, on allait à 12 et même 15 millions de livres sterling.

(1) Ces chiffres sont empruntés au *Report of the Director of the Mint* des Etats-Unis, où les frappes sont comptées en dollars.

Voici maintenant les dernières années, en millions de livres sterling :

1874	1.5
1875	0.2
1876	4.7
1877	1
1878	2.3
1879	—
1880	4.1
1881	—
1882	—
1883	1.4
1884	2.3
1885	3
1886	—

La frappe, entièrement suspendue pendant quatre années, en 1879, 1881, 1882 et 1886, à Londres! qui aurait jamais cru cela possible, alors que le monnayage se fait gratuitement.

D'autre part, le monnayage se développe prodigieusement aux Etats-Unis, en Australie et en Russie, c'est-à-dire que les pays produisant l'or, le convertissent eux-mêmes en monnaie nationale.

Frappe aux Etats-Unis en millions de livres sterling, d'après sir Hector Hay :

1874	10.1
1875	6.9
1876	7.6
1877	8.7
1878	10.5
1879	8.2
1880	11.2
1881	15.7
1882	17.9
1883	7.2
1884	5.6
1885	4.9
1886	4.9

L'Australie, avec ses trois millions d'habitants, frappe deux fois plus que l'Angleterre avec ses 35 millions d'habitants :

Frappe en millions de livres sterling, d'après sir Hector Hay :

1874	3.4
1875	4
1876	3.8
1877	3.1
1878	3.5
1879	4.1
1880	4.5
1881	3.7
1882	3.8
1883	3.3
1884	4.5
1885	4.5
1886	4.7

Russie, en millions de livres sterling, d'après sir Hector Hay :

1874	3.7
1875	3
1876	4.5
1877	4.9
1878	5.2
1879	5.5
1880	4.8
1881	4
1882	3.3
1883	4.6
1884	4.5
1885	4
1886	3

L'or de la Russie passe en grande partie en Allemagne, pour payer l'intérêt des emprunts russes.

Ce qui ressort nettement de tous ces chiffres, c'est que le stock monétaire de l'Occident s'appauvrit, puisqu'il n'est presque plus alimenté et que l'industrie y puise l'or dont elle a besoin ; car il se produit ici un fait que les économistes n'ont pas noté jusqu'à présent. Pour toute marchandise, le prix s'élève en raison de sa rareté. Pour le numéraire il n'en est pas de même, à cause du prix fixe que lui impose la monnaie et la frappe libre. Quelle que soit la rareté de l'or, un industriel peut toujours s'en procurer un kilogr. au prix de 3,100 fr., en faisant fondre des napoléons d'or. C'est ce qui explique que la consommation industrielle de l'or augmente, malgré sa rareté croissante

Il n'en resterait qu'un kilog. dans la circulation, qu'un orfèvre pourrait s'en emparer au prix immuable de 3 fr. 10 le gramme.

§ 16

L'EMPLOI PLUS GRAND DES INSTRUMENTS DE CRÉDIT ACCRUS, A-T-IL TENU LIEU DU NUMÉRAIRE RARÉFIÉ ?

Mais, dit M. P. Leroy-Beaulieu, les instruments de crédit de plus en plus employés ont pris la place des agents métalliques de la circulation, en admettant que ceux-ci soient devenus plus rares. Cette opinion de mon savant confrère est en opposition avec tous les témoignages recueillis par la *Gold and Silver Commission*.

Au mois de septembre 1881, M. J. Biddulph Martin, l'un des principaux banquiers de Londres, remettait au *Banker's Institute* un mémoire dans lequel il prouvait :

1° La diminution de l'emploi des chèques à l'intérieur ;

2° L'état stationnaire des opérations du *Clearing house*, qui avant 1873 augmentaient régulièrement ;

3° L'usage moins grand des banknotes. (V. note 12 du mémoire de M. A. Allard.)

M. Pierson, président de la Banque Néerlandaise, professeur d'Economie politique et l'un de ceux qui ont le plus approfondi la question monétaire, estime, dans sa réponse à la *Gold and Silver Commission*, (P. II p. 254-255) que, depuis quinze ans, l'emploi du crédit n'a amené aucune économie dans celui du numéraire, et il rappelle les chiffres suivants empruntés à M. Neumann-Spallaert (*Weltwirthschaft*, 1883-1884. P. 452) :

Montant des billets de banque non couverts par du numéraire dans les six principaux pays :

1873	7,914,000,000	marks
1885	4,148,000,000	»
En moins	3,766,000,000	marks

Chèques passés au *Clearing-house* :

1873.	6,070,000,000 £
1886.	5,901,000,000 »

Donc diminution dans l'emploi des instruments de crédit, et pour les billets de banque seuls, de plus de quatre milliards de francs.

Quant aux effets de commerce, ils suivent la marche des transactions et celles-ci n'ont guère augmenté dans ces dernières années. Concluons. La production de l'or a diminué, l'argent proscrit ne lui sert plus d'auxiliaire pour alimenter le stock monétaire ; le monnayage est devenu insignifiant dans nos pays occidentaux ; l'emploi des instruments de crédit a également diminué ; le total des marchandises à échanger a augmenté en même temps que les moyens d'échange se raréfiaient ; les prix ont donc diminué, en vertu de la même loi qui les faisait monter de 1850 à 1873.

§ 17

RARETÉ DE L'OR DANS LES DIFFÉRENTS PAYS D'EUROPE

Mais, disent nos adversaires, et cet argument a même fait impression sur la *Silver and Gold Commission*, nous ne voyons pas que l'or manque. Voyez plutôt l'encaisse des Banques.

D'abord une remarque théorique : quand on parle de la rareté de l'or, il s'agit d'une rareté relative qui se traduit par la baisse des prix. A condition que les prix diminuent en proportion de la rareté de l'or, ce métal ne manquera pas, et il sera même en excès, parce que la crise en diminuera l'emploi et la demande.

C'est ce que M. Eud. Pirmez expliquait à la Conférence monétaire de Paris de 1887. Pourquoi, disait-il, craindre de démonétiser l'argent ? L'or en fera parfaitement l'office. Et c'est vrai. Comprimez de moitié une marchandise à transporter, et un seul véhicule en transportera autant que deux. Réduisez de moitié le stock monétaire, si les prix tombent dans la même proportion: une unité monétaire suffira là où il en fallait deux auparavant. Mais ceci implique la baisse générale des prix, qui est le caractère le plus marqué de la crise actuelle.

D'ailleurs il est facile de démontrer que déjà la rareté de l'or est un fait actuel. Nous avons rappelé précédemment le chiffre de cinq milliards de francs d'or admis par M. Goschen et par la *Gold and Silver Commission* comme absorbés, entre 1873 et 1884, par la reprise des payements métalliques aux Etats-Unis et en Italie et par l'adoption de l'étalon d'or en Allemagne et dans les Etats Scandinaves. Sans doute cet or n'a pas été anéanti, mais il a fait baisser le niveau moyen de l'approvisionnement d'or, de même que celui d'une nappe d'eau s'abaisse en proportion de la surface accrue qu'elle doit couvrir. En outre, un phénomène inattendu s'est produit. Non seulement l'Amérique garde tout l'or qu'elle produit, mais elle force l'Europe à lui en envoyer chaque année.

Dans ma polémique avec MM. Frère-Orban et Pirmez, en 1881, j'avais prédit qu'il en serait ainsi. L'Amérique, disais-je, nous envoie des matières premières dont nous avons besoin et elle repousse par des droits protecteurs nos produits manufacturés. Nous aurons donc à solder avec de l'or notre passif dans la balance du commerce.

C'est insensé, me répondit M. Pirmez, est-ce que les fleuves remontent vers leur source? Allons-nous expédier du café à Java et du riz aux Indes?

Voici ce que dit à ce sujet le *Final Report* de la *Gold and Silver Commission*. « C'est en 1878 que » les Etats-Unis ont tiré de l'or de l'Europe pour la » première fois, et depuis cette date, ses importations » d'or ont dépassé ses exportations chaque année, » sauf une. »

De 1866 à 1875 les Etats-Unis ont absorbé un

total de 2,239,200. liv. sterl. et de 1876 à 1885, de 22,517,120 liv. sterl.

Autre calcul qui confirme celui-ci :

De 1879 à 1884 on a frappé aux Etats-Unis .	dollars	381.955.000
Pendant ces 6 années, l'industrie a employé.	»	50.000.000
Total employé		431.955.000
Mais les mines des Etats-Unis n'ont produit pendant le même temps que	dollars	231.000.000
Soit donc, différence en moins	» D.	200.955.000

Ou plus d'un milliard de francs en or, que l'Europe a dû fournir à l'Amérique. Quoi qu'en puisse dire M. Pirmez il est donc évident que les fleuves d'or remontent vers leur source.

Le *Final Report*, p. 11, donne le tableau suivant qui n'est pas moins instructif :

Périodes	Production totale du monde or	Absorbé par l'Inde et les Etats-Unis or	Surplus total or	Surplus par an or
	£	£	£	£
1866-75	257,336,000	47,771,000	209,565,000	20,956,500
1876-85	224,285,000	139,229,000	85,056,000	8,505,600

Et il faudrait croire qu'un changement aussi considérable, aussi inouï, n'aurait aucune influence sur la circulation et sur les prix en Europe !

Examinons maintenant la situation de chaque pays. Commençons par l'Angleterre.

D'après les tableaux de l'*Economist* résumés par M. Bagehot, l'Angleterre a eu, pendant la période 1858-1878, un excédent annuel d'importation d'or de 4,432,000 liv. sterl. Depuis 1877, les exportations en moyenne dépassent les importations :

	Excédent en millions livres sterling. des exportations	des importations
1877	5	
1878		7
1879	3.3	
1880	2.5	
1881	5.5	
1882		2.3
1883		2.3
1884	1	
Total	17.3	11.5

Dans ces huit années, de 1873 à 1884, l'Angleterre aurait absorbé autrefois 35 millions liv. st. d'or et elle en a perdu 6. Différence actuelle 41 millions liv. st. soit un milliard de francs. Ajoutez aux six millions liv. st., excédent des exportations, les 2 millions liv. st. absorbés par l'industrie, d'après Sir Hector Hay, et l'on verra que le stock monétaire estimé en 1878 par M. Freemantle à 120,000,000 liv. st. a dû se réduire de 22 millions liv. st. et est aujourd'hui inférieur à 100,000,000 liv. st.

Autre fait non moins inquiétant et confirmant les précédents.

De 1871 à 1875, l'Angleterre recevait annuellement d'Australie une moyenne de 7,000,000 liv. st De 1876, à 1880, cette moyenne tomba à 5,000,000 liv. st.

En 1881, le chiffre se réduisit à 4,470,186 ;
En 1882 » » 2,996,545 ;
En 1883 » » 2,256,128 ;
Et en 1884 » » 709,388

Chose plus extraordinaire, au commencement de 1884, 920,000 liv. st. furent envoyées de Londres à

Melbourne. Là aussi les fleuves remontent vers leur source !

Ecoutez l'organe attitré du monométallisme anglais constater lui-même la rareté croissante de l'or. « Il y a quelques années, dit l'*Economist*, la » somme à la disposition du *Stock Exchange* était » estimée par une autorité compétente à 4,000,000 » liv. st.; maintenant elle est bien moindre. Quand » une demande d'un million liv. st. d'or emporte » complètement cette somme du marché et la détient » ailleurs, il y a une pression sensible sur le change. » (*Economist, 4 février 1886.*)

Ainsi donc le marché monétaire de la capitale financière du monde est à la merci du retrait de 25 millions de francs !

La France seule, dans le monde entier, a encore assez d'or, parce que grâce au bimétallisme, elle a monnayé la plus grande partie de l'or des placers de Californie et d'Australie.

Et cependant l'or fait toujours prime à Paris ! La Banque de France n'en donne qu'avec mesure et elle défend son encaisse en offrant de l'argent. On sait quels efforts il lui a fallu faire pour reconstituer et maintenir son encaisse tombée à 600 millions en 1881. L'argent reparaît dans la circulation, même pour les gros payements.

En Belgique il nous reste, estime-t on, 125 millions fr. d'or, qui nous seront complètement enlevés, si nous devons rembourser nos écus de cinq francs restitués par l'étranger, à la dissolution de l'Union latine. Déjà l'argent prend de plus en plus la place de l'or. On s'en aperçoit dans les payements qu'on reçoit et à la vue des gros sacs d'écus qui recommencent à apparaître sur le dos des encaisseurs. Mais, du reste, il en est une preuve, sans réplique.

Naguère, dans les mouvements de la caisse centrale de la Banque, on voyait figurer autant d'or que d'argent.

Voici pour les deux dernières années les chiffres que je dois à l'obligeance de M. Eugène Anspach, gouverneur de la Banque Nationale :

MOUVEMENT GÉNÉRAL D'ENTRÉE ET DE SORTIE

		1887	1888
Reçu.	or. . . .	70,000,000	76,000,000
	argent . .	240,000,000	260,000,000
Payé.	or. . . .	65,000,000	77,000,000
	argent . .	248,000,000	275,000,000

L'or intervient donc pour moins du quart et l'argent pour plus des trois quarts, même dans les payements commerciaux.

L'Italie, malgré son emprunt or de 1882, n'a plus guère que 577 millions d'or, dont 215 millions dans la caisse de l'Etat, 299 millions dans celles des Banques d'émission, et, d'après M. Simonelli, les particuliers n'en détiennent que 63 millions. Autant dire que l'or ne circule plus. Aussi parle-t-on de rétablir le cours forcé.

L'agio flotte entre 5 et 10 par mille.

En Espagne la situation est encore pire. L'agio sur l'or, à Madrid, est à 20 p. c. L'Etat cherche à compenser la pénurie d'or en frappant de l'argent. Mais comme ce n'est pas une monnaie reçue à l'étranger, celle-ci ne sert qu'à faire monter la prime sur l'or. Il s'ensuit que toutes les entreprises qui doivent payer des intérêts ou des dividendes au dehors subissent de ce chef des pertes annuelles considérables.

En Hollande on ne voit guère d'or dans la circulation. L'instrument d'échange est composé de billets et d'argent.

En Allemagne, l'Etat s'efforce de maintenir et d'accroître son stock d'or, mais elle n'y parvient guère. Il doit lui rester environ un milliard et demi de marks en or, ce qui est jugé insuffisant pour démonétiser le demi-milliard de thalers qui ont conservé la puissance libératoire. Malgré des droits protecteurs, sans cesse augmentés, d'après les tableaux de Soetbeer, (*Materialen, etc.*, p. 60) les excédents d'exportation d'or ont été en :

1880	8,883,000	marks
1881	31,567,000	»
1882	10,585,000	»
1883	21,278,000	»
1884	14,659,000	»

Les royaumes Scandinaves n'ont presque pas d'or. Ayant à faire peu de remises à l'étranger, leurs billets de banque, parfaitement gagés, suffisent à la circulation.

En Russie, papier-monnaie, ni or ni argent, agio sur l'or, à St-Pétersbourg, 33 p. c.

En Autriche-Hongrie, papier-monnaie, ni or ni argent, agio sur l'or, 20 p. c.

A Bucharest, agio sur l'or, 17,5 p. c.

A Buenos-Ayres, agio sur l'or, de 50 à 60 p. c.

Aux Indes, agio sur l'or, 31 p. c.

En Grèce, papier-monnaie, agio sur l'or 13 p. c.

Même aux Etats-Unis, où l'on frappe pour 150 millions de francs d'or chaque année, les banques associées doivent à chaque instant élever le taux de l'escompte pour maintenir leur encaisse.

Ainsi donc, partout dans le monde entier sauf en France et aux Etats-Unis, la rareté de l'or existe déjà. Dans beaucoup de pays il manque absolument et il est l'objet d'une prime considérable et sans cesse variable.

En Australie, dans le Far-West de l'Amérique du Nord, dans toute l'Amérique méridionale, dans l'Afrique australe se développent des populations aisées, des villes nouvelles, des Etats nouveaux qui ont besoin d'or pour les exigences du luxe et de l'échange. Et c'est en présence d'un spectacle pareil, que l'on veut maintenir la proscription de l'argent et adopter l'étalon d'or universel !

L'extraction de l'or diminue et ce métal est retenu par les pays qui le produisent ; par des lois révolutionnaires on proscrit brusquement le métal monétaire qui depuis la plus haute antiquité a été le principal agent de la circulation ; la frappe est presque suspendue dans nos pays d'Europe ; la masse des produits à échanger s'accroît chaque année ; l'emploi des instruments de crédit diminue au lieu d'augmenter, et M. P. Leroy-Beaulieu veut nous faire croire que ces faits sans précédents dans l'histoire économique n'auraient aucune influence sur les prix et ne seraient pour rien dans la crise actuelle !

§ 18

POURQUOI L'OR SE RÉFUGIE DANS LES BANQUES

Mais nierez-vous, dira M. P. Leroy-Beaulieu, qu'il y ait de l'or dans les Banques?

Non pas, mais la raison en est évidente. En proscrivant l'argent on a amené une crise ; celle-ci restreint les bénéfices ; il s'ensuit que le nombre des entreprises diminue. Le capital fuit toute industrie qui offre un aléa; il recherche les placements de tout repos ou reste inactif dans les Banques, où il gagne de la valeur, à mesure que les prix baissent.

Des chiffres certains prouvent ces faits.

Le *Moniteur des intérêts matériels*, publie, chaque année, le relevé des émissions diverses. Ces tableaux ont tout au moins une valeur comparative, puisqu'ils sont dressés sur les mêmes bases. Voyez le contraste :

Période d'activité	1871	11,000 millions francs
	1872	12,626
	1873	10,908
Période de dépression	1882	4,540
	1883	4,180
	1884	4,876
	1885	3,331
	1886	4,540
	1887	4,999
	1888	7,850

Ceci est confirmé par quelques chiffres que j'emprunte à M. Ad. Coste, un apôtre du monométallisme.

Chiffre des opérations productives de la Banque de France

1882	14.867.985.700	fr.
1883	14.006.175.900	—
1884	13.591.031.800	—
1885	12.324.577.300	—
1886	12.089.715.300	—
1887	11.575.920.500	—
1888	12.005.003.600	—

« Ainsi, l'année 1888 est la seule année, depuis
» sept ans, qui n'obéisse pas au mouvement déso-
» lant de la décroissance des affaires : elle présente
» une reprise d'environ 3.70 p. c. »

» Les deux principaux éléments des chiffres d'opé-

» rations donnés plus haut sont les escomptes et » les avances sur titres. Les voici, année par » année, en millions de francs :

1882	11.322,2	884,1
1883	10.827,3	664,6
1884	10.385,2	626,5
1885	9.250,1	584,6
1886	8.302,9	993,5 (Emprunt)
1887	8.268,7	589,7
1888	8,685,7	634,5 »

(*Le Globe, mars 1889*).

« Mouvement désolant de la décroissance des » affaires ! » Faut-il s'étonner que le peu d'or qui nous reste, cherche un port sûr, en se réfugiant dans les Banques d'États.

§ 19

STABILITÉ DE VALEUR PLUS GRANDE DE LA MONNAIE BIMÉTALLIQUE.

M. Levasseur dit que la qualité principale d'une monnaie est la stabilité de sa valeur, et il a raison. Mais il est aujourd'hui scientifiquement démontré que cette qualité appartient surtout à la monnaie bimétallique ; et voici pourquoi :

Il est affirmé dans tous les traités d'Économie politique que la monnaie faite de métaux précieux a une valeur très stable, parce que la masse d'or et d'argent qui existe étant très grande, l'influence que peut exercer une variation dans la production annuelle sera très faible.

La masse d'or et d'argent dans le monde entier est estimé être de soixante milliards de francs, moitié or, moitié argent. Enlevez à l'argent sa fonction de monnaie et reduisez-le à l'état de marchandise, le stock monétaire tombe à environ trente milliards et, par conséquent, l'influence exercée par les variations dans la production annuelle se trouvera doublée.

Si, en 1850, on n'avait eu que l'étalon d'or, la production de ce métal devenant brusquement neuf à dix fois plus considérable, il aurait subi la dépréciation prévue à cette époque par M. Michel Chevalier, laquelle se serait traduite par cette hausse considérable des prix qu'il signalait comme inévitable. Mais grâce au bimétallisme, cette dépréciation n'a pas eu lieu. L'or a pris la place et la fonction de l'argent, et l'afflux d'or s'est amorti en s'étendant sur un approvisionnement composé des deux métaux.

Autrefois tous les économistes, même ceux qui pour des motifs d'utilité actuelle voulaient conserver l'emploi simultané des deux métaux, admettaient la supériorité théorique du monométallisme. M. Wolowski, puis moi-même (1) dès 1872, nous avons combattu cette opinion. A l'axiome de Locke et de lord Liverpool, qu'il ne faut qu'un seul étalon des valeurs, nous répondions que l'or et l'argent, accouplés par la loi, ne forment qu'une seule mesure ; qu'il

(1) On trouvera un résumé de la polémique de cette époque, dans mes lettres à l'*Indépendance Belge* de 1873, oct. et nov. (V. *Exposé et défense de la monnaie bimétallique*, aux annexes du volume publié à cette époque par M. Frère-Orban. — *La Question Monétaire*, 1873, dans ma brochure *La Monnaie bimétallique*, Bruxelles, Muquardt, 1876, traduite en anglais *Bimetallic Money*, par G. Walker, New-York, 1878, et en allemand *Doppelwährung*, Nordlingen, 1876.

n'y a pas, en réalité, d'étalon de la valeur, attendu que la valeur de toute monnaie, fût-elle faite d'un seul métal, varie et que, faite de deux métaux, elle a une valeur plus stable, par la même raison qu'un balancier, composé de deux métaux, est moins sujet à variations. Wolowski était très fier d'avoir découvert cet argument qui lui semblait décisif. Il établit en effet, la supériorité absolue, même en théorie, de la monnaie bimétallique, comme l'a si clairement démontré le monométalliste Jevons dans son livre : *On Money*.

Mais l'action compensatrice de l'emploi simultané des deux métaux comme monnaie libératoire, avait été déjà reconnue avant Wolowski et confirmée par la comparaison qu'il croyait avoir trouvée. Adam Müller dit, dans un livre publié à Berlin en 1809 (B. II, p. 284) : « Dans les nouveaux pendules des » horloges astronomiques on s'est efforcé de corriger » les variations de longueur du pendule en associant » deux métaux qui se compensent. De même, il faut » composer le pendule du monde économique de deux » métaux qui se corrigent et s'équilibrent. »

Dans ses *Nouveaux Principes d'économie politique* (1827), t. II, p. 59, Sismondi s'exprime à peu près de même : « C'est servir utilement la société que » de travailler à diminuer encore les chances de cette » fluctuation (de la valeur de la monnaie) et l'un des » moyens d'y parvenir, c'est d'employer l'or et l'argent indifféremment comme commune mesure, en » fixant une proportion légale entre eux. C'est ainsi » à peu près que, pour avoir un pendule d'une longueur invariable, on en combine la tige de verges » de différents métaux, pour que la dilatation de » l'un, par la chaleur, corrige celle de l'autre. »

Cette vérité fut reconnue plus tard par Rau, Prince-Smith et Roscher. L'opinion de Roscher est si importante, que je crois devoir la transcrire ici : « Est-il vrai, écrit-il, à Wolowski, comme vous » l'expliquez si ingénieusement, en rappelant le » pendule compensateur, que le but principal, qui » est de mieux préserver la monnaie des fluctuations » du marché, puisse être plus sûrement atteint par » ce mode de payement mixte, or et argent, que par » le payement légal, uniquement prescrit en or ou » en argent ? Je n'hésite nullement à répondre oui, » quand nous nous plaçons au point de vue élevé qui » embrasse le monde dans un vaste système économi- » que. Avec le payement mixte, la variation de » valeur des instruments de la circulation peut être » plus fréquente, mais elle sera moins forte qu'avec » un métal unique. Cet avantage d'une plus grande » uniformité des prix, constitue un progrès très » utile. »

Toute la puissance de cette considération n'a pas, semble-t-il, été saisie par M. Gibbs, dans son fameux livre *Double Standard*, car il fait encore aux monométallistes la concession qu'on leur faisait autrefois, en admettant que leur système est préférable *en théorie*. Pour un pays isolé, dit M. Gibbs, la monnaie faite d'un seul métal a cet avantage que créancier et débiteur savent exactement ce qui sera payé, tandis qu'avec le bimétallisme, le créancier recevra ou de l'or ou de l'argent.

En réalité, cet avantage n'est qu'apparent ; car le système bimétallique donne aux payements à faire en monnaie une base plus fixe que le système monométallique. Quand je stipule livraison d'un cheval ou d'un bœuf, c'est pour avoir l'animal stipulé. Quand je stipule un payement de cent francs, ce n'est pas pour avoir de préférence soit cent disques d'argent appelés *francs*, soit cinq disques d'or appelés *louis* ou *napoléons*. A moins que je ne sois orfèvre ou exportateur de métaux précieux, ce que je désire, c'est la puissance d'acquisition que donne cent francs. Ce qui m'importe, par conséquent, c'est que cette puissance d'acquisition soit aussi stable que possible, afin que j'obtienne, au moment du payement, le pouvoir exact sur lequel j'avais compté. Si un étalon d'un seul métal est plus variable que celui fait de deux métaux accouplés, je sais bien le nombre de grammes du métal unique que je recevrai, mais je ne puis pas aussi bien prévoir la puissance d'acquisition ou de libération qu'il aura, et c'est là ce qui m'importe le plus.

Sous l'empire de la monnaie bimétallique, je ne puis prévoir si je serai payé en or ou en argent. Mais si, soit avec l'or, soit avec l'argent, je puis également acheter toute marchandise et payer toute dette, et si, en même temps, je puis mieux prévoir la puissance d'acquisition que me donnera l'un ou l'autre métal, la base du contrat sera plus certaine, moins sujette à aléa. Or, il est évident, que la monnaie faite de deux métaux a une valeur plus stable que celle faite exclusivement soit d'or, soit d'argent. Supposons que j'aie emprunté, en 1846, 20,000 francs, à restituer en 1856. Si l'or avait été seul monnaie à cette époque, la puissance d'achat de l'or aurait énormément diminué après 1850, comme l'a démontré M. Michel Chevalier. En 1856, j'aurais reçu mes 20,000 francs en or, mais leur valeur aurait été très réduite. Grâce au système bimétallique, mes 20,000 francs ont gardé leur puissance d'achat. Que m'importe, dès lors, qu'on me les ait payé en or ou en argent? Il suit de ceci que, même l'avantage attribué au monométallisme, *en théorie*, n'existe pas.

M. Michel Chevalier lui-même avait dû reconnaître que la masse considérable d'argent employé comme monnaie avait empêché la baisse de la valeur de l'or, quand, après 1850, sa production avait presque décuplé. La monnaie bimétallique avait, disait-il, servi de parachute. Cette vérité a été parfaitement mise en lumière par M. Prince-Smith, dès 1869, dans son livre sur les *Types métalliques et les monnaies*. « En » réalité, la fixation par la loi du rapport de valeur » entre l'or et l'argent, présentée comme un acte » arbitraire, a l'avantage de circonscrire les fluc» tuations des deux métaux précieux dans des limites » plus restreintes qu'elles ne le seraient autrement. » Si, par exemple, le taux de l'or baisse, on payera » de préférence en or ; mais alors l'or sera plus em» ployé, et la demande pour l'argent diminuera. Cet » emploi plus grand de l'or tend à en relever le prix, » de sorte que les fluctuations dans la valeur des » deux métaux se corrigent promptement. Comme » ces deux métaux sont également d'excellents » moyens d'échange, et qu'ils peuvent se rempla» cer réciproquement, une augmentation de l'offre » de l'un détermine une diminution de la demande » de l'autre. Il peut paraître arbitraire d'obliger le » créancier à recevoir, au choix du débiteur, de l'or » ou de l'argent à un taux fixe, tandis que la propor» tion relative de leur valeur varie continuellement » sur le marché universel. Mais si ce système tend » à circonscrire les fluctuations de leur valeur dans » des limites si étroites qu'elles ne peuvent se faire » sentir dans les transactions commerciales, il n'offre » aucun inconvénient pratique. Au contraire, il » offre ce grand avantage de diminuer les fluctua» tions des prix respectifs des deux métaux, l'un par » rapport à l'autre, aussi bien que le rapport de

» valeur des deux métaux accouplés relativement aux
» marchandises en général. Seulement, une pareille
» fixation de la relation légale des deux métaux ne
» doit pas être pratiquée sur un territoire trop res-
» treint. »

Si l'on considère le total de la production des deux métaux, on constate qu'il a peu varié dans ces dernières années. Au contraire, la production de l'or a augmenté après 1858, quand celle de l'argent restait assez stable et depuis qu'il se produit moins d'or, les mines d'argent sont devenues plus productives faisant ainsi compensation. L'or seul, ou l'argent seul, auraient donc fourni une base des contrats moins stable que les deux métaux accouplés.

La vérité de cette affirmation est démontrée par le tableau suivant dressé par sir Hector Hay, en millions de livres sterling : (V. *Gold and Silver commission.*)

Année.	Or.	Argent.	Total.
1868	24.0	9.8	33.8
1869	24.2	9.8	34.0
1870	23.8	11.1	34.9
1871	23.3	11.8	35.1
1872	22.0	11.7	33.7
1873	21.3	12.8	35.1
1874	23.5	18.6	40.1
1875	22.1	13.8	35.9
1876	22.3	15,4	37.7
1877	23.4	17.4	41.0
1878	22.1	16.1	38.2
1879	20.8	15.8	36.6
1880	21.2	17.5	38.7
1881	20.6	18.8	39.4
1882	20.2	20.5	40.7
1883	19.6	20.6	40.2
1884	19.1	20.8	39.9
1885	19.5	21.3	40.8

On voit que le chiffre du total a plus de fixité que

celui de l'or ou de l'argent isolément. Quand la production de l'or a diminué, celle de l'argent a augmenté. On ne peut attacher une importance excessive à ces faits qui auraient pu être autres. Mais ce qui est certain, c'est que les deux métaux réunis offrent une base des prix et des transactions plus stable et moins sujette à des variations soudaines que l'or ou l'argent seul.

§ 20

LA LOI DE GRESHAM ET LA LOI DE NEWTON

Les monométallistes nous faisaient une objection dont nous ne pouvions nier la réalité. C'est l'alternance dans l'emploi des deux métaux, conformément à la loi de Gresham, d'après laquelle le métal déprécié envahit la circulation, tandis que le métal recherché s'exporte. C'est la raison principale qui avait déterminé lord Liverpool à faire adopter par l'Angleterre l'or seul comme monnaie. Wolowski démontrait bien que l'inconvénient était léger, transitoire, et que le pays où se produit l'alternance ne perd rien, puisque le métal enlevé procure une prime au détenteur. Mais l'inconvénient d'avoir tantôt l'or, tantôt l'argent comme monnaie dominante frappe les esprits ; d'autant plus que cela permet, dit-on, aux marchands de métaux de faire d'énormes bénéfices, aux dépens du pays bimétallique.

Nous ne savions pas encore que Newton avait indique le remède qui obvie à l'alternance. Voici comment il l'avait formulé. « Si l'or était diminué de valeur » chez nous, de façon que ce métal eût le même » rapport avec l'argent que dans le reste de l'Europe, » il n'y aurait plus aucune tentation d'exporter de » l'argent plutôt que de l'or vers les autres États de » l'Europe. »

M. Barbour a cité un extrait de la *Lex mercatoria* de Gérard de Malynes p.p. 308-309, où l'on voit que pour obvier à l'exportation des monnaies de l'Angleterre sur le Continent, où on avait su relever leur valeur, le roi Henri VIII décrète que les monnaies anglaises, tant d'or, que d'argent seront du même aloi, finesse et valeur que celles du Continent (*Final Report*, p. 152).

C'est, semble-t-il, un écrivain américain, M. Charles Moran, qui, dans un écrit intitulé *Money*, et publié en 1864, a émis le premier, appliquant le principe de Newton, l idée d'une convention internationale, pour établir partout le même rapport entre les deux métaux. « Le même véritable et unique remède, dit» il, contre les variations dans la valeur relative de » l'or et de l'argent, serait un congrès de toutes les » nations commerciales pour adopter une proportion » légale, uniforme entre les deux métaux, tous les » deux pouvant être employés partout comme *legal* » *tender*, car il est hors de doute que deux instru» ments d'échange sont préférables à un seul. » Wolowski, qui transcrit ce passage et celui de Newton dans son livre *la Question monétaire*, en 1869, n'a pas su tirer de l'idée tout ce qu'elle renfermait.

La Commission monétaire néerlandaise de 1873, composée de financiers exceptionnellement compétents et inspirée, d'après M. Pierson, par M. Mees, gouverneur de la Banque Néerlandaise, avait préconisé le remède indiqué par Newton. Elle disait dans son rapport : « Nous voudrions voir adopter partout » en Europe le double étalon, avec la même valeur » proportionnelle entre l'or et l'argent. Ce principe, » appliqué sur un si vaste territoire, exercerait une » telle influence sur la valeur du marché commercial, » que le prix des métaux précieux en acquerrait une » fermeté inconnue jusqu'à ce jour. »

Il était réservé à M. Cernuschi, dans des écrits étincelants de verve et de raison, de prouver, à toute évidence, que Newton avait indiqué la vraie solution du problème monétaire. A partir de ce moment, la question est entrée dans une phase nouvelle. Le bimétallisme avait acquis une base scientifique inattaquable. En effet, si en vertu de la loi de Newton, l'inconvénient de l'alternance est supprimé, il reste en faveur de la monnaie bimétallique l'avantage certain d'une stabilité plus grande de sa valeur et, par suite des prix, en raison de l'action compensatrice des deux métaux accouplés, et alors la question est tranchée. Aussi, tous les économistes qui ont consenti à étudier le problème à nouveau se sont-ils convertis au bimétallisme.

En Amérique, les écrits de Dana Horton, de Francis Walker et de George Walker, et le rapport fait par le sénateur Jones, au nom de la *Silver commission* de 1876 ; en Allemagne, le livre de Suess, *Die Zukunft des Goldes*, et ceux de Schneider, d'Otto Arendt et d'Ottomar Haupt, et, bientôt après, les remarquables publications de Lexis, de Wagner, de Schäffle, de Neuwirth, de Lorenz von Stein, ont amené l'adhésion de la grande majorité des hommes compétents. On peut soutenir encore avec Soetbeer que le bimétallisme international ne sera pas accepté par les Etats intéressés ; mais il faut désormais avouer, avec lui, que s'il l'était, ce serait la solution définitive du problème. Ceci est reconnu non seulement par les principaux économistes, mais par les directeurs de toutes les grandes Banques régulatrices, c'est-à-dire par les financiers qui connaissent le mieux les besoins de la circulation. C'est à l'un des plus éminents de ceux-ci, M. Henry Gibbs, ancien gouverneur et maintenant directeur de la Banque d'Angleterre, que l'on doit la brochure *Double Standard* où le problème est le mieux élucidé. Il y développe des démonstrations définitives. Il explique d'abord comment il se fait que le bimétallisme en France a suffi pour maintenir le rapport fixe de 1 à 15 1/2 entre les deux métaux précieux. Il prouve ensuite, par une démonstration pratique, la vérité de la proposition de Newton reprise par M. Cernuschi, à savoir que l'accord international sur la fixation du rapport légal de valeur entre l'or et l'argent maintiendrait la circulation simultanée des deux métaux, en paralysant l'action de la loi d'alternance de Gresham. On peut dire que c'est là désormais une vérité acquise à la science. Les rares monométallistes absolus qui se sont donné la peine d'étudier sérieusement la question, comme M. Ferraris, professeur à Pavie, et M. Rodriguez de Freitas, professeur à Porto, n'ont pas réfuté l'argumentation de M. Gibbs, pas plus que MM. P. Leroy-Beaulieu ou V. Bonnet,

Deux autres adversaires du bimétallisme, M. Bonamy Price, en Angleterre, et M. Soetbeer, en Allemagne, font des concessions telles qu'elles tranchent le débat en notre faveur. M. Bonamy Price écrit, dans un article de la *Contemporary Review* (1882), publié en réponse à un travail que j'avais inséré dans cette Revue : « Si l'or était exclusivement monnaie, » il en résulterait un grand dommage pour le présent

» et pour l'avenir.» Plus récemment encore, il disait : » Ma conviction est que l'emploi de l'argent comme » monnaie est de la plus grande importance. La population du monde s'accroît rapidement. La civilisation » se développe de toute façon et réclame des moyens » de plus en plus étendus de production et de circulation. Il est incontestable que le besoin d'une quantité croissante de monnaie métallique ira en augmentant. L'or seul ne peut suffire. » (1)

Nous avons rapporté l'opinion de M. Soetbeer à la page 11.

En Angleterre cette vérité semble s'imposer aussi, car la *Gold and Silver Commission* admet comme démontré que le bimétallisme français a suffi pour maintenir partout le rapport légal français entre les deux métaux. Ce point est si important que nous reproduisons le texte même. « Aussi longtemps que » ce système a été maintenu en vigueur, nous pensons que, malgré les changements survenus dans » la production et dans l'emploi des métaux précieux, il a maintenu le prix marchand (*market* » *price*) de l'argent à peu près fixe, conformément au » rapport établi par la loi entre l'or et l'argent, » savoir celui de 15 1/2 à 1.

» Le fait que le propriétaire d'argent pouvait en » fin de compte, l'apporter à la Monnaie et le faire » convertir en numéraire qui acquérait des marchandises sur la base du rapport de 15 1/2 d'argent à 1 d'or, avait pour effet, dans notre opi-

(1) M. Gibbs, à qui j'ai envoyé l'épreuve de quelques pages, m'écrit ceci :

« La dernière fois que je vis M. Bonamy Price à la *Commission on* » *Depression of Trade*, il me dit : — « Comment marche le bimétallisme? » — « Il fait peu à peu son chemin, » répondis-je. Il reprit : » — « Il faudra bien y venir; il n'y a point d'autre remède. » — Nouvelle et importante recrue. »

» nion, d'influencer le prix de l'argent sur le
» marché général, n'importe pour quel acquéreur
» ou pour quel pays l'argent était destiné ; il met-
» tait le vendeur à même d'exiger un prix appro-
» ximativement égal au rapport légal et avait ainsi
» pour résultat de maintenir le prix marchand fixe
» à environ ce taux. - *Final Report* p. 59.

Mais, dit-on, l'or, plus recherché, sera exporté hors de votre Union et payé en argent avili. Deux suppositions impossibles. Premièrement, l'argent ne peut s'avilir, puisqu'il trouve dans les Monnaies partout ouvertes un débouché illimité au taux fixé ; secondement, quels sont les pays en dehors des grandes nations commerciales, qui pourraient absorber les 15 ou 20 milliards d'or que celles-ci possèdent, en les payant en argent ? Et dans quel but ? Ce ne pourrait être pour vendre l'or plus cher relativement à l'argent, puisque le rapport entre ces deux métaux serait le même partout L'or ne pourrait disparaître de la circulation que s'il devenait très rare, et, dans ce cas, comme le fait très bien remarquer M. Schäffel, il serait impropre à servir de monnaie universelle, comme le veulent les adversaires du bimétallisme.

§ 21

LE RAPPORT DE 1 A 15.50 SEUL ADMISSIBLE

On nous dit encore : « Le rapport de valeur commerciale entre l'or et l'argent est maintenant 1 à 20 ;

pourquoi prenez-vous le rapport arbitraire de 15.50? — La réponse est simple. C'est, au contraire, ce rapport de 1 à 20 qui résulte de mesures arbitraires, la proscription universelle de l'argent. Si 1 à 15.50 est resté le rapport commercial jusqu'en 1870, alors que le bimétallisme ne fonctionnait qu'en France, n'est-il pas de toute évidence que ce serait là le rapport commercial, alors que ce système serait en vigueur dans l'Union monétaire universelle? D'après la loi de l'offre et de la demande, sans cesse invoquée par nos adversaires, il est certain que, si l'argent était monnayable partout, sur le pied de 60 7/8 pence, il remonterait automatiquement à ce prix.

Les motifs qui imposeraient à l'Union monétaire bimétallique des principaux Etats le rapport de 1 à 15.50 sont les suivants : 1° C'est le rapport existant partout en Europe pour les monnaies d'argent ayant encore cours légal, les thalers en Allemagne, les écus de cinq francs dans l'Union latine en Espagne, en Roumanie, en Grèce. 2° C'est sur cette base qu'ont été conclus les emprunts de l'Inde et que sont basés tous les contrats. 3° En adoptant le rapport de 1 à 20, on déprécierait définitivement et par la voie légale, l'argent métal, et, par conséquent, on augmenterait dans une forte proportion la dette des Etats à étalon d'argent ou bien, on spolierait définitivement leurs créanciers. 4° Les Etats-Unis dont il faut aussi consulter les intérêts, passeraient facilement de leur rapport de 1 à 16 à celui de 1 à 15 1/2. 5° Le rapport de 1 à 15 1/2 est un rapport historique ; celui de 1 à 20 est arbitraire et résulte uniquement d'actes législatifs récents.

§ 22

LA DÉPRÉCIATION DE L'ARGENT EST LE FAIT DE LA LÉGISLATION, NON D'UNE LOI NATURELLE

Mais on insiste et l'on dit : Si l'on adopte le 1 à 15.50, l'Amérique inondera l'Europe de son argent-métal et nous enlèvera notre or, bien plus encore qu'elle ne le fait aujourd'hui. Certes les Etats-Unis sont aujourd'hui le pays qui de beaucoup produit le plus d'argent. Mais comme en faisant monnayer l'argent dans les *Mints* de l'Union on se procurerait la même somme et le même moyen d'obtenir de l'or, qu'en Europe, puisque le rapport entre les deux métaux serait le même, quel banquier, quel marchand de métaux s'imposerait les frais d'expédition de l'argent en Europe où, en le faisant monnayer, il n'obtiendrait que le même pouvoir d'acquisition qu'en Amérique?

Mes collègues de l'Institut semblent admettre la vérité d'une assertion qu'on répète souvent et que M. Fournier de Flaix a essayé de démontrer récemment dans le travail si complet qu'a publié le *Journal de la Société de Statistique* (sept.-oct 1886. Fév.-mars 1887), à savoir que la valeur du métal argent est condamné à une dépression irrémédiable pour deux motifs · d'abord parce qu'il est produit en trop grande abondance, ensuite parce qu'il est repoussé comme monnaie libératoire par le public chez les nations occidentales.

A l'appui de sa thèse M. Fournier de Flaix invoque le fait de la chute continue du prix de l'argent depuis l'antiquité et cet autre fait que depuis 1873 la frappe de l'argent a presque cessé en Europe.

Mais n'est-il pas évident que si l'on ne frappe plus d'argent en Europe, c'est tout simplement parce que la loi lui a fermé l'entrée de l'Hôtel des Monnaies, ce que M. Fournier de Flaix semble trop oublier.

Quant à la dépréciation antérieure de l'argent, il suffit de quelques chiffres empruntés à M. Soetbeer pour démontrer qu'elle est le résultat de la législation et nullement l'effet d'une loi naturelle.

La baisse de l'argent, à partir du moyen-âge, a-t-elle pour cause l'accroissement de la production de ce métal relativement à celle de l'or ? Nullement ; c'est le contraire qui a eu lieu. La valeur de l'argent reste stationnaire, quand sa production augmente, et elle baisse quand la production de ce métal diminue et que celle de l'or s'accroît, comme le prouve les tableaux suivants :

PÉRIODES	PRODUCTION EN MILLIONS DE MARKS		VALEUR DE L'OR RELATIVE A L'ARG
	OR	ARGENT	ARGENT
1561 à 1580	19	53	11.50
1581 à 1600	20	75	11.80
1601 à 1620	23	76	12.25
1621 à 1640	23	70	14.01
1641 à 1680	24	65	14.50
1681 à 1700	25	60	15.01

De 1561 à 1600, la production annuelle de l'argen s'élève de 53 à 75 millions de marks, et sa valeur ne baisse guère. De 1600 à 1700, la production de l'argent tombe de 75 à 60 millions et celle de l'or monte de 23 à 25 millions: l'or aurait dû baisser et l'argen hausser. C'est le contraire qui a lieu: le rapport de l'or à l'argent s'élève de 12.25 à 15.01, donc la valeur de l'argent diminue.

Pendant le dix-huitème siècle la production de l'argent augmente considérablement, relativement à celle de l'or. Sa valeur aurait dû baisser; elle hausse. Citons encore les chiffres de M. Soetbeer.

PÉRIODES	PRODUCTION EN MILLIONS DE MARKS		VALEUR DE L'OR RELATIVE A L'ARG.	
	OR	ARGENT		
1701 à 1720	35	64	15.27	15.15
1721 à 1740	53	77	15.09	15.07
1741 à 1760	68	95	14.93	14.64
1761 à 1780 . . .	57	117	14.81	14.64
1781 à 1808	49	158	14.76	15.42

Ainsi la production de l'argent triple, et, en même temps, sa valeur s'élève, puisqu'en 1780, il ne faut plus que 14.64 pesées pour une pesée d'or, au lieu de 15.27, comme en 1701. La valeur de l'argent n'est donc pas déterminée par le chiffre de la production.

Prétendra-t-on, comme le fait M. Fournier de Flaix, qu'elle l'est par les préférences du public ou du commerce? Il faudrait donc admettre que la préférence pour l'or qui a amené la baisse de l'argent pendant le 17e siècle, s'est changée pendant le 18e siècle, en une préférence très marquée pour l'argent. Cela serait inexplicable et contredirait, en tout cas, la fameuse loi de la baisse persistante et naturelle de l'argent.

Le fait est que l'argent était partout la monnaie principale. Comme le dit Locke, « L'argent est » l'instrument et la mesure du commerce dans toutes » les parties civilisées et commerçantes du monde en- » tier. » L'or, monnaie de luxe et « surérogatoire », s'exportait facilement à l'étranger. Les différents Etats en élevaient donc la valeur dans leurs Hôtels des Monnaies pour le retenir. C'est la loi seule qui a fait diminuer la valeur de l'argent au XVIIe siècle et qui l'a relevée au XVIIIe. L'histoire monétaire du temps le prouve à toute évidence. On peut s'en convaincre en lisant les admirables travaux de M. Dana Horton, délégué des Etats-Unis à la Conférence monétaire de Paris de 1881, *Gold and Silver* et *International Monetary Conference of 1878*, et la savante étude de M. Lexis : *Beiträge zur Statistik der Edelmetalle — Jahrb. fur Nat- Œkon.* 1880.

Il n'est pas exact non plus que c'est par préférence pour l'or que l'Angleterre est arrivé à l'étalon d'or. On y a pris différentes mesures pour empêcher l'exportation de l'argent, qu'on tenait à conserver. C'est à cet effet que Newton, directeur de la Monnaie, diminua, en 1717, la valeur de la guinée d'or, mais pas suffisamment, comme il l avait prévu du reste. L'argent plus recherché ou plutôt coté plus haut ailleurs continua à s'exporter, en vertu de la loi de Gresham. Il ne resta dans la circulation que de l'or et des pièces d'argent usées. Lord Liverpool, l'apôtre de l'étalon d'or, le reconnaît lui-même : « La valeur du métal » argent, dit-il, fixée par la *Mint* anglaise était inférieure, comparée à celle de l'or au prix auquel » ces métaux étaient vendus sur le marché. »

L'Angleterre est donc arrivée à ne posséder que de l'or, non comme métal recherché, mais comme métal déprécié, par la raison que c'est toujours la monnaie de moindre valeur qui reste dans la circulation.

§ 23

LES VARIATIONS DU PRIX DE L'ARGENT A LONDRES DE 1803 A 1870 ONT EU POUR CAUSE UNIQUE LE CHANGE

Voyant que l'argent à Londres a été coté pendant les 70 ans que la loi bimétallique française a été en vigueur, tantôt un peu au-dessus, tantôt un peu au-dessous du prix de 60 7/8 p. l'once, correspondant au rapport de 1 à 15 1/2 entre l'or et l'argent, les mononométallistes, et entr'autres M. P. Leroy-Beaulieu, continuent à affirmer que la loi a été impuissante à maintenir la fixité de ce rapport légal. Ils oublient que M. Ernest Seyd si spécialement compétent en fait d'arbitrage de métaux précieux, a démontré que ces fluctuations correspondaient aux frais nécessaires pour faire monnayer l'argent à Paris. Avant les chemins de fer et la réduction du coût des envois de lingots ou de numéraire, ces frais y compris l'intérêt perdu, etc., montaient à 3 0/0. Il y avait donc 6 fr. à déduire des 200 francs qu'on obtenait à Paris pour un kilog. d'argent. Il n'y avait avantage à expédier de l'argent à Paris que quand il tombait à 59 pence à Londres.

S'agissait-il, d'autre part, de faire venir de l'argent de Paris, ce métal vendu à Londres coûtait environ 303 francs le kilog., ce qui supposait un prix supérieur à 61 p. Le prix de l'argent à Londres pouvait donc varier de 59 à 61 p. sans qu'on put dire que la loi bimétallique française eût cessé d'exercer son influence régulatrice. Ce qui le prouve du reste, c'est la fixité de la valeur de l'argent à Hambourg ; d'après les chiffres de M. Soetbeer (*Materialien*, p. 20), ce métal y reste coté sans changement à 178 marks le kilogramme fin.

§ 24

LA PROSCRIPTION DE L'ARGENT ENGENDRE LE PROTECTIONNISME

M. A. Allard a montré de la façon la plus frappante comment la proscription de l'argent et la contraction monétaire conduisent nécessairement au système du protectionnisme. Rien ne m'étonne davantage que de voir les partisans du libre-échange se prononcer en faveur de l'emploi exclusif de l'or. Tout d'abord ils se mettent en opposition avec un fait naturel et avec une sorte de loi historique. Comme l'a dit si bien Turgot : « L'or et l'argent sont constitués par » la nature des choses monnaie et monnaie univer- » selle, indépendamment de toute convention et de » toute loi (1). »

En second lieu, alors que les deux métaux, or et argent, ont été de tout temps employés comme

(1) Comment se fait-il que M. Fournier de Flaix inscrive cette maxime de Turgot en tête d'un travail (V. *Journal de la Société de Statistique* sept. 1888) qui a pour but de lutter contre cette loi naturelle, en proscrivant l'un des deux métaux monétaires ?

instrument de l'échange, ils veulent que le monde n'en emploie plus qu'un seul et précisément celui dont la production est la plus irrégulière et, par conséquent, la valeur la plus variable, si l'argent cesse de faire sentir son action compensatrice.

Expulser l'argent et n'avoir que l'or seul comme monnaie, au moment où il se raréfie et où la circulation métallique devrait s'accroître en proportion de l'accroissement des produits de toute espèce et des échanges, c'est évidemment agir dans le sens de la baisse des prix.

La baisse des prix, provenant non de l'abondance des produits, mais de la rareté du numéraire, c'est la crise lente, insidieuse, continue.

La baisse lente et continue, c'est le fermier qui ne peut payer son bail ;

C'est la réduction des fermages, et la terre retournant en friche, comme je l'ai vu en Angleterre ;

C'est le commerçant obligé de vendre moins cher qu'il n'a acheté ;

C'est l'industriel forcé de réaliser le produit fabriqué au-dessous du prix de la matière première ;

C'est la dépression ou la stagnation des affaires et, par conséquent, la baisse des salaires ;

C'est le numéraire s'accumulant, inerte, dans les banques, et, par suite, la baisse de l'intérêt.

C'est enfin, au point de vu social, l'hostilité des classes : fermiers à moitié ruinés contre les propriétaires ; ouvriers moins rétribués contre les maîtres.

Voici maintenant comment la lutte pour l'or tue le *Free-Trade*.

Quand les prix baissent d'une façon continue et générale, l'agriculteur et l'industriel en accusent la concurrence étrangère, car l'influence mystérieuse de la contraction monétaire leur échappe. Cela s'est vu pendant la période de dépression 1815-1830, comme pendant la crise récente 1874-1888.

Le succès des État-Unis, qui, en élevant les droits de douane, s'est créé une balance favorable, payée en or, est un précédent mortel pour le *Free-Trade*, si la lutte pour l'or doit continuer. Il est certain que les pays qui verront leur or s'écouler voudront le retenir, en empêchant autant que possible l'importation des marchandises étrangères, donc par la protection.

L'Allemagne a augmenté les droits quand elle a vu son or, si chèrement acheté, retourner en Angleterre et maintenant elle le retient et même en prend souvent à Londres, grâce à la protection.

L'Italie, s'apercevant que les millions qu'elle a empruntés pour abolir le cours forcé partent pour l'étranger, a fait de même

La Russie, pour arriver à relever le change du rouble et reconquérir une circulation métallique, en conservant les 125 millions de fr. d'or qu'elle produit, chaque année, augmente sans cesse et considérablement ses tarifs douaniers, et elle les exige en or. L'Autriche l'a imitée.

Des droits protecteurs ont été établis sur le blé et sur la viande en France et sur le bétail en Belgique, où en ce moment on réclame de nouvelles mesures de protection.

L'Angleterre est encore le centre commercial du monde. Par conséquent, c'est là qu'affluent les métaux précieux. Avec une hausse de l'escompte à 3 p. c., la Banque attire, en temps ordinaire, tout ce qu'il lui faut d'or. Mais ailleurs, pour lutter contre la puissance d'attraction presque irrésistible de la Banque d'Angleterre, il faut faire payer le loyer des capitaux plus cher.

Alors se pose pour les peuples cette question, terrible dans ses conséquences : Pour conserver l'or dont nous avons besoin, que vaut-il mieux : la hausse de l'escompte ou la hausse des tarifs ?

La réponse ne saurait être un moment douteuse.

Les peuples répondront : Plutôt la hausse du tarif, qui frappe l'étranger, que la hausse de l'escompte, qui frappe les nationaux.

Le prince de Bismarck l'a dit : « L'or est devenu » une couverture trop étroite : chacun veut en avoir » sa part et on se la dispute. C'est la lutte. »

Est-ce que ce *Struggle* ou plutôt ce *Scramble for gold*, que la proscription de l'argent impose au monde entier, n'empêche pas la réalisation de la devise de Cobden : *Free-Trade, Peace and good will among nations ?*

§ 25

LA CRISE ÉCONOMIQUE PRODUIT LES CRISES POLITIQUES ET SOCIALES

M. A. Allard a montré, à différentes reprises, que la contraction monétaire et la crise économique qui en résulte est l'une des causes des troubles qui agitent aujourd'hui la plupart des pays d'Europe.

Ainsi que je le disais en 1881, m'appuyant sur le passage de l'historien Allison que j'ai cité plus haut, les agitations révolutionnaires en Irlande, aujourd'hui, comme en 1830-1840, proviennent de la baisse des prix qui empêchent les fermiers de payer le loyer de leurs terres.

Dans une étude publiée, l'an dernier, sous le titre de *La Réforme parlementaire*, je crois avoir prouvé que l'une des causes qui favorisent cet étrange mouvement d'opinion, qu'on appelle le Boulangisme, est la dépression économique.

Le peuple s'attendait à voir la République améliorer sa condition ; au lieu de cela, est venue la stagnation des affaires et la baisse des prix. Les cultivateurs vendent moins cher leurs denrées. Les industriels ne font plus de profits, la demande de bras diminue et les salaires commencent à baisser ; d'où mécontentement général. Ce mécontentement se traduit par une opposition violente contre le gouvernement et par un désir vague et aveugle de trouver un remède aux souffrances actuelles dans un changement, quel qu'il soit, de régime. Les grèves, les soulèvements d'ouvriers, les progrès du socialisme, les attentats de toute nature qu'on voit se produire dans toute l'Europe n'ont point d'autre cause que le malaise économique qui dure depuis 1874.

§ 26

REMÈDES A LA CRISE AUTRES QUE LE BIMÉTALLISME

Dans le questionnaire que j'ai reçu de la *Gold and Silver Commission*, on demande : « En dehors du bimétallisme y a-t-il quelque remède à la situation actuelle? » j'ai répondu : « Aucun », et j'ai été heureux de voir que MM. Pierson, Nasse, Lexis et David Wells avaient fait la même réponse.

La moitié des membres de la Commission qui, tout en reconnaissant les avantages de l'emploi simultané des deux métaux, ne sont pas encore prêts cependant à le conseiller à leur pays, pensent qu'on pourrait obvier à la rareté de l'or en adoptant en Angleterre des billets d'une livre sterling et en s'entendant avec les nations du continent, pour donner dans la circulation une plus grande place à l'argent.

Ces deux mesures seraient non-seulement inefficaces, mais nuisibles.

Bagehot et l'*Economist* ont toujours repoussé les billets d'une livre et avec raison. Ils prendraient, en temps ordinaire, la place d'une partie de l'or, qui serait exporté, et la masse de ce métal, déjà si réduite, se trouverait insuffisante à la moindre crise. Le *Money market* anglais, déjà trop sensible, le deviendrait encore davantage.

Comment demander aux nations du continent d'encombrer leur circulation d'une quantité plus grande d'argent déprécié et non exportable?

Elles en ont déjà trop, et elles devraient plutôt en vendre, car du moment où la frappe de l'argent est interdite, les écus de ce métal ne sont plus qu'une monnaie divisionnaire. Ce n'est pas l'achat d'une centaine de millions d'argent qui peut en relever le cours. La frappe de dix millions de francs, que font les Etats-Unis, en vertu du Bland Bill, n'empêchent pas ce métal de tomber à 42 pence.

Décrétez partout la frappe libre de l'argent, et à l'instant il revient à son ancien prix, par le seul effet de la loi de l'offre et de la demande, sans qu'aucun gouvernement ait à agir pour en relever la valeur.

M. H. Gibbs, directeur de la Banque d'Angleterre s'exprime ainsi à ce sujet : « Si la France rétablissait » demain la pleine opération de sa loi bimétallique, » il ne peut pas avoir de doute que le même jour, » avec le change aux environs du pair le prix de » l'argent, à Londres, serait ramené à son ancien » taux » Du moment qu'on pourrait monnayer le métal blanc, et l'exporter en tous pays avec sa pleine valeur libératoire, la défaveur qui le frappe aujourd'hui, et avec raison disparaîtrait.

§ 27

DEVOIR DES LIGUES BIMÉTALLIQUES

Que faut-il faire pour amener, si possible, le triomphe du bimétallisme? Organiser la propagande afin de faire comprendre à tous le véritable intérêt du commerce, de l'industrie et du travail.

Suivant à Paris, en 1881, les travaux de la Conférence monétaire, je pus m'assurer combien les faits et les principes relatifs à la monnaie étaient peu connus et j'eus l'idée qu'il fallait fonder partout des Ligues bimétalliques. Je m'adressai à cet effet aux amis de la cause que je connaissais dans les différents pays. Grâce à l'initiative énergique et dévouée de MM. Gibbs, Grenfell et Tidman en Angleterre, de M. Otto Arendt en Allemagne et M. Dana Horton aux Etats-Unis, des ligues pour le bimétallisme international s'y constituèrent. Les publications et les meetings de ces associations, ont amené ce résultat inespéré de créer au sein du Reichsrath allemand, une majorité favorable et de provoquer en Angleterre un mouvement d'opinion bimétalliste si puissant qu'on peut espérer son triomphe. On verra dans la note justificative n° 21, p. 183 à 188, quelques faits qui prouvent la prodigieuse intensité de cette agitation.

Dans son discours à la Conférence monétaire de 1881, M. Pirmez disait : L'Angleterre et l'Allemagne ont adopté l'étalon d'or ; tout le monde dans ces deux pays s'en félicite, et nul ne songe à l'abandonner. — S'il veut bien se donner la peine de lire le rapport de la *Gold and Silver Commission*, ainsi que les jounaux anglais et allemands qui s'occupent de la question, il ne tiendra plus, j'imagine, le même langage.

En Belgique nous avons également fondé une *Association pour le Bimétallisme international.*

Nous y avons peu fait, (1) parce que la Belgique n'est pas en situation de prendre l'initiative en cette matière. Je ne crois pas inutile cependant de reproduire ici les termes mêmes de notre programme :

1° Combattre le système monométallique, qui a provoqué entre les différents pays une lutte pour l'or, dont les armes, si nuisibles à l'industrie et au commerce, sont la hausse des tarifs douaniers et la protection.

2° Poursuivre l'établissement d'un système monétaire international, basé sur l'emploi simultané de l'or et de l'argent, la frappe libre des deux métaux étant autorisée, avec un rapport identique de valeur à régler par des conventions internationales.

(1) Nous avons néanmoins publié la traduction, par M. Ernest Van Elewyck, de l'excellent écrit de M Henri Gibbs : *Le double étalon*, Bruxelles, Bruylant-Christophe, 1885.

Contribuer ainsi :

A. A fournir aux transactions un moyen d'échange aussi stable que possible ;

B. A restreindre les variations dans les changes étrangers ;

C. A diminuer l'amplitude des variations du taux de l'escompte ;

D. A faciliter les règlements du commerce international, par l'adoption d'instruments d'échange qui, sauf les dénominations, seraient, en réalité, identiques dans les pays de l'Union monétaire ;

E. A accroître les liens de solidarité et de communauté d'intérêts qui relient les peuples civilisés, comme l'ont fait les conventions internationales pour la poste, le télégraphe et les chemins de fer.

Au mois de septembre de cette année, une Conférence monétaire internationale, mais non officielle, se réunira à Paris. Elle ne pourra qu'agir sur l'opinion, puisqu'elle ne représentera pas les gouvernements. Ce qu'elle pourra faire de plus utile pratiquement, c'est, à mon avis, d'organiser la propagande dans les différents pays et de provoquer un mouvement d'esprit général, en montrant que la crise actuelle occasionne partout les mêmes difficultés.

Il est possible que les crises politiques détournent l'attention publique de la crise monétaire qui s'y rattache pourtant si intimement, mais il dépendrait des Etat-Unis d'imposer la solution qu'ils sont venus proposer à l'Europe en 1878 et en 1881, et dont la majorité dans ce pays est toujours partisan : qu'ils suspendent la frappe d'argent ordonnée par le Bland-Bill et qu'ils vendent contre de l'or, sur le marché de Londres, pour un demi-milliard de francs de métal blanc, et le monde commercial verra clairement alors ce que lui coûtera l'étalon d'or universel.

Encore un mot. Il se peut que certains pays, l'Angleterre et l'Allemagne par exemple, refusent de se lier par traité, pour ce qui concerne le règlement de leur régime monétaire. Mais à mon avis, un traité international ne serait pas absolument nécessaire, il suffirait que chaque Etat déclare qu'il ouvrira, à tel jour déterminé (le même partout), ses Hôtels des Monnaies à la frappe libre des deux métaux or et argent, avec pleine puissance libératoire, sur la base du rapport de 1 à 15 1/2.

Si l'on ne restitue pas à l'argent, le rôle que la nature et l'histoire lui avaient assigné dans la circulation, les échanges pourront s'accomplir au moyen de la seule monnaie d'or et des instruments de crédit, mais les conséquences de cette révolution économique seront celles-ci :

1° Série de crises résultant de la baisse de prix, jusqu'à ce que l'équilibre se rétablisse.

2° Tous les débiteurs à long terme et par conséquent les peuples civilisés chargés d'une dette de 130 milliards fr. injustement accablés au profit des rentiers.

3° Instabilité permanente du change entre les pays à monnaie d'argent et les pays à monnaie d'or, d'où entraves et troubles incessants dans leurs relations commerciales.

ÉMILE DE LAVELEYE.

UN DERNIER POST-SCRIPTUM

Nous avons exposé au paragraphe 13 de notre mémoire, page 45, l'influence que la proscription du métal argent avait exercée sur les TARIFS DOUANIERS, et nous avons développé à la page 143, note justificative n° 17, comment il se fait que cette question monétaire porte un coup FATAL AU LIBRE-ÉCHANGE.

Dès 1881, M. Emile de Laveleye avait déjà signalé ce danger au Cobden Club de Londres, l'une des citadelles du libre-échange où les noms des Cobden et des Bright sont restés célèbres.

Voici la lettre de M. Emile de Laveleye :

LETTRE OUVERTE AU COBDEN CLUB

LA QUESTION MONÉTAIRE

L'Etalon d'Or et le Free-Trade

Convaincu qu'un grand intérêt humanitaire est engagé dans la question monétaire, je m'adresse à mes collègues du *Cobden Club*, et surtout à ceux qui font partie de l'administration actuelle, et que j'ai l'honneur de connaître personnellement : à ce grand, éloquent et infatigable serviteur de la justice, qui a nom Gladstone, au duc d'Argyl, à sir Charles Dilke, à MM. Chamberlain, Fawcett, Grant Duff, Shaw-Lefevre. La bienveillance de l'accueil que j'ai toujours reçu d'eux me fait espérer qu'ils ne me refuseront pas un moment d'attention.

Je ne vous parlerai pas, éminents Collègues, des embarras et des maux que le désordre monétaire actuel cause à l'industrie et au commerce de l'Angleterre. Vous les connaissez mieux que moi. Les pétitions de vos Chambres de commerce, de vos négociants, le memorandum du département des finances de l'Inde vous les exposent assez clairement. Je vous parlerai d'un intérêt plus général et plus grand encore.

La devise du *Cobden Club* est : FREE TRADE, PEACE AND GOOD WILL AMONG NATIONS. Je n'hésite pas à dire que votre politique monétaire met en péril ces trois grands intérêts de l'humanité : la paix, la liberté des échanges et la concorde entre les peuples.

Vous avez tous été élevés, comme moi, dans les principes économiques de l'école déductive. Les maitres de notre science en Allemagne et en Italie, récemment M. P. Leroy-Beaulieu, en France, et, en Angleterre, parmi, tant d'autres, Cliffe Leslie et Ingram, sont venus montrer ce que ces formules abstraites et incomplètes renferment d'erreurs et causent parfois de maux. Dans aucune question, elles n'ont été plus malfaisantes que dans la question monétaire.

Elles y ont apporté la lutte au lieu de la paix, l'antagonisme au lieu de l'harmonie des intérêts.

La nature a doué deux métaux, l'or et l'argent, de toutes les qualités propres à en faire l'instrument des échanges. Dans tous nos traités d'économie politique, le chapitre de la Monnaie débute par cette démonstration. En raison de ce fait naturel, l'humanité a toujours employé l'or et l'argent sur le même pied.

L'école déductive, — non Adam Smith, — s'est insurgée contre la nature et contre l'histoire. Elle est venue dire : Il ne faut pour la circulation qu'un seul métal. Gardez l'or et proscrivez l'argent.

Tant que l'Angleterre a agi seule, cet attentat aux traditions historiques et aux conditions naturelles n'a produit que des perturbations passagères; mais dès qu'on a voulu généraliser le système, ses funestes effets se sont fait sentir sous la forme des maux économiques que nous avons sous les yeux. L'histoire et la nature ont vengé leurs droits méconnus.

NOTRE ÉMINENT COLLÈGUE, M. GOSCHEN, L'A DIT : VOULOIR GÉNÉRALISER L'EMPLOI EXCLUSIF DE L'OR EST UNE UTOPIE PERNICIEUSE.

Je vous le demande : un système monétaire, qui devrait être le privilège égoïste de l'Angleterre, peut-il être vrai et conforme aux lois naturelles ?

Croyez-vous que ce soit un élément de concorde entre les peuples que de dire : Le seul système monétaire rationnel, c'est l'étalon d'or; mais tous les pays ne peuvent pas l'avoir. L'Angleterre le garde pour elle. Les autres se contenteront de l'argent ou de cette insanité qu'on appelle le bimétallisme

Expulser l'argent et n'avoir que l'or seul comme monnaie, au moment où il se raréfie et où la circulation métallique se rétablit ici et augmente ailleurs, c'est agir dans le sens de la baisse des prix.

La baisse des prix, provenant non de l'abondance des produits, mais de la rareté du numéraire, c'est la crise lente, insidieuse, continue.

La baisse lente et continue, c'est le fermier qui ne peut payer son bail ;

C'est la réduction des fermages, et la terre retournant en friche, comme je l'ai vu en Angleterre ;

C'est le commerçant obligé de vendre moins cher qu'il n'a acheté ;

C'est l'industriel forcé de réaliser le produit fabriqué au-dessous du prix de la matière première ;

C'est la dépression ou la stagnation des affaires et, par conséquent, la baisse des salaires ;

C'est le numéraire s'accumulant, inerte, dans les banques, et, par suite, la baisse de l'intérêt ;

C'est enfin, au point de vue social, l'hostilité des classes : fermiers à moitié ruinés contre les propriétaires; ouvriers moins rétribués contre les maîtres.

Voici maintenant comment la lutte pour l'or tue le *Free-Trade*.

Quand les prix baissent d'une façon continue et générale, l'agriculteur et l'industriel en accusent la concurrence étrangère, car l'influence mystérieuse de la contraction monétaire leur échappe. Cela s'est vu pendant la période de dépression 1815-1830, comme pendant la crise récente 1873-1879.

Le succès des États-Unis, qui, en élevant les droits de douane, s'est créé une balance favorable, payée en or, est un précédent mortel pour le *Free-Trade*, si la lutte pour l'or doit continuer. Il est certain que les pays qui verront leur or s'écouler voudront le retenir, en empêchant autant que possible l'importation des marchandises étrangères, donc par la protection.

L'Allemagne a élevé les droits quand elle a vu son or, si chèrement acheté, retourner en Angleterre.

Si l'Italie s'aperçoit que les 400 millions qu'elle va emprunter pour abolir le cours forcé partent pour Londres, elle fera de même. Le négociateur habituel des traités de commerce, M. Luzzatti, n'a pas hésité à le déclarer au Parlement italien, le 7 février dernier, en répondant aux menaces du *Saturday Review*, qui avait dit : « L'Angleterre, la France et l'Allemagne se coaliseront pour défendre leur or, que l'Italie veut leur enlever. »

La Russie, pour arriver à relever le change du rouble et reconquérir une circulation métallique, en conservant les 125 millions d'or qu'elle produit, a déjà augmenté considérablement ses tarifs douaniers, et elle les exige en or.

L'Autriche a fait de même.

Enfin, en France, si la crise chronique devait s'aggraver par suite d'une crise aiguë, conséquence d'un drainage monétaire prolongé, soyez-en convaincus, les réclamations en faveur de droits plus protecteurs encore deviendraient irrésistibles.

Considérez un moment, très honorables Collègues, quelle est la situation des autres pays relativement à l'Angleterre. L'Angleterre est encore le centre commercial du monde. Par conséquent, c'est là qu'affluent les métaux précieux. Avec une hausse de l'escompte à 3 p. c., vous attirez en temps ordinaire ce qu'il vous faut d'or. Mais à Berlin, il a fallu 5 et 6 p. c. l'automne dernier. En Italie, combien faudra-t-il pour lutter contre la puissance d'attraction presque irrésistible de la Banque d'Angleterre ?

Alors se pose pour les peuples cette question, terrible dans ses conséquences : Pour conserver l'or dont nous avons besoin, que vaut-il mieux : la hausse de l'escompte ou la hausse des tarifs ?

La réponse ne saurait être un moment douteuse.

Les peuples répondront : Plutôt la hausse du tarif, qui frappe l'étranger, que la hausse de l'escompte, qui frappe les nationaux.

On lira les excellents travaux que le *Cobden Club* distribue par milliers. Mais la loi de Darwin l'emportera : Ce sera la lutte pour l'existence.

N'est-il donc pas vrai que l'étalon d'or tue le *Free-Trade* ?

On a prétendu que le *Free-Trade*, appliqué à la monnaie, concluait à l'étalon simple. C'est une erreur complète. S'il avait quelque application en ceci, il conduirait au système chinois du lingot au poids, c'est-à-dire au troc. S'il y a « monnaie », c'est que la loi fixe la valeur du métal libératoire.

Ce qui importe en fait de monnaie, c'est la stabilité. Stanley Jevons a démontré mathématiquement, et M. Goschen a affirmé au Parlement, l'an dernier, qu'une monnaie-étalon, composé de deux métaux, était moins variable qu'un étalon formé d'un seul métal.

Quand les physiciens font un pendule compensé, avec des tiges de cuivre et d'acier accouplées, violent-ils ou appliquent-ils les lois naturelles ?

Le propre d'un système faux, c'est que les résistances qu'il provoque et les perturbations qu'il produit sont d'autant plus graves qu'on l'applique d'une façon plus générale et plus persistante : c'est le cas pour l'étalon exclusif.

Supposons que les Etats-Unis et la France, vaincus par vos résistances et imitant votre exemple, proscrivent l'argent et vendent sur le marché de Londres les milliards de ce métal qu'ils possèdent, outre toute la production annuelle. Le prix de l'argent tombera à la moitié, au tiers peut-être de sa valeur habituelle. Vous êtes mieux à même que moi d'apprécier les conséquences désastreuses de ce fait, qui deviendrait inévitable.

Je crois pouvoir affirmer que, dans la question monétaire comme dans la question agraire, l'autorité de la science, qui était jadis entièrement favorable au système exclusif de l'Angleterre, l'est aujourd'hui au système de la France, plus humain et plus conforme à la nature.

Encore un mot, dont vous comprendrez la gravité. L'Amérique envoie vers l'Europe des messagers de paix pour faire succéder l'union et l'harmonie à l'antagonisme. Si l'Europe n'accepte pas la main qui lui est tendue et si la lutte économique doit continuer, soyez-en sûrs, ce n'est pas l'Amérique qui succombera.

L'Europe a besoin des produits de l'Amérique, et l'Amérique peut se passer des produits de l'Europe.

LE PRINCE DE BISMARCK L'A DIT : « L'OR EST DEVENU UNE COUVERTURE TROP ÉTROITE : chacun veut en avoir sa part et on se la dispute. C'est la lutte. »

Est-ce que ce *Struggle* ou plutôt ce *Scramble for gold*, que votre politique monétaire impose au monde, est la réalisation de notre devise : *Free-Trade, Peace and good will among nations?*

ÉMILE DE LAVELEYE.

Liége, 8 avril 1881.

TABLE DES MATIÈRES

PREMIÈRE PARTIE

DÉPRÉCIATION DES RICHESSES

CRISE QU'ELLE ENGENDRE — MAUX QU'ELLE RÉPAND
SOUFFRANCES QU'ELLE PROVOQUE DANS LES CLASSES LABORIEUSES

Mémoire lu par M. Alph. ALLARD

NOTES JUSTIFICATIVES DE M. ALPH. ALLARD

DEUXIÈME PARTIE

OBSERVATIONS ET RÉSERVES FAITES PAR MM. LES MEMBRES DE L'ACADÉMIE DES SCIENCES MORALES ET POLITIQUES DE FRANCE

(Séance du 26 janvier 1889).

(Séance du 2 février 1889).

TROISIÈME PARTIE

AVIS DE M. ÉMILE DE LAVELEYE, MEMBRE CORRESPONDANT DE L'INSTITUT DE FRANCE, PROFESSEUR D'ÉCONOMIE POLITIQUE A L'UNIVERSITÉ DE LIÉGE

A BRUXELLES
DES PRESSES D'ALEXANDRE BERQUEMAN
Rue de Berlaimont, 36
MDCCCLXXXIX

Documents manquants (pages, cahiers...)

NF Z 43-120-13

www.ingramcontent.com/pod-product-compliance
Ingram Content Group UK Ltd.
Pitfield, Milton Keynes, MK11 3LW, UK
UKHW020602230726
13926UKWH00005B/2149

9 782013 473552